"十二五"职业教育国家规划教材
经全国职业教育教材审定委员会审定　**高职高专教材**

HUAGONG
ZEREN
GUANHUAI
DAOLUN

化工责任关怀导论

◎ 卞进发　徐建中　主编　◎　王一男　副主编

化学工业出版社

·北京·

内 容 提 要

本书编写旨在让我国有更多的产业组织与行业企业人员（尤其是化工人）了解责任关怀、宣传责任关怀，使更多的企业承诺、推进并践行责任关怀。

全书主要内容包括绪论，社区认知与应急响应，储运安全，污染防治，工艺安全，职业健康安全，产品安全监管，国际石化行业认可的环境、健康与安全的标准体系等 8 章内容及附录，形成了完整的责任关怀教育体系。

本书可作为高等院校、中等职业学校化工类专业学生的教材，也可作为化学化工行业从业人员的责任关怀理念培训教材，还可作为关心、并有意持续改进环保、健康和安全绩效的管理体系和理念的相关人员的参考书。

图书在版编目（CIP）数据

化工责任关怀导论/卞进发，徐建中主编. —北京：
化学工业出版社，2015.3（2024.8重印）
"十二五"职业教育国家规划教材
ISBN 978-7-122-22707-2

Ⅰ.①化… Ⅱ.①卞…②徐… Ⅲ.①化学工业-工业企
业管理-安全管理-中国-高等职业教育-教材 Ⅳ.①F426.7

中国版本图书馆 CIP 数据核字（2015）第 002172 号

责任编辑：窦 臻 刘心怡 　　　　　　　　　装帧设计：刘剑宁
责任校对：吴 静

出版发行：化学工业出版社（北京市东城区青年湖南街 13 号 邮政编码 100011）
印　　刷：北京云浩印刷有限责任公司
装　　订：三河市振勇印装有限公司
787mm×1092mm 1/16 印张 14¼ 字数 362 千字 2024 年 8 月北京第 1 版第 12 次印刷

购书咨询：010-64518888 　　　　　　　　　售后服务：010-64518899
网　　址：http://www.cip.com.cn
凡购买本书，如有缺损质量问题，本社销售中心负责调换。

定　　价：36.00 元

序 言

在我国构建创新型国家，推进经济社会转型发展的过程中，观念与理论的转型与创新成为经济社会转型的引领和开端，又是其必然结果。自 1992 年开始，国际化工协会联合会在全球推广责任关怀理念，10 年之后我国石化行业开始推行责任关怀理念，以后逐渐发展成为石油和化工企业体现社会责任的一个特有工作体系，并引起了社会各界的高度重视，成为绿色化学、清洁生产的重要理念支撑，是化工企业独有的履行社会责任、实现企业可持续生存和发展的必由之路。

当前，责任关怀已从早期的承诺、责任和付出，升华为目前行业、企业自身健康可持续发展的现实需要。责任关怀英文原词是"Responsible Care"，是专门针对化工行业工作准则体系，其工作内容是半封闭的，其工作视野是广泛兼顾的，其信息公布制度是详实明确的，它既是一个理念，也是一项制度，同时包括开放的内容。责任关怀的基本要求是负责的关照，它包括对产品及其上下游化学品有可能涉及的安全、环保和健康问题的关照；对化学品研发、生产、储运、使用、废弃等全部产品生命周期的关照；对从直接接触人员到周边社区乃至与产品有关各方人员的关照；有规范行为和要求的关照；成为全员共同意识的关照。而且，责任关怀不仅是一个理念，更重要的是一整套行动。责任关怀不仅是承诺、责任和付出，而且可以带来巨大的经济效益，并助推行业、企业实现可持续发展。企业在朝着"零污染排放、零人员伤亡、零财产损失"的责任关怀目标前进的过程中，提高了经济效益；企业对于员工利益和身心健康的关切，增强了企业的凝聚力和战斗力；企业与周边社区的良性互动，深化了社会公众对石化行业的全面认识，形成了相互理解、相互信任、相互支持的和谐关系，为企业发展创造了良好的外部环境。国内已经有两百多家化工企业、组织在积极推进责任关怀，取得了较好成效。

高等院校作为行业企业发展的信息源、理论源与技术源，在"先进行业理念进企业"方面有着不可替代的责任。南京化工职业技术学院这所位于"化工城"内的国家骨干高等职业学院建设单位秉承"科学兴国、产业报国"的理念，以高度自觉和负责的精神投入到化工"责任关怀"宣传教育工作中去。2009 年以来，南京化工职业技术学院徐建中、卞进发等带领责任关怀理论研究团队，在课题研究基础上，将责任关怀理念融于化工类专业的人才培养方案，编写了《化工责任关怀导论》教材，把"责任关怀"相关内容经过精心设计植入课程中。课题组主要成员也曾多次应邀到社区和其他职教院校宣讲，并在全国化工职业教育与产业对接论坛上发言，徐建中教授还作为嘉宾参加全国"责任关怀"大会的访谈。2012 年 5月学院召开了《化工责任关怀导论》教材编写研讨会，2013 年 8 月由教育部正式立项为"十二五"职业教育国家规划教材。2014 年化工"责任关怀"被教育部列入高等职业学校专业骨干教师国家级培训项目。

本书的主要内容包括：绪论、社区认知和应急响应、储运安全、污染防治、工艺安全、职业健康安全、产品安全监管、国际石化行业认可的环境、健康与安全的标准体系八章内容和附录，形成了完整的责任关怀教育体系。全书逻辑清晰、行文流畅、案例丰富、图文并茂，是责任关怀宣传教育工作的一项重要成果，必将对我国石油和化工行业责任关怀理念的推广和传播，促进化工行业健康发展，让更多的行业组织与行业企业员工了解责任关怀、宣传责任关怀、更多的企业承诺、推进并践行责任关怀，做出应有贡献。

中国石油和化学工业联合会会长

二〇一四年九月二十八日

前　言

　　责任关怀（Responsible Care），是化工行业针对自身的发展情况提出的一套自律性的、持续改进环保、健康和安全绩效的管理体系和理念。它要求化学品制造企业在生产过程中，有责任关注本企业员工、附近社区及公众的健康与安全，有责任保护公共环境，不应因自身的行为使员工、公众和环境受到损害。在改善健康、安全和环境质量等各个方面通过对生产活动及其成果进行评估、公告、对话来树立化学工业在全社会中的新形象，从而推动全球化学工业的可持续发展，最终达到零排放、零事故、零伤亡、零财产损失的目标。

　　编者及其团队于 2009 开始《"责任关怀"理念下高职化工类人才培养探究》课题的研究，首次将责任关怀理念融于高等学校化工类专业的人才培养方案，并编写了《化工责任关怀导论》校本教材，把"责任关怀"相关内容经过精心设计植入课程中，已经作为一门课程开了六期。2012 年 5 月在南京化工职业技术学院召开了《化工责任关怀导论》教材编写研讨会，扬子石化巴斯夫有限责任公司、瓦克化学（南京）有限公司等企业专家，"责任关怀"研究团队全体成员参加了会议。会议在原校本教材的基础上，形成了新的编写大纲。该教材2013 年 8 月被教育部正式立项为"十二五"职业教育国家规划教材。本教材按照立项教材的要求组织编写。

　　本教材编写目的旨在让我国有更多的产业组织与行业企业人员（尤其是化工人）了解责任关怀，宣传责任关怀，更多的企业承诺、推进并践行责任关怀。因此该教材可作为高等院校、中等职业学校化工类专业学生的教材，也可作为化工行业从业人员的责任关怀理念培训教材。

　　在编写过程中，为宣贯责任关怀理念，达到上述目的，本教材力争能体现内容的知识性与趣味性相结合，针对性与普适性相结合。

　　1. 知识性。本教材的核心内容是对"中华人民共和国化工行业标准《责任关怀实施准则》（HG/T 4184—2011）"简称"准则"的解读，编者充分体现了该体系的系统性和完整性，即知识性。

　　2. 趣味性。为便于读者理解并掌握"准则"，教材图文并茂，除根据内容需要用图、表说明相关内容外，涉及"准则"的章均插入了章首图，意在让读者对该"准则"将要阐述的内容先有整体的了解。以提高教材的可读性。

　　3. 针对性。作为教材，主要对象是学生，全书按照"立项"教材的要求组织编写，充分体现教与学的元素，每章后安排了本章小结、拓展知识、自测题和复习思考题等内容。

　　4. 普适性。"准则"是一个行业标准。推广与践行主要依靠企业，教材的编写过程中充分考虑在校生以外的其他读者，尤其是本行业员工的需求，增加了一些事故案例、案例分析等内容。

　　全书凝聚南京化工职业技术学院"责任关怀"研究团队全体成员的集体智慧。卞进发教授、徐建中教授担任主编，王一男老师担任副主编。其中，卞进发教授编写第一章和附录，胡瑾老师编写第二章，吴莉莉老师编写第三章，吴晓云老师编写第四章，潘勇老师编写第五章，王一男老师编写第六章，曹洪印老师编写第七、八章。全书由卞进发、徐建中统稿。

本书在编写过程得到了中国石油和化学工业联合会的细致、全面地指导，得到了南京化工职业技术学院的领导和有关同事、化学工业出版社、扬子石化巴斯夫有限责任公司、瓦克化学（南京）有限公司、宁波万华聚氨酯有限公司的有关专家的大力支持，在此真诚地表示感谢。

本书由中国石油和化学工业联合会责任关怀工作委员会徐后生注册安全评价师和扬子石化巴斯夫有限责任公司余小余教授级高级工程师共同担任主审。

本书配有相应的电子课件，选用本教材的单位，可以发邮件至化学工业出版社联系索取（cipedu@@163.com）。

由于编者的水平有限，难免有不足之处，敬请应用此书的老师和学生们斧正，共同为宣传贯彻、推进责任关怀出力。

编者
2014 年 10 月

目　录

第一章　绪论 ·· 1

　第一节　概述 ·· 1

　　一、"责任关怀"及由来 ··· 1

　　二、化工企业推行"责任关怀"的动因 ··· 3

　　三、实践"责任关怀"带来的改变 ·· 4

　第二节　"责任关怀"的基本内容 ··· 5

　　一、"责任关怀"六项实施准则及实施原则 ·································· 5

　　二、实施"责任关怀"企业的绩效考核和验证评估年度报表 ··········· 8

　第三节　我国推行"责任关怀"的现状及展望 ································· 19

　　一、我国推行"责任关怀"的历史文化底蕴 ································· 19

　　二、我国推行责任关怀的情况 ·· 20

　　三、"责任关怀"的业务范围 ··· 21

　　四、"责任关怀"促进现代化学工业可持续发展 ·························· 22

　第四节　本课程的性质、任务及主要内容和学习目标、考核方式 ········ 23

　　一、性质、任务 ··· 23

　　二、主要内容和学习目标、考核方式 ·· 23

　本章小结 ·· 23

　自测题 ·· 24

　复习思考题 ·· 25

第二章　社区认知和应急响应准则 ··· 26

　第一节　准则的基本内容 ··· 26

　　一、概述 ·· 26

　　二、准则的基本内容 ··· 27

　第二节　化学品应急响应系统 ··· 29

　　一、建立化学品管理和应急技术中心 ·· 29

　　二、地区性化学品安全保障体系建立 ·· 29

　第三节　我国危险化学品应急响应系统存在问题及改进 ·················· 30

　　一、危险化学品的分类、物性 ·· 30

二、国外化学事故应急反应系统简介 ………………………………… 34

三、国内应急响应系统及与国外的危险化学品应急响应系统比较 ……… 35

四、发展我国的危化品应急响应系统的思考 ……………………………… 39

第四节　化学工业园区重大事故场外应急预案编制要点 ……………… 39

一、危险源辨识与脆弱性分析 ……………………………………… 40

二、应急资源评估 ……………………………………………………… 40

三、应急组织架构设计 ……………………………………………… 40

四、应急救援运行机制建立 ………………………………………… 41

五、化学工业园区重大事故场外应急预案结构模式 ……………… 42

第五节　社区认知与应急响应实施案例 ……………………………… 42

一、实施案例 1 ……………………………………………………… 42

二、实施案例 2 ……………………………………………………… 44

三、实施案例 3 ……………………………………………………… 45

四、实施案例 4 ……………………………………………………… 46

拓展知识 ……………………………………………………………… 47

本章小结 ……………………………………………………………… 50

自测题 ………………………………………………………………… 51

复习思考题 …………………………………………………………… 52

第三章　储运安全 …………………………………………………… 53

第一节　概述 ………………………………………………………… 53

一、危险化学品的性质及分类 ……………………………………… 54

二、国内外危险化学品储运现状分析 ……………………………… 55

第二节　储运准则基本内容 ………………………………………… 58

一、储运准则概述 …………………………………………………… 59

二、储运安全管理准则的基本内容 ………………………………… 60

第三节　储运安全管理 ……………………………………………… 61

一、危险化学品存储运安全管理策略 ……………………………… 61

二、危险化学品运输安全管理策略 ………………………………… 62

三、危险化学品环境风险评价及处置策略 ………………………… 63

第四节　危险化学品储运事故应急预案 …………………………… 65

一、应急预案体系 …………………………………………………… 65

二、组织机构及职责 ………………………………………………… 65

三、预防与预警 ……………………………………………………… 68

四、应急准备 ………………………………………………………… 68

五、应急报告 ………………………………………………………… 69

六、应急处置 ……………………………………………………… 71

七、应急终止 ……………………………………………………… 72

八、应急物资与装备保障 ………………………………………… 72

第五节　储运安全培训 …………………………………………… 73

一、培训对象 ……………………………………………………… 73

二、建立培训课程体系和培训内容 ……………………………… 73

三、建立培训的模型或训练装置 ………………………………… 73

四、强调培训后的跟进与反馈 …………………………………… 74

五、强化储运操作制度的执行力度 ……………………………… 74

第六节　储运事故案例 …………………………………………… 74

一、储存与管输板块 ……………………………………………… 75

二、交通运输板块 ………………………………………………… 76

三、预防储运事故的措施 ………………………………………… 77

本章小结 …………………………………………………………… 77

自测题 ……………………………………………………………… 77

复习思考题 ………………………………………………………… 79

第四章　污染防治准则 …………………………………………… 80

第一节　准则的基本内容 ………………………………………… 81

一、概述 …………………………………………………………… 81

二、准则的基本内容 ……………………………………………… 82

第二节　污染防治管理 …………………………………………… 84

一、化工行业环境污染概况 ……………………………………… 85

二、我国工业污染防治工作的发展历程 ………………………… 85

三、国际工业污染防治体系 ……………………………………… 87

第三节　污染防治培训 …………………………………………… 89

一、培训要求 ……………………………………………………… 89

二、培训大纲 ……………………………………………………… 89

三、培训内容概述 ………………………………………………… 90

第四节　检测方案与应急处理 …………………………………… 92

一、检测方案 ……………………………………………………… 92

二、应急处理 ……………………………………………………… 93

第五节　污染防治案例 …………………………………………… 94

一、陶氏化学污染防治措施 ……………………………………… 94

二、欧洲大气污染防治 …………………………………………… 95

拓展知识 …………………………………………………………… 99

本章小结 ·· 101
自测题 ·· 101
复习思考题 ·· 102

第五章　工艺安全准则 ·· 103
第一节　准则的基本内容 ·· 103
一、概述 ·· 103
二、准则的基本内容 ·· 104
第二节　工艺安全管理 ·· 107
一、工艺安全管理及其组成要素 ·································· 107
二、工艺危险性分析（PHA） ···································· 108
三、变更管理 ·· 109
四、风险管理（RM） ·· 110
五、国内外 PSM 实施情况 ·· 111
第三节　工艺安全培训 ·· 112
一、制定工艺安全培训管理制度 ·································· 112
二、针对不同培训对象实施培训 ·································· 113
三、构建培训课程体系和培训内容 ································ 113
四、建立培训的模型或训练装置 ·································· 113
五、重视培训考核与反馈，强化工艺操作制度的执行力度 ·········· 113
第四节　清洁生产与绿色工艺及其应用 ······························ 114
一、清洁生产与绿色工艺概述 ···································· 114
二、典型的绿色工艺 ·· 116
第五节　工艺安全案例 ·· 118
一、国内外企业实施"责任关怀"的案例 ·························· 118
二、由博帕尔事故分析化工企业工艺安全管理 ···················· 121
拓展知识 ·· 123
本章小结 ·· 124
自测题 ·· 125
复习思考题 ·· 125

第六章　职业健康安全准则 ·· 126
第一节　准则的基本内容 ·· 126
一、概述 ·· 126
二、准则的基本内容 ·· 127

第二节　职业健康管理 ･････････････････････････････････ 130

一、职业健康国家层面的管理 ･･････････････････････ 130

二、职业健康企业层面的管理 ･･････････････････････ 131

三、职业健康准则体现以人为本的理念 ･･･････････ 133

第三节　职业健康培训 ･････････････････････････････････ 135

一、个体防护用品使用培训 ･･･････････････････････ 135

二、警示标志的认知培训 ･････････････････････････ 136

三、安全作业许可的培训 ･････････････････････････ 138

四、承包商的管理与培训 ･････････････････････････ 140

第四节　职业健康安全案例 ･･･････････････････････････ 141

一、国际石油化工公司实施情况 ･･･････････････････ 141

二、某企业职业健康安全事故案例分析 ･･･････････ 143

拓展知识 ･･･ 143

本章小结 ･･･ 144

自测题 ･･ 144

复习思考题 ･･･ 145

第七章　产品安全监管准则 ･･･････････････････････ 149

第一节　准则的基本内容 ･････････････････････････････ 149

一、概述 ･･･ 149

二、产品安全监管准则的基本内容 ･････････････････ 151

第二节　产品安全监管 ･････････････････････････････････ 153

一、风险管理 ･･･････････････････････････････････････ 153

二、分阶段实施产品安全监管 ･････････････････････ 160

第三节　产品安全相关培训 ･･･････････････････････････ 161

一、培训的重要性和必要性 ･･･････････････････････ 162

二、培训的对象 ･･･････････････････････････････････ 162

三、培训的内容 ･･･････････････････････････････････ 162

四、培训的要求 ･･･････････････････････････････････ 162

第四节　《危险化学品安全管理条例》重点摘录 ･･･ 162

一、生产、储存安全管理 ･････････････････････････ 162

二、使用安全管理 ･･･････････････････････････････ 164

三、经营安全管理 ･･･････････････････････････････ 164

四、运输安全管理 ･･･････････････････････････････ 165

五、危险化学品登记与事故应急救援 ･･･････････････ 167

第五节　国内外实施产品安全监管的情况 ･････････ 167

一、国外实施产品安全监管的情况 ･････････････････ 167

二、国内实施产品安全监管的情况 ･････････････････ 171

三、国内外产品安全监管的比较 ……………………………………………… 172
四、企业实施产品安全监管案例 …………………………………………… 173
拓展知识 …………………………………………………………………………… 174
本章小结 …………………………………………………………………………… 175
自测题 ……………………………………………………………………………… 175
复习思考题 ………………………………………………………………………… 176

第八章　国际石化行业认可的环境、健康与安全的标准体系 …… 177
第一节　ISO 14001 环境管理体系简介 ………………………………………… 177
一、环境管理体系标准的产生和发展 ……………………………………… 177
二、ISO 14001 标准的内涵和特点 ………………………………………… 179
第二节　HSE 管理体系简介 ……………………………………………………… 181
一、HSE 管理体系产生和发展 ……………………………………………… 181
二、HSE 管理体系的内涵和特点 …………………………………………… 182
第三节　OHSAS 18001 职业健康安全管理体系简介 ………………………… 184
一、职业健康安全管理体系标准的产生和发展 …………………………… 184
二、OHSAS 18001 标准的内涵和特点 ……………………………………… 186
第四节　责任关怀（RC）制度简介 ……………………………………………… 187
一、责任关怀制度的产生与发展 …………………………………………… 187
二、责任关怀制度的关键要素 ……………………………………………… 188
三、责任关怀制度的目的和特点 …………………………………………… 189
第五节　四个体系的联系与区别 ………………………………………………… 190
一、四个体系的联系 ………………………………………………………… 190
二、四个体系的区别 ………………………………………………………… 191
本章小结 …………………………………………………………………………… 192
自测题 ……………………………………………………………………………… 192
复习思考题 ………………………………………………………………………… 194

附录 ………………………………………………………………………………… 195
附录一　《责任关怀全球宪章》 ………………………………………………… 195
附录二　《责任关怀行动宣言》 ………………………………………………… 196
附录三　中华人民共和国化工行业标准《责任关怀实施准则》
　　　　（HG/T 4184—2011） ………………………………………………… 197
附录四　《社会责任国际标准》简称 SA8000 ………………………………… 205
附录五　国际标准 ISO 2600《社会责任指南》简介 ………………………… 210

参考文献 …………………………………………………………………………… 214

第一章 绪 论

"责任关怀"是于 20 世纪 80 年代国际上兴起一种化工企业生产管理理念，责任关怀，是化工行业针对自身的发展情况提出的一套自律性的，持续改进环保、健康和安全绩效的管理体系。它认为化学品制造企业在生产过程中，有责任关注本企业员工、附近社区及公众的健康与安全，有责任保护公共环境，不应因自身的行为使员工、公众和环境受到损害。在改善健康、安全和环境质量等各个方面通过对生产活动及其成果进行评估、公告、对话来树立化学工业在全社会中的新形象，从而推动全球化学工业的可持续发展，最终达到零排放、零事故、零伤亡、零财产损失的目标。

国际产业组织对化工责任关怀给与了高度肯定。国际劳工组织评价：作为一种自愿行动，责任关怀反映了化工企业在职业安全，健康卫生和环境保护方面所取得的进步。欧洲化学工业委员会（CEFIC）责任关怀工作组主席 Bach 认为："我非常清楚地知道履行责任关怀的承诺意味着将要耗费大量的资金。但我从来就认为责任关怀是一种投资，并会让公司的经营受益。我们努力提高公众信任度，并和当地社会建立起良好的关系。"

第一节 概 述

一、"责任关怀"及由来

2008 年 12 月 31 日第 63 届联大通过决议，将 2011 年定为"国际化学年"（International Year of Chemistry），以纪念化学学科所取得的成就以及对人类文明的贡献。2011 年正值国际理论和应用化学联合会（IUPAC）的前身国际化学会联盟（IACS）成立一百周年，也适逢女科学家居里夫人获得诺贝尔化学奖一百周年。联合国教科文组织指出，化学对于人类认识世界和宇宙来说必不可少。中国是 IUPAC 的国家会员国，在推动此项议案获得通过的过程中，发挥了积极作用；作为化学大国，中国积极响应联合国决议，2011 年国际化学年纪念活动彰显了化学对于知识进步、环境保护和经济发展的重要贡献。人类要应对可持续发展面临的巨大挑战，必须提高公众对化学的认知度。2011 年 10 月在北京举行石油化工行业"责任关怀"促进大会，主题是：绿色化工，责任与贡献，160 多家（个）化工企业和化工园区签署了责任关怀承诺书，成立了责任关怀工作委员会，为开展责任关怀活动奠定了坚实的组织基础。

1. "责任关怀"——企业社会责任在化工行业的具体实践

20 世纪中期，新科技革命深入推进，突飞猛进的科学技术已成为经济和社会发展的强大动力，也带来了不容忽视的负面影响，"双刃剑"效应凸现出来。化学工业是现代工业体系中的基础，在化工技术发展过程中，酸、碱、盐等无机污染物、煤化工带来的有机物污染和石油化学、化工污染，达到了前所未有的地步，引起人与人、人与自然、人与社会的一系列矛盾，也引起世人的深刻反思。1979 年，著名哲学家海德格尔的学生汉斯·约纳斯

（Hans Jonas）出版了《责任原理：技术文明的伦理研究》一书，成为当代的经典之作。在约纳斯看来，每个人都对作为整体的人类的发展延续负有责任，都要考虑如何行动来维护人类在地球上的持久存在。为此，约纳斯提出了一种"责任命令"："如此行动，以使你的行为的效果与人类永恒的真正生活一致"。——责任伦理的兴起为化工责任关怀的推行奠定了思想理论基础。

20 世纪 80 年代，企业社会责任运动开始在欧美发达国家兴起，它包括环保、劳工和人权等方面的内容。迫于压力和自身发展的需要，很多欧美跨国公司制订对社会做出必要承诺的责任守则❶。90 年代初期，美国劳工及人权组织针对成衣业和制鞋业对劳工和消费者的盘剥，发动"工厂守则运动"，直接目的是促使企业履行相应的社会责任。1997 年美国和欧洲一些国家联合推出《社会责任国际标准》，简称"SA8000"（见附录四）。所谓企业社会责任标准，是由总部设在美国纽约的民间机构咨询委员会，于 1997 年 8 月提出并推行的，是全球第一个可用于第三方认证的社会责任管理体系标准，适用于各个国家、行业和企业，他认为企业是社会的一份子，其存在与发展离不开社会的支持，所以企业在追求利润最大化之外，应对社会尽责。

在全球化世界中，无论各种组织，还是它们的利益相关方都愈加意识到，对社会负责的行为不仅必要而且有益。将一个组织的绩效同它所在的社会相联系，将其运营与它对环境的影响相联系，已经成为衡量其总体绩效和持续有效运营能力的最重要的方面。这说明，要保证世界生态系统平衡、实现社会平等，必须具有良好的组织管理。各个组织都会受到来自客户、消费者、政府、协会和社会公众等利益相关方更严格的审视。有远见的领导者认识到，只有在负责和可信的基础上开展业务才有可能获得长期的成功。基于此，国际标准化组织（ISO）制定了为组织社会责任活动提供相关指南的一项国际标准 ISO 26000《社会责任指南》。该标准于 2010 年 11 月 1 日由 ISO 正式发布，并提供各国自愿采用。（ISO 26000《社会责任指南》见附录五）

化学协会国际理事会（The International Council of Chemical Associations 简写 ICCA）的定义："责任关怀"（Responsible Care 简写 RC）是全球化学工业在其国家化学协会下的自愿行为，致力于持续提高健康，安全和环境的表现，在产品和生产的过程中保持与利益相关者的交流，提供安全丰富的产品给社会带来真正的利益。责任关怀的目的是改变化工行业在公众中的形象，履行化工企业的责任，促进行业的可持续发展；责任关怀的内涵是以建康，安全和环境为核心，注重与社区及公众的交流，它主要适用于化工行业，以责任关怀领导小组为组织形式，其表现形式为《责任关怀报告》，它以行业内部的自律行为为约束，自觉承诺接受"责任关怀"的原则、指导方针的约束；责任关怀的性质是社会责任在具体行业的具体实践，具有一定的可操作性。

2. 化工"责任关怀"由来

1977 年加拿大化学生产者协会（The Canadian Chemical Producers' Association 简写 CCPA）计划起草关于危险化学品的管理草案。当时的讨论比较集中在"化学品的危险性"上，提出了建议并认为应有行业指南。当时安全问题的重要性也被政府充分认识。指导原则于 1978 年 5 月 31 日被 CCPA 通过，并散发给协会成员进行签署（当时有 1/3 的成员签署）。之后关于责任关怀的提法就此沉默下来。1981 年 7 月 31 日，Bob Boldt 原加拿大陶氏化学公司的副总裁（已退休），CCPA 技术管理委员会的前任主席向加拿大化学行业提交了名为

---

❶ 张能. 化工企业社会责任研究. 首都经济贸易大学硕士学位论文. 2010.6

"责任关怀"的报告。责任关怀的概念被作为 CCPA 技术管理委员会的来年工作计划中的部分，但由于当时大家对此一无所知，Boldt 对此的描述也不充分，"责任关怀"只是个前沿的概念，人们已经习惯于传统经典的管理模式，因此"责任关怀"的计划并未被接受。尽管如此，协会将这一指导原则作为非正式文本附在给政府的许多报告中，对公众的宣传力度也不大。公平地说，指导原则在当时的收效和影响不大。直到 1983 年，政府要求石油化工行业在履行经济角色的同时必须考虑健康、安全和环境问题，"责任关怀"的指导原则才被正式接受，成员们签署了这一承诺。

1984 年印度博帕尔的悲剧（见本书第五章第五节）引发了行业对"责任关怀"的进一步重视，CCPA 制定了安全，评估系统，包括内部和外部的部分。并明确规定进入协会的成员必须正式签署"责任关怀"的承诺。1985 年 Boldt 在道化学公司负责"责任关怀"与产品服务的项目，并开始着手"责任关怀"有关文件的修改工作。1987 年，"责任关怀"的项目主管 Jim McDonough 接手了 Boldt 的最初工作，进行"责任关怀"实践准则的确定。这一过程是行业成员或非成员以及大小公司"头脑风暴"（Brainstorming）点子和想法的归集。"责任关怀"1988 年下半年在美国被采纳，1989～1990 年在西欧和澳大利亚被接受。此后，在世界上其他地区，"责任关怀"逐渐被实施。

从 1992 年的六个国家的参与发展至目前全球五十三个国家加入到"责任关怀"的实践中。"责任关怀"这一名词已不再仅用英语，其相同的内涵已通过不同的语言进行传播，其标志"帮助之手"，（"helping hand" ）成为全球化工行业注册的品牌商标。"责任关怀"的名称和标志的特许权理所当然地为 CCPA 所持有。

二、化工企业推行"责任关怀"的动因

"责任关怀"是一项成功的国际经验。化工企业推行"责任关怀"既符合广大消费者的利益，又能满足投资者的要求，还能最大限度地缩小化工企业的实际社会表现与社会对化工企业期望的差距。推行"责任关怀"行动，能够促使化工企业把"责任关怀"理念贯彻到企业的总体发展规划和方针目标中，采取有效措施规避和防范环境、安全风险，不断提升企业形象，并促使区域竞争力得到显著提升。

1. 满足广大消费者利益需要

消费者是化工企业中非常重要的利益相关者。对于绝大多数化工企业来说，决定化工企业生存和发展的关键因素是消费者的选择，而消费者的选择是一种自由的、精明的、多样性选择，消费者可以按照本人的意愿和偏好在市场上选购各种消费品，相当于他们对各种商品的生产者和销售者投"货币选票"。"货币选票"的投向和数量，取决于消费者对厂家和商家的偏爱程度。因此消费者拥有判断化工企业竞争力强弱的最终裁决权。消费者行为不仅受经济因素影响，也受到社会因素的影响。随着人们对社会关注意识不断增强，消费者不仅仅满足于化工企业提供物美价廉的产品，还希望得到具有"责任关怀"的产品，也就是在产品的生产过程中要合理保护员工权益、保护环境，对利益相关者做到应尽的责任。消费者的话语权是最大的。往往消费者在购买产品过程中，希望得到的不光是产品本身，同时也希望得到"责任关怀"。消费者在对化工企业提供的产品进行购买选择时，如果他们认为企业提供的责任关怀不够，那么消费者完全可以拒绝购买。因此消费者选择的压力在本质上是一种消费退出权，特别是在买方市场中，消费者的联合退出对化工企业的打击是非常沉重的。从目前来看，消费者的最终选择，是化工企业责任关怀实行的最大压力。例如：2011 年的"3·15 晚会"报道的某家轮胎企业使用回料生产，让消费者的选择用脚投票，放弃该品牌的使用。还有"有毒奶粉三聚氰胺事件"、"毒胶囊事件"等都与化学化工有关，一度引起消费者的强烈

不满与恐慌，使该类产品的销售受到严重影响甚至工厂关门，企业倒闭。因此消费者选择对化工企业"责任关怀"形成了实质性的压力。为了满足消费者的需要，一些化工企业推出了社会标志计划，在产品上加贴以表明产品的生产过程是否符合"责任关怀"，以区别其他非标志产品。还有些企业主动申请"责任关怀"认证。

2. 适应投资者选择的需要

除消费者选择外，企业的投资者也是不可忽视的一个因素，尤其是具有政府背景的机构投资（如一些投资基金）也是推动"责任关怀"的重要因素。在欧美发达国家，投资者近来也十分关注"责任关怀"问题对化工企业盈利及发展的影响，他们发起了"责任关怀"投资Responsibility Care Investment，简称RCI运动，倡导"道德投资"。"责任关怀"投资是指投资人从环保、劳工标准、人道以及是否违反自然规律等角度出发，注重投资那些被视为对社会负责任的化工企业，这种类型的投资需要考查化工企业财务、社会、环境的三条底线。RCI理念综合考虑了经济、社会和环境等因素，通过剔除"责任关怀"方面表现不佳的化工企业来给化工企业施加压力，促进化工企业自觉履行相应的"责任关怀"，从而实现化工企业与社会的可持续发展。为了更好地推行"责任关怀"投资，一些非政府机构相继建立了一系列衡量标准，如FTSE4GOOD金融时报道德指数、道·琼斯可持续全球指数等，以供投资者筛选投资化工企业，同时也对不履行"责任关怀"的化工企业施加压力。据统计，美国有超过一万亿美元的资金是由"责任关怀"投资者管理的，其中5290亿美元投资于经过社会筛选的证券（包括互助基金），在1995～1997年间，增长幅度达到2.27倍。38%的"责任关怀"投资者不约而同地选用了"责任关怀"标准作为投资组合的筛分指数。目前，兴起于美国、英国、法国的"责任关怀"投资运动，已经扩展到澳大利亚、奥地利、德国、日本、瑞士等发达国家，现在仍在高速发展，并对发展中国家也产生了一定的影响。

3. 适应社会对化工企业期望的需要

长期以来，化工企业在创造大量财富的同时也对社会产生了负面影响，特别是化工企业在经营过程中存在的负外部性问题，把大量的化工企业成本转嫁给社会，如环境污染、资源过度开发等，造成社会福利受损。随着化工企业规适模的日益扩大，伴随的社会问题也日趋严重，而化工企业的实际社会表现总与社会对化工企业的期望存在一定的差距，因此化工企业招致越来越多的批评。特别是20世纪70年代后，经济全球化迅速扩张，跨国公司的全球投资及生产行为，弱化了政府的干预能力。但消费者组织、环保组织、人权组织、工会组织等非政府组织在约束化工企业行为方面发挥了重要作用，这些组织针对化工企业的不负责任行为，经常发起声势浩大的批评行动，他们向政府施压要求加强对化工企业的惩罚性和强制性法规，组织各种反对化工企业的运动等，通过各种渠道向化工企业施压，要求化工企业（特别是跨国公司）必须履行包括环境保护在内的"责任关怀"。其中新闻媒体在这些批评行动中起着推波助澜的作用。欧美国家的电视和报纸每天都有披露发展中国家化工企业环境污染、资源过度开发、化工事故频频发生的报道，一项统计表明，自1996年至2000年，英国广播公司（BBC）和英国其他主要媒体报道了来自世界各地的超过1100多条有关环境污染的新闻，超过850条有关强迫劳动的新闻，超过350条有关恶劣的工作条件的新闻，超过160条有关虐待工人的新闻，超过250条有关超时加班的新闻，以及超过250条有关支付低于标准工资的新闻。这些报道给跨国公司造成了很大的压力，迫使其不得不顺应社会要求，约束自身的经营行为。

三、实践"责任关怀"带来的改变

1. 降低综合成本，提高生产能力

"责任关怀"实施的短期效用并不显著，但从长期来看，严格履行"责任关怀"的承诺，对化工行业而言能降低其综合成本，提高生产能力。例如，降低水和能源的消耗，减少了废物和排放，降低了废弃物处置成本；同时清洁的工厂和环境也使清洁成本下降从而提高生产能力。此外还可以减少诉讼，降低工人赔偿成本，甚至在保费和融资费用方面不再受到金融机构的"另眼看待"。由于化工行业的工厂火灾，爆炸的不良记录，保险业对此行业不很看好。一些保险公司甚至拒绝承保，其他的保险公司也可从其比较苛刻的保费中略见一斑。但实行"责任关怀"之后，CCPA 的成员投保的保险公司不但不再拒保，还相应降低了保费，有保险公司声称，如果拥有这样的良好的管理系统（"责任关怀"），他们能将保费下降50％。对化工企业而言，他们也愿意增加抵扣，因为他们对"责任关怀"下的风险管理系统有信心。过去，银行在化工行业的融资成本很高，很多企业产生了不少环境问题，贷放的款项达不到预期的目标。而现在，由于"责任关怀"的实行，在对化工行业贷前预审的实地环境评估中，金融机构比过去花费更少的时间、精力和金钱。该企业通过这一渠道也更容易获得融资。

2. 优化管理系统，增强创新能力

"责任关怀"的核心是强调健康、安全和环境。在具体行动中表现为污染预防、应急反应和危机管理、配送及运输安全等方面。这都需要不断提高和完善其管理系统。此外"责任关怀"中对健康和环境的承诺也使得企业要不断增强自身的创新能力，研发更多环境友好型产品，开发和利用更多低能耗及清洁生产技术。

3. 扭转行业形象，改善与公众的关系

遵循"责任关怀"原则，意味着更少的健康、安全和环境事故，也意味着减少了化工行业的潜在的法律诉讼问题。降低行业的负面声誉带来的影响，增强了市场优势，从而对改善与社区关系，提升公司的形象大有帮助。Sulco 化学是世界上第一家在"责任关怀"下验证的加拿大的小公司（每年的销售额在 1000 万美元以下）。Bemardwest 原公司总裁认为进行"责任关怀"承诺之前和之后的最大区别是公司与社区的关系得以改进和发展。这是一种公开和相互支持的关系。

第二节 "责任关怀"的基本内容

"责任关怀"是化工行业针对自身的发展情况提出的一套自律性的、持续改进环保、健康及安全绩效的管理体系。责任关怀诞生的原因及实施的终极目标，不仅是为了近期的商业利益，而是为树立良好的行业公众形象，从而使化工行业实现可持续发展，最终实现零污染排放、零人员伤亡、零财产损失的终极目标。

一、"责任关怀"六项实施准则及实施原则

1. "责任关怀"的六项实施准则简介

"责任关怀"的六项实施准则（见附录三）是以国际化工协会联合会颁布的《责任关怀全球宪章》（见附录一）为依据，借鉴有关国家和地区实施"责任关怀"的经验，并结合我国的相关法律法规编制而成的。

"责任关怀"的六项实施准则分为社区认知和应急响应准则、储运安全准则、污染防治准则、工艺安全准则、职业健康安全准则、产品安全监管准则六个方面，详细内容将分章节叙述。

（1）社区认知和应急响应准则

社区认知和应急响应准则（Community Aware-nessand Emergency Response，简称CAER），是规范企业在实施责任关怀过程中而进行的应急响应的各项管理。不仅与社区、化工企业有关，还与政府、学校、医院等密切相关。它要求企业要有应急响应管理机构，建立紧急响应机制，编制应急救援预案，制订应急计划，建立应急响应的定期演练制度，从而建立起整套应急救援体系，能真正发挥其应急救援的作用。为确保员工及社区民众的安全，让化工企业的紧急应变计划与当地社区或其他企业的紧急应变计划相呼应，进而达到相互支持与帮助的功能，一旦企业发生安全事故，能作出快速应变与有效处理，将事故的危害降至最低程度。透过化学品制造商与当地社区人员的对话交流，拟定合作紧急应变计划。该计划每年至少演练一次，其范围涵盖危险物与有害物的制造、使用、配销、储存及处置所发生的一切事故。

（2）储运安全准则

储运安全准则（Distribution）是规范企业在实施责任关怀的过程中对化学品的储运安全管理工作，它包括了储存、运输、转移（装货和卸货）等各个阶段。确保有效的应急预案得以实施，从而将其对人和环境可能造成的危害降至最低。

① 储存安全。原料储存的安全首先要考虑原料和产品（即化学品）的性质。无论是原料还是化工产品，多数都是有毒、有害、易燃、易爆，或是高温高压的气体或液体，有的甚至还有强烈的腐蚀性。所以，化学品在储存的过程中一定要遵守化学品的储存规定，特别是对于因接触空气、水，或者两种不同的化学品互相接触而发生剧烈的化学反应，导致化学品变质无法使用或者发生危险事故，在其储存过程中更应该小心谨慎，要按照物质的物理性质和化学性质，采取必要的措施，防止事故的发生。

对于挥发性大的液体物料，采用加压或冷却的方法储存，有的还要避免阳光的曝晒，采用遮阳措施，并保持通风，以防产生挥发性的气体的积聚，引起燃烧或爆炸、中毒。

对于气体原料，为了安全起见，一般采用钢瓶或球形储罐储存，其钢瓶或储罐必须定期进行安全检查，以确保气体原料储存的安全性。

有的化学品在储存的过程中并不会发生剧烈的化学变化，而是缓慢地发生潮解、溶解、变质、聚合、缩合、氧化等，轻则原料损耗，重则原料根本无法使用。所以在化学品的储存的过程中，有时要采取特殊措施，确保化学品储存过程中的安全。

② 运输安全。其中包括对与产品和其原料的配送相关的危险进行评价并设法减少这些危险。对搬运工作需要有一个规范化过程，着重行为的安全和法规的遵守。

（3）污染预防准则

污染防治准则（Pollution Prevention）是规范企业在实施责任关怀过程中而进行的环境保护管理工作。目的是为了减少向所有的环境空间，即空气、水和陆地的排放。当排放不能减少时，则要求以负责的态度对排放物进行处理。其范围涵盖污染物的分类、储存、清除、处理及最终处置等过程。

（4）工艺安全准则

工艺安全准则（Process Safety）的目的是规范企业推行责任关怀中而实施的工艺安全管理，防止化学品泄漏，预防爆炸、火灾和伤害的发生及其对环境产生的负面影响。化工生产具有高温、高压、工艺流程复杂、生产操作复杂等特点，存在燃烧、爆炸、中毒、腐蚀等危险因素，要求管理者在工艺技术、生产装置、安全设施等方面采取先进技术、严密组织、统一协调与控制等措施，进行严格的规范化管理，从而达到工艺安全要求的务实规范妥善的设计、建造、操作，达到工艺安全要求的维修和训练并实施定期检查等一系列活动，以达到安全的过程管理。

此项准则适用于制造场所及生产过程，其中包括配方和包装作业、防火、防爆、防止化学品的误排放，对象包括所有厂内员工和外包商，包括企业创建阶段的厂址选择，生产工艺应选择先进、合理的工艺路线，建造的厂房安全符合设计规范的要求，生产设备完全符合国家有关标准的要求，制订有符合和达到工艺路线和各项参数指标要求的安全操作规程和安全检修规程，原材料和中间产品、最终产品的存储、转移的安全等。

（5）职业健康安全准则

职业健康安全准则（Employee Health & Safety）的目的是规范企业实施责任关怀过程中对安全生产管理和职业卫生管理，规范企业员工和外来的人员、参观学习人员的安全行为和卫生行为，改善工作人员作业时的工作环境和防护设备，使工作人员能安全地在工厂内工作，进而确保工作人员的安全与健康（使从业人员健康地入业，安全健康地退休离业）。此项准则要求企业不断改善对从业人员、参观、访问人员和合同工作人员的保护，内容包括加强人员的训练并分享相关健康及安全的信息报道、研究调查潜在危害因子并降低其危害，定期追踪员工的健康状况并加以改善。

（6）产品安全监管准则

产品安全监管准则（Product Stewardship）是规范实施责任关怀的企业在推行责任关怀过程中而进行的产品安全监督管理工作。准则适用于企业产品的所有方面，包括：从产品的研发、制造、配送、销售到最终的废弃，即对产品的完整"生命周期"进行跟踪服务，以减少源自化工产品对健康、安全和环境构成的危险。其范围涵盖了所有产品从最初的研究、制造、储运与配送、销售到废弃物处理整个过程的管理。

产品安全监管指的是以产品为中心的一种对健康、安全、环保的管理模式。

2. 实施"责任关怀"准则的指导原则

2008 年开始制定的我国"责任关怀"实施准则，现已成为化工行业标准 HG/T 4184—2011（该标准由中华人民共和国工业和信息化部正式发布，并于 2011 年 10 月 1 日开始实施），其指导原则如下。

① 不断提高环境、健康与安全知识水准，以及生产技术、工艺和产品在使用周期中的性能表现，从而避免对人和环境造成伤害。

② 有效利用资源，注重节能减排，将损耗降至最低。

③ 充分认识社会对化学品以及我们运作过程的关注点，并对其做出回应。

④ 研发和制造能够安全生产、运输、使用以及处理的化学品。

⑤ 在为全部现有的和新的产品与工艺制订计划时，应优先考虑健康、安全和环境因素。

⑥ 向有关官员、公司员工、客户以及公众及时通报与化学品相关的健康和环境危险信息，并且提出富有成效的措施建议。

⑦ 与客户共同努力，确保化学品的安全使用、运输以及处理。

⑧ 采取能有效保护环境、员工和公众健康安全的方式进行工厂和设施运行。

⑨ 通过研究有关产品、工艺和废弃材料对健康、安全和环境的影响，来提升健康、安全、环境的知识水准。

⑩ 与有关方共同努力，解决以往危险物品在处理和处置方面所遗留的问题。

⑪ 与政府和其他部门一起参与制定有关法律、法规和标准来维护社会、工作地点和环境的安全，从而满足或超越以上法律、法规及标准的要求。

⑫ 通过分享经验以及向其他生产、经营、使用、运输或者处置化学品的部门提供帮助来推广"责任关怀"的原则和实践。

3. 实施责任关怀的基本要求

化工企业实施责任关怀，首先要有最高管理层集体决策，并要提出承诺，为实施责任关怀需要的人才，资金等予以保障和支持。

（1）签订责任关怀承诺书

最高管理层自主承诺并由最高管理者亲自签署书面承诺书，向社会公开公布，成为实施责任关怀行动的依据文书。

（2）设立责任关怀的管理机构

实施责任关怀企业内部管理层要及时建立专门的责任关怀管理机构，明确管理部门、专职管理人员进行管理。

（3）制定责任关怀的方针和目标

承诺企业应对本企业的健康、安全和环保工作的实际情况及时掌握，制定出本企业的责任关怀方针。由方针的总要求，制定出各项工作的目标。

（4）制定责任关怀的实施计划与管理制度

承诺企业应依据责任关怀的实施准则，结合本企业过去在安全、健康和环保等方面实施的管理体系、管理规范、管理制度的实际情况，按照责任关怀的工作目标制定出具体实施计划和相应的管理制度。计划要具体、明确、有时间结点，任务要落实到具体的部门和执行者。

（5）实施

责任关怀在实施的过程中，首先应进行全员培训，让每个员工要认知责任关怀，了解本企业的目标和实施计划，个人在实施责任关怀过程中的职责，做什么，如何去做。

（6）绩效考核和自我评估

绩效考核是责任关怀实施一个阶段以后，对实施准则的执行情况进行综合考核，提出进一步完善执行实施准则的措施，不断提高健康、安全和环保的管理绩效。

（7）管理评审和持续改进。

企业应建立评审制度，成立评审小组，明确评审目的，制订评审计划，每年进行一次责任关怀评审活动，并要写评审报告。

（8）年度报告

企业应在每年初将上一年的责任关怀实施情况进行认真总结，并编制出企业的责任关怀年度报告。

二、实施"责任关怀"企业的绩效考核和验证评估年度报表

所有承诺责任关怀企业实施一个阶段后，对准则的执行情况进行综合绩效考核和验证评估，并以年度报告的形式向社会公布各项准则的实施情况。

通常承诺实施"责任关怀"的化工企业，以单独的领导小组为实际实施机构，采用责任关怀报告的形式，对企业内部的每个行为对照"准则"形成自律，具有指导原则、管理原则、验证评价原则等多个方面的形式特征。

（一）绩效考核和验证评估

绩效考核是责任关怀实施一个阶段以后，对实施准则的执行情况进行综合考核，提出进一步完善执行实施准则的措施，以不断提高健康、安全和环保的管理绩效。

验证评估，可以是企业自己组织的采用责任关怀自我评估表进行半定量化的自我评估，也可以是有第三方介入根据企业提供执行责任关怀各项准则情况的评估。验证评估过程是对实施准则中的每一条款在企业中的执行情况，根据评估表中给出的判定标准，划定一定分值

（1～100分）。再把一项实施准则的所有条款的得分值进行加权平均，根据平均值（验证评估栏）进行评价判定该项实施准则的执行状况。一般分四个级别：

① 优秀：A≥90分

② 良好：B≥75分

③ 及格：C≥60分

④ 不及格：D＜60分

评估结果，可用于申请资源优化工艺、改技术、实行更广泛培训计划，以改善企业在责任关怀方面的绩效。

1. 验证评估表封面及填写说明

（1）验证评估封面

<u>　　　　　×××××× 验证评估表　　　　　</u>

验证评估方：_____

填报人：_____

地址：_____

联系电话：_____

单位管理者代表签名：_____ 日期：_____

（2）验证评估表填写说明

本书提供的验证评估表按照"戴明"管理模式❶可供使用者对每项评估内容（按A、B、C、D）进行赋值，验证评估项的赋分表明在该项内容进行管理审查发现的问题已经纠错的程度。

2. 验证评估表

为了督促化工企业真正落实责任关怀准则中各个要素，推进"责任关怀"理念和措施在行业中的实施，促进石油和化学工业科学健康可持续发展，特制定责任关怀验证评估表（表1-1～表1-10），供企业自评或第三方评价。

（1）领导与承诺

责任关怀验证评估表——领导与承诺见表1-1。

表 1-1　责任关怀验证评估表——领导与承诺

序号	评 估 内 容	计划	执行	存在的问题	整改	验证评估
1	主要负责人应做出明确的、公开的、文件化的健康、安全、环保承诺					
2	每年至少一次对健康、安全、环保承诺的履行情况进行评审					
3	主要负责人要确保实现承诺所必需的人力、物质、资金等资源得到有效保障					
4	主要负责人要亲自参与责任关怀活动					
5	主要负责人应至少每季度组织召开一次有关健康、安全、环保主题的专项会议					
6	制定主要负责人、各级管理人员和从业人员的职业健康、安全、环保责任制					
7	建立各项责任制的考核机制，对各级管理部门、管理人员及从业人员各项职责的履行情况和责任制的实现情况进行定期考核，并予以奖惩					

❶ 戴明模型，以系统思想和持续改进方式指导组织通过管理实现其既定目标。PLAN—策划；DO—行动；CHECKING—检查；ACTION—改进。质量管理体系、环境管理体系和职业健康安全管理体系都是应用这一基本原理。

续表

序号	评 估 内 容	计划	执行	存在的问题	整改	验证评估
8	设置责任关怀活动的管理机构,并任命负责人和成员					
9	及时与相关方进行沟通和交流,获取相关方的反馈信息					
10	建立有关健康、安全、环保的管理制度					
	该项综合均分					

(2) 法律法规和管理制度

责任关怀验证评估表——法律法规和管理制度见表 1-2。

表 1-2　责任关怀验证评估表——法律法规和管理制度

序号	评 估 内 容	计划	执行	存在的问题	整改	验证评估
1	建立识别和获取适用的健康、安全、环保法律、法规、标准及其他要求的管理制度					
2	明确责任部门,确定获取渠道、方式和时机,及时识别和获取,形成法律法规、标准及政府其他有关要求的清单和文本数据库					
3	每年至少一次对适用的健康、安全、环保法律、法规、标准及其他要求的符合性进行评价					
4	对评价出的不符合项进行原因分析,制定整改计划和措施					
5	及时更新或取消不适用的法律法规和管理制度文件,及时消除违规现象和行为					
6	将适用的健康、安全、环保法律、法规、标准及其他要求及时传达给相关方					
7	按照相关法律法规的要求建立适用于企业的完善的管理制度和技术规程					
	该项综合均分					

(3) 教育与培训

责任关怀验证评估表——教育与培训见表 1-3。

表 1-3　责任关怀验证评估表——教育与培训

序号	评 估 内 容	计划	执行	存在的问题	整改	验证评估
1	依据国家、地方及行业规定和岗位需要,制定适宜的培训教育目标和要求					
2	根据不断变化的实际情况和培训目标,定期识别安全培训教育需求,制定培训教育计划					
3	按培训教育计划的要求组织实施培训教育,保证安全培训教育所需人员、资金和设施					
4	及时将企业适用的健康、安全、环保法律、法规、标准及其他要求对员工进行宣传和培训					
5	根据不同岗位的特点,对员工开展有关产品健康、安全、环保方面的教育培训,培训对象包括产品的分销商以及与客户接触的员工					
6	对外来参观、学习等人员进行有关健康、安全、环保等知识的培训教育					

序号	评 估 内 容	计划	执行	存在的问题	整改	验证评估
7	对承包商的作业人员进行入厂安全培训教育					
8	针对应急救援预案对员工进行培训,并定期组织演练					
9	定期开展班组安全教育和班组安全活动					
10	做好各项培训教育和活动的记录					
11	培训教育主管部门应对培训教育的效果进行评价					
12	建立完善的从业人员培训教育档案					
	该项综合均分					

（4）检查与绩效考评

责任关怀验证评估表——检查与绩效考评见表1-4。

表1-4 责任关怀验证评估表——检查与绩效考评

序号	评 估 内 容	计划	执行	存在的问题	整改	验证评估
1	建立责任关怀检查与绩效评定管理制度					
2	严格执行检查管理制度,定期进行检查,保证责任关怀活动的有效实施					
3	检查应有明确的目的、要求、内容和计划					
4	对检查所查出的问题进行原因分析,制定整改措施,落实整改时间、责任人,并对整改情况进行验证					
5	建立检查台账,并将检查结果与员工的绩效考核挂钩					
6	依据责任关怀各准则的要求,每年至少开展一次责任关怀自我评估					
7	在开展自我评估的基础上,每年至少进行一次责任关怀管理评审,提出进一步完善责任关怀活动的计划和措施,实现持续改进					
8	保存检查与绩效考核的相关记录					
	该项综合均分					

（5）社区认知和应急响应

责任关怀验证评估表——社区认知和应急响应见表1-5。

表1-5 责任关怀验证评估表——社区认知和应急响应

序号	评 估 内 容	计划	执行	存在的问题	整改	验证评估
1	组织制定社区认知与应急响应的管理制度,明确社区认知与应急响应的目的、范围和准则					
2	企业与社区建立快速有效的联络渠道,并保持其畅通,联络与沟通应有书面的记录					
3	调查员工对安全、健康、环境问题的了解程度					
4	对员工及社区交流的相关人员进行应急响应、安全、健康和环境方面的训练					
5	制订"社区认知方案",就关注的安全、健康和环境问题进行评估和公示					

序号	评 估 内 容	计划	执行	存在的问题	整改	验证评估
6	评价事故或其他紧急状况对员工和周围社区造成危害的潜在风险,制订包括应急预案在内的各种有效风险防范措施					
7	建立应急组织机构,明确组成人员及其职责,规定应急状况下的预防与预警机制、处置程序、应急保障措施以及事后恢复与重建措施等内容					
8	制定本单位综合应急预案、专项应急预案及现场应急预案					
9	将应急预案报当地安全生产监督管理部门和有关部门备案,并通报当地应急协作单位					
10	参与建立完善的社区应急响应计划,使社区公众知晓在企业紧急情况下的应急措施以及可能获得的援助					
11	将企业的各种应急预案与社区进行交流和沟通					
12	定期开展应急演练,并配合和参与社区的相应应急演习					
13	按国家有关规定配备一定数量的应急救援器材,并保持完好					
14	建立应急通信网络,并保持畅通					
15	在存在有毒有害因素岗位配备救援器材,并进行经常性的维护保养,保证其处于良好状态					
16	建立明确的事故报告制度和程序					
	该项综合均分					

(6) 储运安全监管

责任关怀验证评估表——储运安全监管见表 1-6。

表 1-6 责任关怀验证评估表——储运安全监管

序号	评 估 内 容	计划	执行	存在的问题	整改	验证评估
1	组织制定危险化学品储运管理制度,明确危险化学品储运风险评价的目的、范围和准则					
2	按照国家相关规定,对确定的危险化学品仓库地址进行安全评估					
3	按照国家相关规定,对确定的危险化学品仓库结构进行安全评估					
4	根据国家法规规定和管理部门的要求,对危险化学品储存方式进行安全评估					
5	根据国家法规规定和管理部门的要求,对危险化学品出入仓库履行登记、备案、报告进行评估					
6	根据国家法规规定和管理部门的要求,对出库危险化学品详细资料及流向登记进行评估					
7	根据国家法规规定和管理部门的要求,对仓库配备消防器材进行环境安全评估					
8	按照国家相关规定,对危险化学品仓库应急处理预案进行安全评估					
9	按照国家相关规定,对危险化学品废弃物处理预案进行安全评估					
10	按照国家相关规定,对运输化学危险品从业人员的资质进行评估					
11	按照国家相关规定,对化学危险品运输工具进行安全评估					

续表

序号	评 估 内 容	计划	执行	存在的问题	整改	验证评估
12	按照国家相关规定,对危险化学品运输的行驶路线和停车地点进行安全评估					
13	制定针对重大危险源的应急救援预案,配备必要的救援器材、装备,每年至少进行一次重大危险源应急救援预案演练					
14	重大危险源的防护距离应满足国家标准或规定。不符合国家标准或规定的,应采取切实可行的防范措施,并在规定期限内进行整改					
15	针对危险化学品储存与运输的特点,定期识别与产品储运有关的危险、有害因素及其暴露情况,根据风险评价准则进行风险评价,并制定控制措施					
16	将危险化学品风险评价的结果及所采取的控制措施对从业人员进行宣传、培训,使其熟悉工作岗位和作业环境中存在的与产品有关的危险、有害因素,掌握、落实应采取的控制措施					
17	各级管理人员应参与危险化学品风险评价工作,鼓励从业人员积极参与风险评价和风险控制					
18	定期评审或检查产品风险评价结果和风险控制效果					
19	根据产品本身和外界条件的变化,必要时重新组织产品危险、有害因素的识别和风险评价					
20	根据所接触产品危害的种类、强度,为从业人员提供符合国家标准或行业标准的个体防护用品和器具,并监督、教育从业人员正确佩戴、使用					
21	发生危险化学品储运事故后,加强交通保障,为危险化学品事故应急处置工作提供快速、高效、顺畅的交通设施、设备工具、运行秩序等保障					
22	发生危险化学品突发事件后,根据"分级救治"原则,按照现场抢救、院前急救、专科急救的不同环节和需要组织实施救护					
23	发生危险化学品储运突发事件后,保卫处要迅速组织事故现场及周围治安警戒和治安管理,禁止无关人员和车辆进入危险区域,在人员疏散区域进行治安巡逻					
24	发生危险化学品储运突发事件后,武装中心加强对储备物资的管理,及时予以补充和更新;与供货商建立物资调剂供应的渠道,以便需要时,迅速调入应急物资					
25	发生危险化学品储运突发事件后,事故应急处置专项资金必须予以保障					
	该项综合均分					

(7) 工艺安全管理

责任关怀验证评估表——工艺安全管理见表 1-7。

表 1-7 责任关怀验证评估表——工艺安全管理

序号	评 估 内 容	计划	执行	存在的问题	整改	验证评估
1	企业应建立设置工艺安全管理机构、配备工艺安全管理人员的管理制度					
2	企业应以文件形式明确企业最高管理者是企业工艺安全的第一责任人					
3	企业应设置工艺安全管理机构并配备工艺安全专门管理人员					
4	企业根据自身责任安全实际状况,制定总体和年度工艺安全目标					
5	按照各生产部门的职能,制定工艺安全指标和考核办法					

序号	评 估 内 容	计划	执行	存在的问题	整改	验证评估
6	定期对工艺安全进行绩效考核和评审,提出改进措施,持续改进工艺安全管理水平					
7	定期对工艺安全目标的完成效果进行评估和考核,依据评估考核结果,及时调整工艺安全目标和指标的实施计划。评估报告和实施计划的调整、修改记录应形成文件并加以保存					
8	企业应建立工艺安全教育培训的管理制度					
9	确定工艺安全教育培训主管部门,定期识别工艺安全教育培训需求,制定各类人员的工艺安全培训计划					
10	应按计划进行工艺安全教育培训,对培训效果进行评估和改进。做好培训记录,并建立档案					
11	工艺安全的主要负责人和工艺安全管理人员,应具备与本单位所从事的生产活动相适应的安全生产知识和工艺安全管理能力,经培训考核合格后方可任职					
12	企业应对操作岗位人员进行安全教育和生产工艺操作规程培训,使其熟悉有关的工艺安全规章制度和工艺操作规程,并确认其能力符合岗位要求。未经工艺安全教育培训,或培训考核不合格的从业人员,不得上岗作业					
13	新入厂人员在上岗前必须经过工艺安全培训					
14	在新工艺、新技术、新材料、新设备设施投入使用前,应对有关操作岗位人员进行专门的工艺操作规程和工艺安全培训					
15	操作岗位人员转岗、离岗一年以上重新上岗者,应进行工艺操作规程和工艺安全培训,经考核合格后,方可上岗工作					
16	应对相关方的作业人员进行工艺安全教育培训。作业人员进入作业现场前,应由作业现场所在单位对其进行进入现场前的工艺安全教育培训					
17	应对外来参观、学习等人员进行有关工艺安全规定、可能接触到的危害及应急知识等内容的工艺安全教育和告知,并由专人带领					
18	建立危险源的管理制度,明确辨识与评估的职责、方法、范围、流程、控制原则、回顾、持续改进等					
19	应按相关规定对本单位的生产设施或生产场所进行危险源辨识、分类和风险评价、分级,确定危险源及重大危险源(包括企业确定的重大危险源)					
20	树立"零事故"的安全理念,建立风险评估的管理制度,明确责任部门、人员、管理方法					
21	明确风险评估的范围,内容必须包括生产、新产品新工艺开发、技术改造、工程设计、装置建设、投产运行直至废旧设备及厂房的拆除与处置					
22	应根据评估结果提出风险控制措施,通过技术和行政方法落实控制措施。这些措施应告知所有相关人员					
23	建立有关人员、机构、工艺、技术、设施、作业过程及环境变更的管理制度,并制定实施计划					
24	对变更的实施进行审批和验收管理,并对变更过程及变更后所产生的风险和隐患进行辨识、评估和控制					
25	变更生产工艺装置或安全设施,在建设阶段应经设计单位书面同意,在投用后应经安全管理部门书面同意。重大变更的,还应报安全生产监督管理部门备案					

续表

序号	评估内容	计划	执行	存在的问题	整改	验证评估
26	企业应制订相关的各项技术文件,在工艺或技术改造时进行风险评估并及时更新原始文件					
27	在日常生产过程中要如实记录工艺参数、操作活动、设备状况等,并存入档案					
28	企业应根据实际情况,不断进行生产工艺与技术改造,以保持其先进性、可靠性和安全性					
29	企业应对厂房和生产设备设施进行规范化管理,保证其安全运行					
30	企业应有专人负责管理厂房和各种安全设备设施,建立台账,定期检维修。对安全设备设施应制定检维修计划					
31	建立工程建设制度和管理方案,保证新建、扩建、改建工程项目的各个阶段都要进行环境、安全和健康的评估,以识别和消除危害					
32	企业应建立事故应急指挥系统,明确各部门、各级人员的职责,实行分级管理					
33	企业应根据风险评估的结果,编制应急响应预案,并定期进行演练,要写出演练报告,以期持续改进					
34	企业应配备足够的应急救援设备,定期检查维修,保持设备处于完好状态					
35	应建立应急通讯网络,并确保其畅通					
36	应建立相应的应急救援队伍,如消防、救护、治安保卫、通讯联络、医疗抢救等,各专业队伍人员名单落实到人					
37	企业必须对所有的事故进行事故调查,向有关部门及时进行事故报告,采取适当的纠正措施,吸取经验教训,防止事故再发生					
38	企业应建立工艺安全检查制度,定期对生产安全状况进行检查、考核,保证工艺安全准则有效实施					
39	企业应明确安全检查的目的、要求、内容,并制订检查计划。根据工艺安全检查计划,定期或不定期开展综合检查、专业检查、季节性检查和日常检查					
40	对各种工艺安全检查所查出的风险进行分析,制订整改措施,及时整改,并对整改结果进行验证					
41	企业应建立绩效考核制度,明确对工艺安全目标完成情况、工艺安全管理实施计划的落实情况的测量评估方法,测量评估结果应得出可量化的绩效指标					
42	企业应建立工艺安全工作评审制度,成立评审小组,确定评审目的,制订评审计划					
43	企业每年至少一次对工艺安全管理实施情况进行评定,并形成正式的评定报告。发生死亡事故或生产工艺发生重大变化应重新进行评定					
44	企业应将工艺安全管理工作的评定报告向所有部门、所属单位和从业人员通报					
45	企业应将年度工艺安全管理工作实施情况的评定结果,纳入部门、所属单位、员工年度安全绩效考评					
	该项综合均分					

（8）污染防治

责任关怀验证评估表——污染防治见表 1-8。

表 1-8　责任关怀验证评估表——污染防治

序号	评 估 内 容	计划	执行	存在的问题	整改	验证评估
1	设置环境风险管理机构,配备管理人员和技术人员,确保污染防治责任到人					
2	明确污染防治的方针,建立可持续的污染防治工作计划					
3	应定期根据相关的法律法规和标准,制定企业相关环境保护程序和规章制度					
4	建立环境风险因素评价程序,对环境风险因素进行识别和评价,制定并落实控制措施,减少环境污染风险					
5	定期进行评估,不断改善企业在环境保护和污染控制方面的表现					
6	制订环境管理方案,并落实到相关部门具体实施					
7	遵循"减量化、再利用、再循环"的原则,实现节能减排					
8	建立污染治理设施,确保污染处理装置正常运行					
9	制定文件化的污染治理方案,确定污染物排放种类、数量、排放时间及控制措施,确保污染物达标排放					
10	配备专职环境监测人员、处理装置管理人员,并定期开展培训					
11	制订定期环境监测计划,实现环境和污染排放的有效监测,及时准确提供监测数据					
12	开展"三废"综合利用并建立相应的管理台帐和统计报表					
13	规范储存和处置危险废物,防止二次污染					
14	严格执行环保"三同时"制度和环境影响评价制度,确保项目投产后污染排放达到国家或地方规定的排放标准					
15	建立清洁生产领导机构和激励机制,制定专项工作计划					
16	明确清洁生产目标,组织开展清洁生产审核验收					
17	建立环境保护监督检查制度,查找事故隐患并及时处理					
18	针对本企业可能发生的环境污染事故特征,建立事故应急管理体系,不断完善应急预案					
19	发生污染事故后应迅速启动相应的专项应急预案,按事故分类和等级,采取有效措施减少事故损失					
20	事故后组织有关人员进行现场教育,防止类似事件再次发生					
21	与社区公众沟通交流,让公众了解监督企业环境管理情况					
22	建立环境绩效考核制度					
	该项综合均分					

（9）职业健康安全

责任关怀验证评估表——职业健康安全见表 1-9。

表 1-9　责任关怀验证评估表——职业健康安全

序号	评 估 内 容	计划	执行	存在的问题	整改	验证评估
1	按照国家规定,为从业人员配备劳动防护用品,劳动防护用品必须符合国家或行业标准,不得超期使用;特种作业、接触职业危害人员必须配备专用劳动防护用品					

序号	评 估 内 容	计划	执行	存在的问题	整改	验证评估
2	特种劳动防护用品要有安全标志,必须经安全技术部门验收					
3	劳动保护用品监督管理是否明确劳动防护用品的采购、验收、保管、发放、使用、报废和监督等环节的责任部门;有劳动防护用品发放标准、有发放帐目,有专用场地;有劳动防护用品穿戴检查、处理记录;特种作业、危险作业和有毒有害作业防护用品,必须建立领取卡,领用人必须签字					
4	企业要对职业危害作业点进行登记,并按政府有关要求将职业危害因素及时、如实申报					
5	在醒目位置设置职业危害公布栏,公布职业危害防治规章制度、操作规程和作业场所职业危害因素监测结果;产生严重职业危害的岗位,要在醒目位置设置警示标识和中文警示说明,警示说明包括产生职业危害的种类、后果、预防和应急处置措施等					
6	签订劳动合同时,必须将职业危害如实告知从业人员,告知内容包括职业危害因素及其后果、职业危害防护措施和待遇等					
7	在上岗前、在岗期间和离岗时、离岗后进行职业健康检查;从业人员体检率是否达到100%;委托专门从事职业健康检查的医疗卫生机构进行,检查结果如实告知从业人员,职业健康检查费用由生产单位承担					
8	为从业人员建立职业健康监护档案;按照不同职业危害因素分别建立,不得有遗漏;职业健康监护档案是否保存完整					
9	确诊为职业病者,必须按卫生部《职业病范围和职业病患者处理办法》的规定,两个月内调离工作岗位,特殊情况不得超过半年					
10	职业病疑似人员或职业禁忌症者,要及时进行医学观察、治疗,减轻工作或调离有职业危害岗位					
11	不得安排未经职业健康体检的人员,未成年人,孕期、哺乳期的女职工从事接触职业危害作业					
12	建立以下职业卫生管理档案:生产安全事故与职业病档案,特种设备、危险设备、职业危害防护设施档案,特种作业人员健康档案,职业健康监护档案,职业危害防治档案					
13	有一般和重大危险有害因素识别标准					
14	形成群众性、常态化危险有害因素识别机制,每年组织危险有害因素预知、识别或安全合理化建议活动					
15	危险有害因素控制措施要包括安全技术与设备改造、改善管理、个人防护、运行控制、教育培训等各种措施					
16	优先采取技术与设备改造措施,以代替管理措施					
17	对危险有害因素采取分级管理,定期检测、评估、监控,有检测和检查记录					
18	岗位员工要熟悉危险有害因素分布、控制方法和作业事项					
19	根据产品及工艺调整、原辅材料变化,及时对危险有害因素进行更新和调整					
20	新增的危险有害因素要及时纳入危险有害因素管理范畴					

（10）产品安全监管

责任关怀验证评估表——产品安全监管见表1-10。

表 1-10 责任关怀验证评估表——产品安全监管

序号	评 估 内 容	计划	执行	存在的问题	整改	验证评估
1	组织制定产品风险评价管理制度,明确产品风险评价的目的、范围和准则					
2	按照 GB 18218 辨识并确定企业存在的危险化学品重大危险源,建立重大危险源档案					
3	按照有关规定对确定的重大危险源设置安全监控报警系统					
4	按照国家有关规定,定期对重大危险源进行安全评估					
5	制订针对重大危险源的应急救援预案,配备必要的救援器材、装备,每年至少进行一次重大危险源应急救援预案演练					
6	重大危险源的防护距离应满足国家标准或规定。不符合国家标准或规定的,应采取切实可行的防范措施,并在规定期限内进行整改					
7	针对产品的特点,定期识别与产品有关的危险、有害因素及其暴露情况,根据风险评价准则进行风险评价,并制定控制措施					
8	将产品风险评价的结果及所采取的控制措施对从业人员进行宣传、培训,使其熟悉工作岗位和作业环境中存在的与产品有关的危险、有害因素,掌握、落实应采取的控制措施					
9	各级管理人员应参与产品风险评价工作,鼓励从业人员积极参与风险评价和风险控制					
10	定期评审或检查产品风险评价结果和风险控制效果					
11	根据产品本身和外界条件的变化,必要时重新组织产品危险、有害因素的识别和风险评价					
12	根据所接触产品危害的种类、强度,为从业人员提供符合国家标准或行业标准的个体防护用品和器具,并监督、教育从业人员正确佩戴、使用					
13	对所有可能接触和产生的危险化学品,包括产品、原料和中间产品进行普查,建立危险化学品档案,并按照有关规定对危险化学品进行登记					
14	当产品属于危险化学品时,按 GB 16483 和 GB 15258 编制产品安全技术说明书(MSDS)和安全标签,并提供给用户					
15	采购危险化学品时,应索取安全技术说明书和安全标签,不得采购无安全技术说明书和安全标签的危险化学品					
16	设立 24 小时应急咨询服务固定电话,有专业人员值班并负责相关应急咨询。没有条件设立应急咨询服务电话的,应委托危险化学品专业应急机构作为应急咨询服务代理					
17	以适当、有效的方式对从业人员及相关方就产品的危险特性、活性危害、禁配物等进行告知,并提供预防及应急处理措施					
18	严格执行危险化学品储存、出入库安全管理制度					
19	严格执行危险化学品运输、装卸安全管理制度,规范运输、装卸人员行为					
20	鼓励员工对产品安全监管工作进行监督,随时报告产品滥用的信息,并给与奖励					
21	选择合适的合同制造商,提供适用于产品的风险信息和指导意见					
22	对合同制造商的制造过程进行监督和检查,及时发现和纠正偏差					
23	要求供应商提供与产品相关的健康、安全及环保信息和指导意见					

序号	评　估　内　容	计划	执行	存在的问题	整改	验证评估
24	为分销商和用户提供产品的健康、安全、及环保信息，并针对产品的风险进行相应的指导					
25	发现产品使用不当时，应与分销商和用户合作，采取相应的措施予以改善，如改善情况不明显，应终止产品的销售					
26	定期对产品供应商服务的风险进行评价，并对其绩效进行监测和评定					
	该项综合均分					

（二）管理评审、年度报告、持续改进

企业应建立评审制度，成立评审小组，明确评审目的，制订评审计划，每年进行一次责任关怀评审活动，并要写评审报告。

企业应在每年初将上一年的责任关怀实施情况进行认真总结，并编制出企业的责任关怀年度报告，向社会公开发布。

第三节　我国推行"责任关怀"的现状及展望

一、我国推行"责任关怀"的历史文化底蕴

中华民族向来以礼仪之邦、伦理文化闻名于世，在化工行业中有着光荣的责任关怀传统。化学工业在我国古代就在有关领域得到了有效的应用，1700多年前，名医华佗已十分有效地运用"麻沸散"之类中药麻醉，后来还传到朝鲜、日本、摩洛哥等地。我国对世界文明的发展做出重大贡献的四大发明为造纸、火药、罗盘、印刷术，其中造纸、火药就是典型的化学工业产品。近代以来，1876年在天津建成第一家铅式法硫酸厂，日产硫酸2t，可以看作为我国近代化学工业的开始。1923年，吴蕴初在上海创办天厨味精厂，1929年创办天原电化厂年。1914年范旭东创办久大精盐股份公司，1917年筹办永利制碱公司，1937年生产出高质量的红三角牌纯碱，该产品名扬海外。1934年9月，范旭东提出的"四大信条"："我们在原则上绝对的相信科学，我们在事业上积极的发展实业，我们在行动上宁愿牺牲个人顾全团体，我们在精神上以能服务社会为最大光荣。"成为中国化工企业文化的核心。也体现了我国化工人"科学救国"、"实业救国"的理想。1934年开始在南京建设永利宁厂，生产合成氨、硫酸、硫酸铵及硝酸，1937年投产，成为世界先进的联合企业，被誉为"远东第一大厂"。由此范旭东成为中国重化学工业的奠基人，被称作"中国民族化学工业之父"。1943年永利集团总工程师侯德榜发明侯氏制碱法，并写成专著《制碱》公开出版，打破了帝国主义国家的垄断，促进了世界化学工业的发展。1945年重庆谈判期间，范旭东病逝，毛泽东为他题写了"工业先导，功在中华"的挽联。新中国成立后，我国的化学工业逐步发展成为门类齐全、基本适应国民经济发展的支柱产业。1953年12月的政协会议期间，毛泽东说："讲到中国的民族工业，有四个人不能忘记：讲到重工业，不能忘记张之洞；讲到轻工业，不能忘记张謇；讲到化学工业，不能忘记范旭东；讲到交通运输业，不能忘记卢作孚。"肯定了范旭东对中国工业的重大贡献。改革开放以来，我国已发展成为石油和化学工业生产和消费大国；形成油气勘探开发、石油化工、煤化工、盐化工、精细化工、生物化工、国防化工、化工新材料、化工机械等几十个行业，生产4万多种产品，基本可以满足国

民经济和人民生活需要的强大工业体系。我国正在从化工大国向化工强国迈进。

二、我国推行责任关怀的情况

2002 年，以中国石油与化学工业协会（现中国石油和化学工业联合会 China Petroleum and Chemical Industry Association，缩写 CPCIA）与国际化学品制造商协会（AICM）签署推广"责任关怀"合作意向书，相继在 2005 年、2007 年、2009 年、2011 年、2013 年召开了五届全国"责任关怀"促进大会。

2002 年，中国石油和化学工业协会（中国石化协会）与国际化学品制造商协会签署《合作协议》，共同合作在国内石油和化工行业开展责任关怀的具体活动和项目。

2005 年 6 月 14 日，首届中国责任关怀促进大会在北京举行。《中国化工报》首次以责任关怀为主题进行了专题报道。

2006 年，中国石油和化学工业协会将推广责任关怀作为七个重点工作之一；中国石化协会和国际化学品制造商协会（依据 2006 年 2 月 5 日在阿联酋迪拜召开的国际化学品管理大会上通过并发布的《责任关怀全球宪章》）共同编制了《中国"责任关怀"实施准则（试行本）》。

2007 年 4 月 6 日，由中国石化协会发起的中国石油和化工行业推进责任关怀行动在北京正式启动。首批十七家企业和化工园区作为试点单位在倡议书上郑重签字。《责任关怀实施准则》试行本正式面世。

2007 年 10 月 30 日，2007 第二届中国责任关怀促进大会在上海召开，成为世界范围内以责任关怀为主题的规模最大的一次会议。又有十五家国内化企成为责任关怀试点单位。

2008 年 5 月 29 日，国际化学品制造商协会在北京举办了"携手发展，共担责任"企业社会责任媒体圆桌会。二十四家成员企业在华最高负责人代表共同签署《责任关怀北京宣言》。

2008 年，中国石化协会对《责任关怀实施准则（试行）》被国家发改委列入行业标准制订计划。协会组织企业进行责任关怀自我评估工作，编制了《石油和化工行业实施责任关怀的基本步骤和做法（讨论稿）》等一系列文件，使我国的责任关怀工作首次有了基础性参照文件。这一年，又有四十家企业和三个园区承诺开展责任关怀试点。

2009 年 8 月 6 日，由中国石化协会举办的石油化工行业责任关怀系列活动正式启动。系列活动从 8 月初开始到 10 月中旬结束，包括"责任关怀中国行"采访报道。

2009 年 10 月 13 日，中国石化协会在北京举行 2009 第三届石油化工行业责任关怀年度报告发布会。这在国内尚属首次。这一年，已有五十三家大中型石化企业和化工园区承诺实施责任关怀。一些地方环保部门也开始尝试在本辖区内推行责任关怀。

2010 年 9 月 16 日，国际化学品制造商协会（AICM）与中国石化联合会在上海举行的 2010 中国国际石油化工大会上签署了战略合作协议，确定了进一步推进责任关怀工作的计划。

2011 年 10 月在北京举行石油化工行业"责任关怀"促进大会，主题是：绿色化工，责任与贡献，160 多家（个）化工企业和化工园区签署了责任关怀承诺书，成立了责任关怀工作委员会，为开展责任关怀活动奠定了坚实的组织基础。并将《责任关怀实施准则》作为中华人民共和国化工行业标准（HG/T 4184—2011）正式发布。

2012 年 4 月在北京召开中国石油和化学工业联合会（中国石化联合会）责任关怀工作委员会工作会议。

2012 年 10 月 10 日，由中国石化联合会主办，道康宁（中国）有限公司协办的"2012

中国石油和化学工业联合会责任关怀工作委员会工作会议"在张家港市召开。本次会议是中国石化联合会责任关怀工作委员会成立以来召开的第一次专题工作会议,旨在构建责任关怀工作体系,建立责任关怀长效工作机制。今后,委员会将围绕以下几个方面开展工作。

① 以企业为主体,逐步完成社区认知和应急响应、储运安全、污染防治、工艺安全、职业健康安全和产品安全监管六个工作组的组建工作。

② 建立、完善信息沟通渠道,定期出版《责任关怀通讯》。

③ 筹备组建"责任关怀专家组"及"责任关怀研究组"。

④ 在有条件的化工专业学校试点责任关怀通讯开设"责任关怀"课程。

⑤ 开展责任关怀的师资培训、宣贯培训、六个准则的专题培训和取证培训等。

⑥ 开设"责任关怀"专栏。

2013 年 4 月 20 日在北京召开第五届中国责任关怀促进大会。主题是工艺安全与产品安全监管。

三、"责任关怀"的业务范围

1. "责任关怀"管理监督架构

各国的化学工业协会通过 ICCA 签署责任关怀倡议,ICCA 作为"责任关怀"的监护人(Guardian)监督行动的执行,确保问题的提出和公众顾虑的消除。各国协会与其会员企业运作其责任关怀项目如图 1-1 所示。

图 1-1 责任关怀组织架构

ICCA 于 1991 年 10 月成立了"责任关怀"领导小组来规范这一倡议在全球工业界的推广与实施。为了考察责任关怀履行的具体表现,ICCA(2005)设定了一些定量指标来进行行为的约束。这些指标仍比较局限在健康、安全和环境(HSE)方面。多年来使用的主要衡量指标有:伤亡数(Number of fatalities);受伤损失工时频率(Lost time injuries frequency rate);硫磺氧化物(Sulfur oxides);氮氧化物(Nitrogen oxides);能源消耗(Energy consumption);直接间接二氧化碳排放(Direct and indirect carbon dioxide);温室气体排放量(Greenhouse gases);事故数(Number of incidents);总水量消耗(Total water consumption)等。要求承诺"责任关怀"的企业应提交他们在"责任关怀"表现方面的报告,至少每两年更新一次。

我国负责推行"责任关怀"的机构是中国石油和化学工业联合会,并为此设立了"责任关怀"工作委员,开展责任关怀方面的工作,更好地落实国家及政府有关部门对"责任关怀"工作的要求,加强行业"责任关怀"的指导,建立符合国情的"责任关怀"管理体系和工作体系,进一步推进"责任关怀"理念和措施在行业中的实施,促进石油和化学工业科学健康可持续发展。

2. 责任关怀工作委员会业务范围

中国石油和化学工业联合会责任关怀工作委员会于 2011 年 10 月获民政部备案批准,并于 2011 年 10 月 19 日在北京召开成立大会,值此中国"责任关怀"促进大会胜利召开之际,中国石油和化学工业联合会责任关怀工作委员会向大会作了郑重宣言,即《责任关怀行动宣言》(见附录二)。中国石油和化学工业联合会责任关怀工作委员会业务范围如下。

① 开展"责任关怀"基础工作研究,组织"责任关怀"评价指标体系和评估方法的研究,建立"责任关怀"评估机制。

② 组织企业开展"责任关怀"经验交流,形成长效机制。

③ 开展"责任关怀"宣传和培训,提升行业、企业和员工对"责任关怀"的认知。

④ 组织"责任关怀"年度报告编制和发布工作。

⑤ 协助政府部门制定"责任关怀"方面的扶持政策和措施,提高企业实施"责任关怀"的积极性。

⑥ 研究国际"责任关怀"新情况,开展国际交流与合作,提升行业在国际"责任关怀"事业的影响。

⑦ 承担联合会和有关政府部门委托的其他工作。

四、"责任关怀"促进现代化学工业可持续发展

"责任关怀"所倡导的安全规范大大高于并超越了大多数国家的法律规范要求,我国已成立推行"责任关怀"的专门机构,将"责任关怀"所倡导的规范作为行业协会内会员的准入资格之一,以此来表明对全球化学工业界、对环境、对人类的负责任的态度。"责任关怀"正指引着全球领先的化学工业公司不断超越既有成就,创造更高层次的行为规范,促进现代化学工业可持续发展。

国家有关政府部门、相关行业协会、学校等都已步入推行"责任关怀"理念的行列。

① 在国家有关政府部门对推行"责任关怀"给予支持下,在推行"责任关怀"的实践中,各企业必将排除阻力深入开展工作。如果有关政府部门能有力支持"责任关怀"的推行,就会产生强劲的推动力,许多困难就能迎刃而解。

② 制定标准。从建立法律法规、国家或行业标准等方面加强"责任关怀"推进工作力度,同时理顺与 HSE、ISO 环境/安全管理体系和 ILO 职业安全健康体系的衔接,在此基础上组织编制《石油和化工行业实施"责任关怀"的基本步骤和做法》,从而使我国"责任关怀"的实施规范化、标准化。

③ 加快建立"责任关怀"的激励机制。争取国家有关政府部门的支持,对推行"责任关怀"的企业从政策、税收上给予支持,提高企业的积极性。在这方面可借鉴国外的经验,设立相关的激励奖,以帮助企业提升实施"责任关怀"的水平。

④ 组织专题研究。国家有关部门将安排开展"责任关怀"推广工作的专题研究,包括标准制定、方法研究、培训及试点、认可等。

⑤ 编制推广"责任关怀"规划。选择环境安全问题较为突出、对环境和人身安全健康影响较大的行业首先开始推行。

⑥ 学校将是推行"责任关怀"的前沿阵地。2011 年 10 月在北京举办的第四届"责任关怀"促进大会上,第一次有高职院校参加了大会,并作了"学校将是推行'责任关怀'的前沿阵地"的访谈。目前责任关怀理念已有高校在实际推广过程中完成了"四进入"(进入相关专业的人才培养方案、进入教材、进入课堂、进入大学生的头脑),并在学生中成立了"旭东责任关怀协会"的社团,旨在弘扬范旭东精神,宣传化学、化工为人类带来的福祉和

贡献，同时通过宣贯责任关怀理念，强化化工人的责任意识，为维护"蓝天白云、青山绿水、人类健康"做出贡献！

第四节 本课程的性质、任务及主要内容和学习目标、考核方式

一、性质、任务

化工"责任关怀"导论课程是化工类专业的一门必修课程，也是相近专业的一门选修课程。

该课程的主要任务是以实施化工"责任关怀"《六项基本准则》的基本内容为重点，介绍必备的基础知识；以化工产品的生命周期为主线，通过对产品的研发、中试、生产、包装、储存运输、消费、回收利用的全过程进行责任监控，实施健康、安全、环保，对社会、对国家、对环境负责。加强健康、安全、环境意识，增强学生的社会责任感，提升他们面向未来、面向世界、融入世界的能力。

二、主要内容和学习目标、考核方式

本课程旨在为石油化工行业推广"责任关怀"的基本知识与理念，突出实施化工"责任关怀"的《六项基本准则》的基本内容，强调实施健康、安全、环保，对社会、对国家、对环境负责。学习时，对环境和安全方面的要求应注意严格按照有关化学品的国际标准和国内标准，结合基础科学理论、化学工程原理和方法及相关工程学知识，分析、组织和评价典型化工产品生产技术，通过项目式案例教学、现场教学、课堂分组讨论、参观实践等多种方式，培养学生健康、安全、环保的意识。以学生为主体，突出案例教学、项目化教学、过程教学为主，采取形式多样的考核、考试方式。

1. 浏览下列网站，学习相关知识。

（1）http://www.canadianchemistry.ca/ResponsibleCareHome.aspx 加拿大化学品制造商协会责任关怀网页

（2）http://www.icca-chem.org/en/Home/Responsible-care/ 化学协会国际理事会全球责任关怀倡议行动

（3）http://www.responsiblecare.com/ 美国化学协会责任关怀行动

（4）http://www.sasac.gov.cn/n1180/n4175042/n4175059/index.html 央企社会责任网

（5）http://www.chinahse.org.cn/front/chinahse/hse/index.jsp 中国责任关怀网

2. 尝试翻译 Responsible Care Global Charter《责任关怀全球章程》其中任意一段。

原文链接：

http://www.icca-chem.org/Global/Initiatives/RC _ GlobalCharter2006％ 5b1％ 5d. pdf?epslanguage＝en.

本章小结

本章主要介绍了化工"责任关怀"的含义及由来、"责任关怀"的基本内容、我国目前推行"责任关怀"的现状及趋势、课程的性质、任务及主要内容和学习目标、考核方式。

1. "责任关怀"的定义

"责任关怀"是全球化学工业在其国家化学协会下的自愿行为，致力于持续提高健康，安全和环境的表现，在产品和生产的过程中保持与利益相关者的交流，提供安全丰富的产品给社会带来真正的利益。

2. "责任关怀"的目的

改变化工行业在公众中的形象，履行化工企业的责任，促进行业的可持续发展。

3. "责任关怀"的内涵

以健康，安全和环境为核心，注重与社区及公众的交流，它的主要适用于化工行业，它以"责任关怀"领导小组为组织形式，它的表现形式"责任关怀"报告，它以行业内部的自律行为为约束，一旦承诺即受"责任关怀"的原则，指导方针的约束，它的性质是社会责任在具体行业的具体实践，具有一定的可操作性。

4. 化工企业推行"责任关怀"的动因

①消费者选择的压力；②投资者选择的压力；③社会批评的压力。

5. 实践"责任关怀"后带来的改变

①降低综合成本，提高生产能力；②优化管理系统，增强创新能力；③扭转行业形象，改善与公众的关系。

6. 国内践行"责任关怀"的现状及思路。

自测题

一、名词解释

翻译并释义下列名词。

ICCA   RC   CCPA   CPCIA   HSE   ISO

二、填空题

1. 责任关怀（Responsible Care），是化工行业针对自身的发展情况提出的一套自律性的，持续改进环保、健康和安全绩效的管理体系，通过管理最终达到零_____、零_____、零_____、零_____的目标。

2. "责任关怀"的标志是_____，（_____）已经成为全球化工行业注册的品牌商标。"责任关怀"的名称和标志的特许权理所当然地为_____所持有。

3. 化工企业实施责任关怀的基本步骤有：①_____；②_____；③_____；④_____；⑤_____；⑥_____；⑦_____；⑧_____。

三、选择题

1. 截至目前我国已经相继召开了五届全国"责任关怀"促进大会，正确的年份是（　　）。

A. 2002 年、2004 年、2006 年、2008 年、2010 年

B. 2003 年、2005 年、2007 年、2009 年、2011 年

C. 2004 年、2006 年、2008 年、2010 年、2012 年

D. 2005 年、2007 年、2009 年、2011 年、2013 年

2. 2008 年开始制定的我国"责任关怀"实施准则已经正式成为化工行业标准 HG/T 4184—2011，该标准由中华人民共和国工业和信息化部正式发布，开始实施的时间为（　　）。

A. 2008 年 8 月 18 日　　　　　　　　B. 2009 年 9 月 1 日

C. 2010 年 10 月 18 日　　　　　　D. 2011 年 10 月 1 日

3. 我国已经相继召开了五届全国"责任关怀"促进大会，每次大会都有明确的主题，提出主题是"绿色化工，责任与贡献"的是（　　）。

A. 2005 年 10 月在上海举行的第一届"责任关怀"促进大会上

B. 2011 年 10 月在北京举行的第四届"责任关怀"促进大会上

C. 2009 年 10 月在北京举行的第三届"责任关怀"促进大会上

D. 2013 年 4 月在北京举行的第五届"责任关怀"促进大会上

复习思考题

1. "责任关怀"的六项实施准则指的是什么？

2. 储运安全管理工作包括哪些阶段？

3. 化工生产具有哪些基本特点？工艺安全准则的目的是什么？

4. 产品安全监管准则是规范实施责任关怀的企业在推行责任关怀过程中而进行的产品安全监督管理工作。即对产品的全过程（产品的生命周期）进行安全监管，请简答产品的生命周期包括哪些？

5. 目前我国化工企业有多少家？已经承诺责任关怀的有多少家？请例举你了解的已承诺责任关怀的一家企业的基本情况。

6. 已经承诺责任关怀的企业为什么要进行绩效考核和以年度报告形式向社会展示？

第二章 社区认知和应急响应准则

　　化工企业在生产过程中，总要与周边社区的公众打交道。如何创建企业与社区和谐友好的氛围，是非常重要的课题。一旦企业发生安全事故，能作出快速应变与有效处理，将事故的危害降至最低程度，是本准则要解决的问题。社区认知和应急响应，不仅与社区、化工企业有关，还与政府、学校、医院等密切相关，社区认知与应急响应预案见图 2-1。

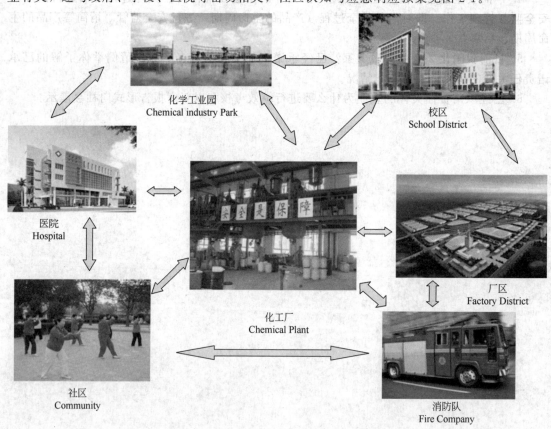

图 2-1　社区认知与应急响应预案

第一节　准则的基本内容

一、概述

1. 基本概念

① 社区。社区是社会的细胞、是城市化的浓缩单位。它以人口、资源、环境的最佳集聚效应，积极地推动城市现代化质量的提高，社区也是人们利益的共同体。

② 社区认知。社区认知是指社区内公众对周边企业，尤其是化工企业相关信息的认识、了解过程及获取信息的渠道与方式。

③ 最高管理者。是指企业的最高行政管理者，在企业内具有人事、财务、物资等决策的最高权力者。

④ 社区知情权。社区具有对本社区周边企业能对其带来的影响及隐患的被告知和认识的权利。

⑤ 利益相关方。指与企业有一定利益关系的个人或组织群体，可能是企业内部的（如员工），也可能是企业外部的（如供应商、承包商或其他群体等）。多数情况下，利益相关方可指以下群体：供应商、承包商、产品购买者、广告商、管理人员、员工、工会、竞争对手、地方和国家政府、新闻媒体等。

⑥ 被关注的问题。指与利益相关方或者社区公众有直接关系而被特别关心和注视的问题。

⑦ 绩效考核。绩效考核通常也称为业绩考评，是针对企业内每个员工所承担的工作，应用科学的定性或定量的方法，对员工行为的实际效果及其对企业的贡献或价值进行考核和评价。

⑧ 应急响应。指企业在遇到突发事件或事故时所采取的应急程序、应急措施和应急行动。

⑨ 应急预案。应急预案又称应急计划，是针对可能发生的重大事故（件）或灾害，为保证快速、有序、有效地开展救援行动、降低事故损失而预先制定的有关计划或方案。它对应急机构职责、人员、技术、装备、设施（设备）、物资、救援行动及其指挥与协调等方面预先做出具体安排，并明确在突发事故发生之前、发生过程中及刚刚结束之后，谁负责、做什么、何时做以及相应的策略和资源准备等。

⑩ 应急演练。指来自多个部门、组织或群体的人员，会对假设的紧急事件、事故，执行实际紧急事件发生时各自的职责和任务的排练活动，是检测重大事故应急管理工作的度量标准。

2. 推行社区认识与应急响应准则的目的和意义

实施的社区认知管理与制定相应的应急响应准则是规范化工企业推行"责任关怀"的重要内容之一。该项准则是通过信息交流和沟通，提高社区对企业的认知水平，创建和谐友好的企业社区认知氛围。企业参与建立完善的社区应急响应计划，使社区公众知晓在企业紧急情况下的应急措施以及能获得的援助。

二、准则的基本内容

社区认知和应急响应准则是由目的、范围和管理要素三部分组成。管理要素由七个一级要素构成，分别是：法律法规、领导与承诺、风险评估、沟通、培训、应急响应、绩效考核。

1. 准则的管理要素

（1）法律法规

本要素由两个二级要素构成。企业应建立识别，获取与社区认知及应急响应相关的法律法规、标准及其他要求，明确责任部门及获取的渠道、方式和时机，并要及时进行更新，以确保有关的规章制度与现行法律法规的要求相符合。

企业应定期根据相关的法律法规、标准和其他要求，对本企业制定的应急响应计划进行符合性评价。

（2）领导与承诺

本要素由三个二级要素构成。首先明确企业的最高管理者是企业社区认知及应急响应管理工作的第一责任人。应明确承诺建立良好的企业社区认知氛围，明确提出对事故快速应变的承诺，并提供资源保障。

企业应设置相应的管理机构，配备管理人员和技术人员，负责与社区的交流、沟通和协调及企业社区认知管理制度的实施，企业应成立由企业领导和相关部门组成的应急响应小组，并配备管理人员。

企业应根据本准则的要求，结合本企业的实际情况，制定企业社区认知及应急响应工作的目标和计划，从而达到持续改进绩效的目的。

（3）风险评估

本要素由一个二级要素构成，即企业应评估事故或其他紧急状况对员工和周围社区造成危害的潜在风险，并提出有效的风险防范措施。

（4）沟通

本要素由两个二级要素构成，企业应与社区建立快速有效的联络渠道，并保持其畅通。企业应及时了解社区关注的热点并提出相关信（包括员工、当地社区、政府等）关注的产品、工艺、运输、存储等方面的安全，环保和健康问题进行评估和公示，该计划应能确保那些被关注的问题在实施过程中得到反映。

（5）培训

本要素由五个二级要素构成。企业应建立培训体系。应对负责员工和社区交流的相关人员进行培训，提高其与员工和社区公众就安全、健康和环保以及应急响应方面进行交流沟通的能力。

企业应定期组织全体员工进行培训，使其了解应急响应的要求，并利用各种形式进行宣传教育，组织应急响应人员进行针对性的培训，例如：消防、化救、急救等。不断提高应急响应能力。

企业应根据应急响应的具体要求，配备足够的应急设备和个人防护器材，企业应定期开展应急演练，并积极配合和参与社区的相关应急演练，并积极配合和参与社区的相关应急演练。

（6）应急响应

本要素由四个二级要素构成。企业应积极参与建立完善社区应急响应的计划，使社区公众知晓在企业紧急情况下的应急措施和能获得的援助。

企业应针对原材料、工艺、设备及产品的特性，制定有效的应急响应总体计划，明确应急响应目标、机构及其职责，建立具有针对性的应急响应预案。

企业应将其制定的应急响应计划与社区交流和沟通，企业应积极参与制定和实施社区的应急响应计划，必要时提供一切可能的援助。

（7）绩效考核

企业应建立绩效考核制度，定期对本准则实施情况进行综合考核，纠正存在的问题，不断提高绩效。

根据考核发现的问题和调查分析结论，提出整改措施，修改相关管理制度，持续改进社区认知管理水平和提高紧急事件应变能力。

2. 准则的实施范围及要点

（1）实施范围

本准则适用于化工企业在生产和经营等活动中所涉及的社区认知管理和应急响应管理的全过程。

（2）实施要点

通过信息交流和沟通，提高社区对企业的认知水平，创建企业社区和谐友好的氛围。无论发生大小事故，都必须进行调查、汇报、采取适当的纠正措施并跟踪，从事故中学习经验以预防事故再发生。发生生产事故后，应组成事故调查组，明确事故调查人员的职责与权限，进行事故调查或配合上级部门的事故调查，并按照国家有关规定立即如实报告当地安全生产监督管理部门和环保管理等有关部门。

第二节　化学品应急响应系统

化学品大多数为易燃、易爆、有毒、有腐蚀的物质，其突发性的泄漏事故对环境的污染和社会影响重大，会造成严重的人身伤亡和财产损失。美国等发达国家 70 年代和 80 年代建立了化学品应急响应系统，并以市场为依托形成了一个专业化的服务行业。目前我国各地区已意识到建立应急响应体系的重要性，正在逐步建立各类应急响应系统。

一、建立化学品管理和应急技术中心

按照国际上的做法，新机构的建立一般要做如下工作，以保证机构启动后迅速投入正常运行，发挥效益及避免不必要的浪费。

① 需求评估包括：人员配置和要求，硬件和软件的需求及费用。

② 机构建设和能力建设包括：机构设置、职责、能力和制度要求。

③ 对上岗人员进行全面培训，包括：基础知识培训（如：识别危险标志、主要危险品理化性质、阅读化学品安全数据单等），设备和防护用品的使用以及程序化工作要求等。

④ 财务管理和费用评估。一个新机构的正常运行没有资金保障是不能正常运行和发挥能力的，新机构运行的资金来源和有效使用这些财力资源的财务管理是非常重要的。

二、地区性化学品安全保障体系建立

（1）地方性政策法规体系建立及其技术支撑

化学品安全应采取预防为主的方针，完善的政策法规是预防事故发生的重要手段，制订的政策法规应是对"违反者"有威慑能力，对"遵守者"有鼓励作用。

由于我国的危险化学品处于多头管理状态，致使应急响应很难实现，必须由一个统一的地方法规来规定各部门的职责、管理程序等，组成一个有机统一的体系。

在一个总的法规基础上，才能建立完善的技术规范体系来支撑保障体系。目前，我国也有一些分散的化学品管理条例，如《危险化学品安全管理条例》等，但还非常不健全，必须制订一些技术规范来实现危险化学品的登记、申报、核查、应急计划等，以实现危险化学品的全过程管理。

（2）建立以 Gis 为基础的信息管理系统

新建立一个化学品数据库是没有必要的。因为目前国内外都有很多类似的数据库可以直接利用或链接。但需对危险化学品进行分类研究，根据危害程度列出优先管理和控制的清单。其次，需对现有生产、经销、储运和使用危险化学品的单位进行普查和核查，对这些单位进行动态管理和跟踪，以便应急响应的实施。对潜在危险大的单位需输入更多的信息，

如：地理坐标、化学品数量/性质、生产过程、潜在危险源、应急措施/计划、周边环境（如河流）和社区（人口）等。

（3）应急响应网络系统研究

紧急事故的应急必须靠多部门和多学科协同实现，不可能靠一个部门实现，但需靠一个如图 2-2 所示的中心形成一个启动迅速有效的网络应急体系。

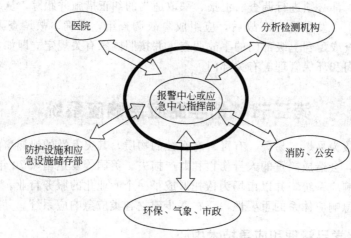

图 2-2　网络应急体系

（4）暴露模式/风险模式和应急预案的研究

我国在暴露/风险模式方面还很落后，有这些模式的支撑，可使应急工作变得更可靠。这些模式包括：化学品爆炸、化学品释放。需研究经常出现或影响范围程度大的应急预案，如：地铁、居民区、会场、商场、水源、自来水厂等。包括响应程序、救援人员的个人防护、疏散路径、医疗处理、记录、危险鉴定及控制。

第三节　我国危险化学品应急响应系统存在问题及改进

本节首先介绍危险化学品应急响应系统产生的背景和国外化学应急反应系统，然后通过对国内外危险化学品应急响应系统进行了对比，总结我国危险化学品应急响应系统存在的比较显著的特点，并对于如何借鉴国外已有经验发展我国的危险化学品应急响应系统提出了建议。

一、危险化学品的分类、物性

1. 危险化学品的概念

危险化学品是指具有爆炸、易燃、毒害、腐蚀、放射性等性质，在生产、经营、储存、运输、使用和废弃物处置过程中，容易造成人身伤亡和财产损失而需要特别防护的化学品。

2. 危险化学品的分类

我国目前常见的危险化学品共有 3000 多种，为了便于管理，减少事故发生，我们将危险化学品按其危险性进行分类［分类标准主要有：《常用危险化学品分类及标志》（GB 13690—92）、《危险货物分类和品名编号》（GB 6944—2005）等级］。

危险化学品的分类原则：每一种危险化学品往往具有多种危险性，但是在多种危险性中，必有一种主要的即对人类危害最大的危险性。在对危险化学品分类时，掌握"择重归类"的原则，即根据该化学品的主要危险性来进行分类见表 2-1。

表 2-1 我国危险化学品的分类

类别	名称	标识	定 义	特 点
第1类	爆炸品	爆炸品 1	本类化学品系指在外界作用下(如受热、受压、撞击等),能发生剧烈的化学反应,瞬时产生大量的气体和热量,使周围压力急骤上升,发生爆炸,对周围环境造成破坏的物品,也包括无整体爆炸危险,但具有燃烧、抛射及较小爆炸危险,或仅产生热、光、音响或烟雾等一种或几种作用的烟火物品	①爆炸性强。爆炸品都具有化学不稳定性,在一定外因的作用下,能以极快的速度发生猛烈的化学反应,产生大量气体和热量,使周围的温度迅速升高并产生巨大的压力 ②敏感度高。爆炸的难易程度取决物质本身的敏感度,敏感度是确定爆炸品爆炸危险性的一个非常重要的标志。一般来讲,敏感度越高的物质越易爆炸。在外界条件作用下,炸药受热、撞击、摩擦、遇火或酸碱等因素的影响都易发生爆炸 ③有的爆炸品还有一定的毒性。例如梯恩梯、硝化甘油、雷汞等都具有一定的毒性 ④与酸、碱、盐、金属发生反应。有些爆炸品与某些化学品如酸、碱、盐发生化学反应,反应的生成物是更容易爆炸的化学品。如:苦味酸遇某些碳酸盐能反应生成更易爆炸的苦味酸盐;苦味酸受铜、铁等金属撞击,立即发生爆炸
第2类	压缩气体和液化气体	易燃气体 2	本类化学品系指压缩、液化或加压溶解的气体,并应符合下述两种情况之一者:①临界温度低于50℃时,或在50℃时,其蒸气压力大于294kPa的压缩或液化气体;②温度在21.1℃时,气体的绝对压力大于275kPa,或54.4℃时,气体的绝对压力大于715kPa的压缩气体;或在37.8℃时,雷德蒸气压大于275kPa的液化气体或加压溶解气体	按其性质分为以下三项。第1项:易燃气体。此类气体极易燃烧,与空气混合能形成爆炸性混合物。在常温常压下遇明火、高温即会发生燃烧或爆炸。第2项:不燃气体(包括助燃气体)。不燃气体系指无毒、不燃气体,包括助燃气体。但高浓度时有窒息作用。助燃气体有强烈的氧化作用,遇油脂能发生燃烧或爆炸。第3项:有毒气体。该类气体有毒,毒性指标与第6类毒性指标相同。对人畜有强烈的毒害、窒息、灼伤、刺激作用。其中有些还具有易燃、氧化、腐蚀等性质
第3类	易燃液体	易燃液体 3	指易燃的液体、液体混合物或含有固体物质的液体,但不包括由于其危险性已列入其他类别的液体。其闭杯闪点等于或低于61℃ 按闪点高低分为以下三类。第1类低闪点液体。指闭杯闪点低于−18℃的液体。第2类:中闪点液体。指闭杯闪点在−18~23℃的液体。第3类:高闪点液体。指闭杯闪点在23~61℃的液体	①易挥发性。易燃液体大部分属于沸点低、闪点低、挥发性强的物质。随着温度的升高,蒸发速度加快,当蒸气与空气达到一定浓度时遇火源极易发生燃烧爆炸 ②易流动扩散性。易燃液体具有流动和扩散性,大部分黏度较小,易流动,有蔓延和扩大火灾的危险 ③受热膨胀性。易燃液体受热后,体积膨胀,液体表面蒸气压同时随之增加,部分液体挥发成蒸气。在密闭容器中储存时,常常会出现鼓桶或挥发现象,如果体积急剧膨胀就会引起爆炸 ④带电性。大部分易燃液体为非极性物质,在管道、储罐、槽车、油船的输送、灌装、摇晃、搅拌和高速流动过程中,由于摩擦易产生静电,当所带的静电荷聚积到一定程度时,就会产生静电火花,有引起燃烧和爆炸的危险 ⑤毒害性。大多数易燃液体都有一定的毒性,对人体的内脏器官和系统有毒性作用

类别	名称	标识	定　义	特　点
第4类	易燃固体、自燃物品和遇水易燃物品		本类物品易于引起和促成火灾,按其燃烧特性分为以下三项。第1项:易燃固体。本项化学品系指燃点低、对热、撞击、摩擦敏感,易被外部火源点燃,燃烧迅速,并可能散发出有毒烟雾或有毒气体的固体,但不包括已列入爆炸品的物质。第2项:自燃物品。本项化学品系指自燃点低,在空气中易于发生氧化反应,放出热量,而自行燃烧的物品。第3项:遇湿易燃物品。本项化学品系指遇水或受潮时,发生剧烈化学反应,放出大量的易燃气体和热量的物品。有些不需明火即能燃烧或爆炸。遇湿易燃物质除遇水反应外,遇到酸或氧化剂也能发生反应,而且比遇到水发生的反应更为强烈,危险性也更大。因此,储存、运输和使用时,注意防水、防潮,严禁火种接近,与其他性质相抵触的物质隔离存放	易燃固体的主要特性如下 ①易燃性。易燃固体容易被氧化,受热易分解或升华,遇火种、热源常会引起强烈、连续的燃烧 ②可分散性与氧化性。固体具有可分散性。一般来讲,物质的颗粒越细其比表面积越大,分散性就越强。当固体粒度小于0.01mm时,可悬浮于空气中,这样能充分与空气中的氧接触发生氧化作用。固体的可分散性是受许多因素影响的,但主要还是受物质比表面积的影响,比表面积越大,和空气的接触机会就越多,氧化作用也就越容易,燃烧也就越快,具有爆炸危险性。如粉尘爆炸。另外,易燃固体与氧化剂接触,能发生剧烈反应而引起燃烧或爆炸。如赤磷与氯酸钾接触、硫黄粉与氯酸钾或过氧化钠接触,均易立即发生燃烧爆炸 ③热分解性。某些易燃固体受热后不熔融,而发生分解现象。有的受热后边熔融边分解,如硝酸铵在分解过程中,往往放出 NH_3 或 NH_2、NO 等有毒气体。一般来说,热分解的温度高低直接影响危险性的大小,受热分解温度越低的物质,其火灾爆炸危险性就越大 ④对撞击、摩擦的敏感性。易燃固体对摩擦、撞击、震动也很敏感。例如:赤磷、闪光粉等受摩擦、震动、撞击等也能起火燃烧甚至爆炸 ⑤毒害性。许多易燃固体有毒,或燃烧产物有毒或有腐蚀性。如二硝基苯、二硝基苯酚、硫黄、五硫化二磷等 自燃物品的主要特性如下 ①极易氧化。自燃的发生是由于物质的自行发热和散热速度处于不平衡状态而使热量积蓄的结果。自然物品多具有容易氧化、分解的性质,且燃点较低。在未发生自燃前,一般都经过缓慢的氧化过程,同时产生一定热量,当产生的热量起来越多,积热使温度达到该物质的自燃点时便会自发地着火燃烧。凡能促进氧化的一切因素均能促进自燃。空气、受热、受潮、氧化剂、强酸、金属粉末等能与自燃物品发生化学反应或对氧化反应有促进作用,它们都是促使自燃物品自燃的因素 ②易分解。某些自燃物质的化学性质很不稳定,在空气中会自行分解,积蓄的分解热也会引起自燃,如硝化纤维素、塞璐璐、硝化甘油等

类别	名称	标识	定　义	特　点
第5类	氧化剂和有机过氧化物	氧化剂 5	本类物品具有强氧化性,易引起燃烧、爆炸,按其组成分为以下两项。第1项:氧化剂。氧化剂系指处于高氧化态,具有强氧化性,易分解并放出氧和热量的物质。包括含有过氧基的有机物,其本身不一定可燃,但能导致可燃物的燃烧;与松软的粉末状可燃物能组成爆炸性混合物,对热、震动或摩擦较为敏感。按其危险性大小,分为一级氧化剂和二级氧化剂。第2项:有机过氧化剂。有机过氧化物系指分子组成中含有过氧基的有机物,其本身易燃易爆、极易分解,对热、震动和摩擦极为敏感	
第6类	有毒品	有毒品 6	该类分为毒害品、感染性物品2项。其中毒害品按其毒性大小分为一级毒害品和二级毒害品。第1项:毒害品。本项化学品系指进入肌体后,累积达一定的量,能与体液和组织发生生物化学作用或生物物理学变化,扰乱或破坏肌体的正常生理功能,引起暂时性或持久性的病理改变,甚至危及生命的物品。具体指标如下。经口:$LD_{50} \leqslant 500$mg/kg(固体)$LD_{50} \leqslant 2000$mg/kg(液体)　经皮:$LD_{50} \leqslant 1000$mg/kg(24h接触)　吸入:$LC_{50} \leqslant 10$mg/L(粉尘、烟雾、蒸气)　根据毒性的强弱不同,分为剧毒品、有毒品、有害品。第2项:感染性物品。本项化学品系指含有致病的微生物,能引起病态,甚至死亡的物质	
第7类	放射性物品	三级放射性物品 III 7	本类化学品系指放射性比活度大于7.4×10^4Bq/kg的物品。按其放射性大小细分为一级放射性物品、二级放射性物品和三级放射性物品	
第8类	腐蚀品	腐蚀品	本类化学品系指能灼伤人体组织并对金属等物品造成损坏的固体或液体。与皮肤接触在4h内出现可见坏死现象,或温度在55℃时,对20号钢的表面均匀年腐蚀率超过6.25mm/a的固体或液体。该类化学品按化学性质分为三项。第1项:酸性腐蚀品。第2项:碱性腐蚀品。第3项:其他腐蚀品	①强烈的腐蚀性。它对人体、设备、建筑物、构筑物、车辆、船舶的金属结构都易发生化学反应,而使之腐蚀并遭受破坏　②氧化性。腐蚀性物质如浓硫酸、硝酸、氯磺酸、漂白粉等都是氧化性很强的物质,与还原剂接触易发生强烈的氧化还原反应,放出大量的热,容易引起燃烧　③稀释放热性。多种腐蚀品遇水会放出大量的热,易燃液体四处飞溅造成人体灼伤

二、国外化学事故应急反应系统简介

化学事故应急反应系统，是指化学危险品由于各种原因造成或可能造成众多人员伤亡及其他较大社会危害时，为及时控制危险源，抢救受害人员，指导人群防护和组织撤离，消除危害后果而组织的系统性应急系统。

在实际的运作中，国际上将危险化学品的应急反应系统视为事前控制、应急反应和事后控制组成的一个密不可分的整体。事前控制，包括预防措施、风险管理和制订应急计划；应急反应，是指在发生事故或出现事故预兆的时候，采取迅速正确的反应措施；事后控制，是指通过使用重大事故报告系统（MARS），把控制重大事故的经验汇集起来，以便将来进行分析和提高。

1. 国外建立化学应急反应系统的发展历史

国外危险化学品应急反应系统的发展历史是伴随着工业成长和各类化学紧急事故的发生而发展的。1976年以前，可以认为是化学应急反应系统的第一阶段或酝酿阶段。1976年至1986年是第二阶段，各国政府开始对化学品的管理产生关注，颁布了一些相关的法令法规来加强对危险化学品的管理，称为化学事故反应系统的起步阶段。1986年至今，可以看成是第三阶段。1984年至1986年国际上的化学事故频频，尤其是1984年的印度博帕尔甲基异氰酸醋（MIC）储罐泄漏的严重后果，引起了各国的广泛重视，使各国政府的立法部门、危险化学品的生产商、运输商和经营商、各类提供产品和信息服务的中介组织的积极行动，这一阶段可以看成是国外化学应急反应系统的完善期。

2. 国外化学应急反应系统的组成

国外化学事故应急反应系统主要包括五个组成部分：政府、化学品生产和经营公司、各种提供相关的产品和服务的机构、研究机构及公益性机构和具体政府部门。

（1）政府宏观调控

在整个化学事故应急反应系统中，政府起一个宏观调控作用。化学事故的严重后果，迫使各国政府必须对危险化学品的生产、储存、运输和使用实行严格的监管。但是政府必须明确它的角色，这样才能更有成效。

国际上，政府主要从以下几个方面宏观调控（以美国为例）。

① 完善立法和执法。在美国，联邦政府对整个应急反应系统的监管工作主要通过立法来实现。美国联邦政府为实现对工作场所的危险废物的监管，颁布了《资源保护和恢复法》（RCRA）；对于有关不可控制的危险废物场所的行为颁布了《全面的应急反应，赔偿和责任法》（CERCLA）等。其他的要求建立应急反应的法律和规定还有《清洁水资源法》（CWA），《危险物质运输法》（HMTA）和《化学品作业安全法规》（29CFR1910.119）。出于尊重参与应急反应的美国工人的考虑，还颁布了《危险废物操作和应急反应》（29CFR1910.120）和《应急计划中的职工》（29CFR1910.38），其中包括相应的其他互为参考的规章要求，如呼吸的保护、警报系统、眼睛和足部的保护等。

② 组建专门机构，监督其他部门的合理运作。各级地方政府依照《联邦应急计划和公众知情权法1986》（EPCRA：SARA Title Ⅲ）的规定需要作以下几项工作：通过委任一个当地的应急计划委会员（LEPC）的方法，为危险物质的紧急泄漏做准备；发生数量大于限定水平的任何危险物质泄漏时，立即通知LEPC；准备危险物质的详细清单，提交给LEPC，准备一份详述泄漏到环境或者作为废物运输的危险物质数量的年度报告。

另外，地方政府要具体监管地方的化学危险品的生产和经营企业，尤其是对重大危险源的监管和合理协调各个地方的具体部门的工作，包括提供产品和服务的机构和公益性机构。

（2）化学品生产和经营公司

制定本企业的应急反应计划，并对周围的居民宣传化学应急反应的知识。

培训职工，使之熟悉企业的应急反应计划并具备相应的知识和能力。

按法律的其他规定，在生产和经营中合理操作。

完善管理，提高工艺，改进材料等，减少事故发生的可能性。一旦事故发生时，做出合理的反应。

（3）提供各种相关的产品和服务的机构

该部分主要包括：提供化学应急反应需要的各类设备、通讯器材、防护用品和净化消毒用品的公司以及提供危险化学品的各类信息服务中介组织。中介服务在化学应急反应建设中有诸多的优势。

国外从事应急反应研究的专家认为：应以民间组织中介组织的形式来提供化学紧急反应系统需要的有关技术和信息上的服务。其主要原因如下。

以民间组织的形式组织提供有关的信息服务，可以获取更多的有关紧急反应的最新资料，而这些大量的资料对于紧急反应中的官员来说是不可能有时间和精力阅读的。现阶段，世界大约有1600万已知的化学物质（包括自然存在的和人造的化学品）。在任何技术发达的国家，用于日常的商业用途的大概有6万种。而且，随着新技术、新材料、新产品、新装置的出现以及生产规模的扩大、开发周期的缩短，往往使人们面临着新的更大的潜在危险。对于这些迅速增加的危险化学品的性质和特性的信息，人们急需迅速和准确的了解，并且在生产及其以外的各个环节普及。这一工作仅靠政府的努力是难以办到的，只有走中介组织的专业化服务的渠道，才能满足现实的需要。例如在美国，信息资源来源包括公共和私有服务，而且提供信息服务的私有公司的经营范围正在世界范围内增加。美国的CHEMTREC和英国的NCEC就可以说是提供化学事故应急反应信息服务的成功典范之一。

建立更广泛的信息共享服务网，即为各类制造商、运输商和使用者提供有关法律和技术支持的广泛的信息平台。通过网站和应急咨询网络等其他的形式，可以为相关的公司提供更广泛的信息和制定更详细的计划，这样可以增强各个地方的应急反应能力。

（4）研究机构和公益性机构

这一部分的范围是整个化学危险品应急反应系统中最广的，它包括各类研究所、学校、红十字会等。在化学危险品的应急反应中，它作为一个重要的部门，必须遵从法律规定和应急救援组的整体安排，从事相关的应急救援活动。

（5）具体政府部门

危险化学品应急系统所涉及的政府部门主要有消防局、环保局和劳动部下署的职业安全与健康署（OSHA）等。在美国，政府还在OSHA下专门成立了化学事故应急准备和预防局（CEPPO）。在实际的化学危险品应急反应过程中，消防局的任务最为艰巨。消防局必须在化学事故发生时，及时派出消防队伍，赶赴现场，在做好消防人员防护的基础上，快速实施救援，控制事故发展，并将伤员救出危险区域和组织群众撤离、疏散，做好危险化学品的清除工作。

危险化学品应急反应系统是一个系统工程，它的运作离不开各个部门的紧密合作。国外的危险化学品应急系统中的公众机构与私营机构的合作关系如图2-3所示。

三、国内应急响应系统及与国外的危险化学品应急响应系统比较

（一）我国石化业事故应急救援基本状况

1. 国内石化业事故应急救援基本状况

图 2-3   化学危险品应急反应系统中各个部门与机构之间的合作

我国在石化业建设的初期，就已经开始为此类事故制定相应救援抢救措施，各大石油化工企业相继建立了职业病防治所，随后有部分省、自治区和直辖市也相继建立了化工职业病防治研究所。1994 年，原化工部颁布了《化学事故应急救援管理办法》。1996 年，原化工部和国家经贸委联合印发了《关于组建"化学事故应急救援系统"的通知》，成立了全国化学事故应急救援指挥中心和按区域组建的 8 个化学事故应急救援抢救中心。2004 年，国家安全生产监督管理局发布了《危险化学品事故应急救援预案编制导则（单位版）》，企业应按照导则要求，结合生产实际，根据安全评价、重大危险源辨识结果，确定重大危险源和主要危险目标，编制公司、二级单位（厂）、车间等不同级别的事故应急救援预案。2006 年，国家安全总局在《国家安全生产事故灾难应急预案》的基础上，制定并经国务院审批同意印发了《危险化学品事故灾难应急预案》、《石油作业事故灾难应急预案》等等。中国石油、中国石化、中国海洋石油等石油化工集团公司都相继出台了《抗震减灾管理规定》、《安全应急管理规定》、《避雷抗灾管理规定》、《防汛抗灾管理规定》等，逐步组建了自己的一套针对性较强的事故应急救援体系，并且拥有一批具有专业化学事故应急救援技能、装备先进的专职队伍，在事故应急救援中扮演了不可或缺的角色。

2. 国内石化业事故应急救援的应有措施

我国的化学事故应急救援体系虽有所发展但与实际需求仍有较大差距，不仅缺乏系统的理论研究，还在救援能力及整体协调能力上存在很多问题，严重影响了事故应急救援效率。因此，石化业事故应急救援必须从具体措施上予以加强。

相关部门应组织应急预案的演练。应急预案的演练是检验、评价和保持应急能力的一个重要方法，其可在事故发生前暴露预案和程序的缺陷，发现应急资源的不足，改善各个应急机构、部门、人员之间的协调，提高人员的熟练程度和技术水平、公众整体应急能力等等。因此企业应对全体职工进行经常性的应急救援常识教育、定期组织演练，每年至少组织一次实战模拟应急演练，并且每次演习后，要对整个预案进行核对和检查，找出不足，及时修订和完善。

预案内容要有针对性、实效性。制订应急预案的目的是为了使救灾工作规范化；是提高救灾工作应急反应能力及各灾害管理部门的协调能力，最后建立新的救灾运行机制并提高救灾工作整体水平。因此，我们所编制的应急预案，应有针对性、目的性，在事故真正发生时应该起到一定的作用。

政府应制定应急救援预案，促进各种救援力量的有效整合。石化业的重大危险源种类繁多，分布复杂，事故发生往往涉及面广造成的危害也大，所以一旦发生事故必须要向公安、消防、医疗、媒体等社会应急救援力量求援。因此只有建立企业、地方政府和国家三方事故应急救援联动机制，才能统一指挥、资源整合共享、协调作战，发挥整体救援能力。

3. 应急救援体系现状分析及体系构建实例

（1）石油化工厂重大危险源分布数量及类别

某石油化工厂的重大危险源分布数量及类别：某石化厂根据危险化学品重大危险源辨识GB 18218—2009 对场内重大危险源进行普查分类。该厂现有重大危险源，8 处，其中包括，汽油 360t，苯 70t，液化气 120t，石脑油 500t，甲醇 750t，以及一些车间边缘距离较近构成的 3 个重大危险源。

应急救援体系现状分析：由于该石化厂建厂不久，安全环保部门的工作在积极进行中，必须要协调各车间、各科室来建立并完善其应急救援体系，其工作做得相当到位，统计了厂里所有重大危险源的数量及其分布状况，消防、公安、医疗、媒体等一切涉及应急救援体的单位电话信息，对各类特种作业事故分别建立了相应的应急预案，并由专门部门负责。

（2）重大危险源应急救援体系的构建

构建应急救援体系的原则：①形成以消防、公安系统为主，医疗、媒体等为辅的格局。在现有的各类化学事故应急救援力量中，公安、消防部门具有资源装备优良、队伍设点多、分部范围广，机动性强而且其报警电话广为人知等特点。因此，建立由安全生产管理部门牵头，以消防、公安部门为依托的化学事故应急救援体系，可以消除目前的化学事故应急救援工作中部门分散、重复建设，资源浪费，信息分散，部门协调困难等现象。②创建化学事故应急救援互动平台。应用通信、IT、安全管理等新技术，开发化学事故应急救援联动平台，以达到消防、公安、急救、化学事故应急咨询电话、供水、供电、供暖、市政、疾病防控中心及人防等单位的互动。并根据事故的性质和各个单位的职能，确定此平台所涉及的各单位责任、义务，以及联合行动时的关系。

某石化厂应急救援体系的构建如下。

① 构建应急救援体系的基本思想。以事件为中心、以功能为基础，分析并明确应急救援工作的各项需求，在应急物资和救援装备有效安排的基础上，保障消防、公安、医疗、环保、市政等部门的统一和协调，建立规范化、标准化的应急救援体系，以达到对重大化学事故的快速响应和高效救援的目标。石化工厂重大危险源事故应急救援程序，见图 2-4。

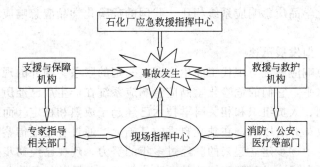

图 2-4 石化工厂重大危险源应急救援体系总框架

② 石化工厂重大危险源应急救援体系的运行。石化工厂重大危险源事故应急救援体系是在预防为主的前提下，贯彻统一指挥、分级负责、区域为主、企业自救和社会救援相结合的原则。其运行主要包括接警、组织指挥、现场救援三个阶段，体系运行情况见图 2-5。

本文结合某石化厂的具体情况构建了应急救援体系，事故应急救援体系是对危险化学品进行安全管理的最后措施，可使事故的危害降到最低、保障公共安全，也补充了国家化学应急救援体系中的不足。同时还是塑造我国石化产业形象，提高石化业可持续发展能力的必要

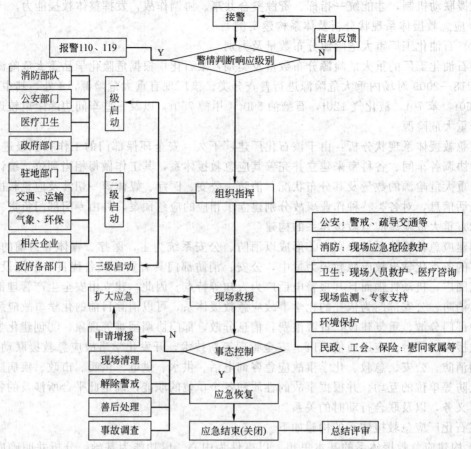

图 2-5 石化工厂重大危险源事故应急救援程序图

保障。

（二）国内外危险化学品应急响应系统的比较

与国外的危险化学品应急响应系统相比，我国的危险化学品应急响应系统存在两个比较显著的特点。

（1）起步较晚，但发展迅速

危险化学品应急响应系统与现代工业生产存在一定的联系。国外的现代工业生产已经发展到了一个极高的水平，它们的危险化学品应急响应系统在产生后已经历了一段长期的发展和完善期，管理体制、人员组织和相关科学技术已经趋于成熟和稳定。而我国的危险化学品应急响应系统是在改革开放以后，在独立自主的基础上，通过合理地借鉴国外先进的危险化学品应急系统的经验中逐步建立起来的。经过多年的努力，现在已经初步建立了危险化学品登记制度，指定和颁布了一批与国际接轨的危险化学品应急及其他危险化学品管理方面的法律、法规和标准，逐步建立和完善了国家危险化学品事故应急响应中心、危险化学品事故应急救援网络和国家中毒控制中心等危险化学品应急响应系统的相关机构。

（2）中央政府重视程度高

我国在发展本国的应急系统时，是以中央政府部门制定指导性政策、法律法规和标准，各级地方政府分级执行中央政府部门的政策、法律法规和标准为主要形式。国外的中央政府的职能则以更多的形式分配给地方各级州、市政府，这种不同是由我国和外国不同的发展阶段产生的必然结果。例如，美国的危险化学品应急响应系统已经发展到很高的水平，而且国家的管理体制、教育水平等基础好，所以，中央政府的职能以适当地组织和协调为主。相比之下，我国的危险化学品应急响应受限于起步晚、基础薄等客观条件，采用中央集中管理的方式更为适宜。因为，中央集中管理，有利于更快、更系统地借鉴国外危险化学品应急系统的先进发展经验和管理经验，引进国外危险化学品应急系统的最新的科学技术成果，并在充分考察中国的具体国情的基础上，将先进的经验和成果本土化。同时，中央集中管理，有利于克服在以往的借鉴和引进过程中存在的重复引进和重复建设等弊端，有利于花最少的时间、人力和物力，做出最好的成绩。但是，在中央集中管理中，应适当地引入更多的竞争机制，例如，在人员组织、科学技术开发等方面，政府既要适当引导和扶植，又要适当地优胜劣汰。

四、发展我国的危化品应急响应系统的思考

在进行了国内外应急响应系统的比较后，在今后我国借鉴国际上的危险化学品事故应急响应系统的先进经验中，应注意以下几点。

① 充分调查和统计我国过去的危险化学品事故，尤其是对重大和特大事故的事故发生原因、涉及的危险化学品有毒有害物质和危险物质的基础等案例进行详细调查和统计，并将这些数据与国外的相应数据和资料作对比分析。这项工作，是在分析国内外主要危险化学品事故的异同后提出适合我国实际情况的危险化学品事故应急响应系统的前提。

在国外危险化学品应急系统的发展中，因为是从长期的被动的为应急而应急发展起来的，其长期的发展历程中，曾因没有对危险化学品事故的详细分析，其建设缺乏系统性。我国在今后发展危险化学品应急响应系统中，应该尽力避免出现外国应急系统发展中曾经经历的曲折，争取在更好的合理规划下科学发展。

② 现代城市是各种灾害的集中载体。城市是一个有机的大系统，各个系统相互关系很密切，一旦遇到突发性灾害，其损失可能是连锁的和极其巨大的。而且，据统计，到2020年，城市化水平可能达到50%，全局性的城市发展和变化，将会影响到我国国民经济建设的各个方面，也包括对城市危险化学品事故应急响应系统的建设。在建立和改建现代化的城市中，应该把建立科学的危险化学品应急响应系统有关设施放在首要的地位。

③ 危险化学品事故应急响应系统是一项系统工程，是由危险化学品事故预防、危险化学品事故准备和危险化学品事故反应组成的一个有机整体，同时涉及了各个层面的人员、设备和技术等。所以，必须以系统的观点考虑危险化学品事故建设的各个方面的问题。在借鉴国外的先进经验的过程中，系统观点应该自始至终贯彻。例如，在引进先进的危险化学品救援的通讯设备的同时，不能轻视对相关人员的系统培训。"为应急而应急、为救援而救援"的观点也是极不可取的，危险化学品事故预防和事故准备工作也应该是整个系统工程的不可缺少的部分。可以借鉴美国的911应急响应系统，建立一个集多种应急响应于一身的应急平台，因为多种应急响应在应急步骤、人员组成、技术支持上存在诸多的相同和相关点。采用一个现代化的通用应急平台，可以降低成本、精简人员，最重要的是能够提高应急响应的效率和成功率，这将是我国未来的应急响应发展的一个十分有前景的方向。广西柳州市与摩托罗拉公司共建的城市应急中心的成功案例，也说明了这一点的实际可操作性。

第四节　化学工业园区重大事故场外应急预案编制要点

化学工业园又称化学工业区。化工产业一直是国家和区域经济的主导和支柱。近年来，化学工业园的兴起已经成为中国化工发展方向的主流模式。化学工业园主要是以石油化工产业为基础，同时服务于石油化工产业。我国主要的化学工业园有：天津开发区化学工业园

区，上海漕泾化学工业区，南京化学工业园，武汉化工发展区，重庆长寿化工区。化学工业园内企业众多，安全生产显得尤为重要。为做到万无一失，编制应急预案显得十分重要。化学工业园区重大事故场外应急预案的编制是一项系统、复杂的工作，在编制过程中需要把握好以下要点。

一、危险源辨识与脆弱性分析

危险源辨识和脆弱性分析是应急预案编制的基础和关键过程，其结果有助于明确预案编制过程需重点考虑的重大事故风险，并为预案编制、应急准备和应急响应提供必要的信息支持。危险源辨识就是要辨识并掌握化学工业园区可能存在的危险源（尤其是重大危险源、重大事故隐患）的数量、种类及分布，评价事故影响范围，建立应急响应危险区、缓冲区和安全区，是为应急救援提供决策和指导依据的重要步骤。

脆弱性分析是在危险源辨识的基础上，分析这些危险源一旦发生重大事故后，其周边哪些地方和哪些人员容易受到破坏或伤害，主要包括：受事故或灾害影响严重的区域；重要防护目标及人员数量和类型（防护目标如政府机关、医院、学校、托儿所、重要设备设施等，人口类型如居民、职员、敏感人群等）；可能遭受破坏的私人和公共财产，包括基础设施和运输线路等；可能的生态环境影响。进行危险源辨识与脆弱性分析时，确定辨识与分析的深度是非常重要的。由于受资源和时间等因素的限制，对于化学工业园区来说，危险源辨识与脆弱性分析最重要的是针对化学工业园区危险化学品大量密集的特点，辨识园区可能面临的危险化学品泄漏扩散、火灾、爆炸、中毒等重大事故风险，如图 2-6 所示。

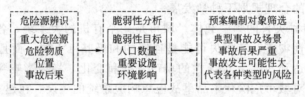

图 2-6　危险源辨识与脆弱性分析过程

二、应急资源评估

应急资源评估，就是要针对危险源辨识与脆弱性分析所确定的重大事故风险，明确应急救援所需的各种资源，分析已有的应急资源，为化学工业园区应急队伍建设、应急资源规划与配备、与相邻地区签订互助协议和应急预案编制提供指导。

化学工业园区应急资源主要包括以下几种。

① 园区内应急力量（如公安、消防、医疗）的组成、各自的应急能力及分布情况。

② 园区内各种重要应急设施（备）、物资的准备情况，如消防设备设施、交通工具、危险物质泄漏控制设备、个人防护设备、通讯联络设备、应急照明装置、医疗支持设备、应急电力设备、重型机械设备等。

③ 化学工业园区所在地政府和相邻地区可用的应急力量与资源等。

三、应急组织架构设计

应急组织架构是保证应急预案落实所需的组织及其调配关系的总和，具体指挥、管理、协调、运作所有应急行动。依据相关法律法规要求，结合化学工业园区实际情况，与化学工业园区相关部门进行充分交流与沟通，设计化学工业园区重大事故时的应急组织架构，如图2-7所示。

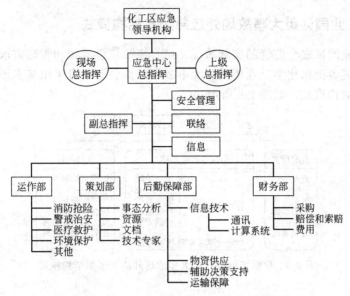

图 2-7 化学工业园区重大事故场外应急组织架构

应急组织架构内各种职位应随应急范围内行政管理的具体情况而设置。同时，应明确化学工业园区应急管理领导机构、办事机构和工作机构，以及各机构的人员组成和职责，建立各应急部门人员、职责的信息数据库，从组织层面确保实现化学工业园区应急管理的常态与非常态、日常预防、减灾与异常应急处置的有机统一。

四、应急救援运行机制建立

良好的应急救援运行机制是场外应急预案能够在化学工业园区现行管理体制下有效运行的重要保证。因而，在化学工业园区应急组织架构的基础上，应设计和建立集公安、消防、医疗、环境保护、安全监管等部门为一体的化学工业园区事故应急救援运行机制，如图 2-8 所示。

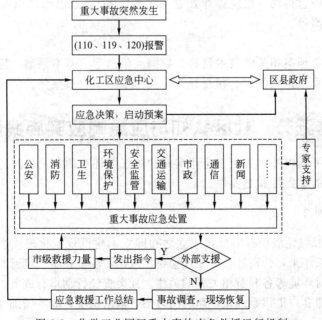

图 2-8 化学工业园区重大事故应急救援运行机制

五、化学工业园区重大事故场外应急预案结构模式

根据化学工业园区安全监管的实际情况，结合事故应急救援和管理需求以及应急预案编制的实际经验，笔者提出化学工业园区重大事故场外应急预案可采用基本预案＋应急功能程序＋支持附件的结构模式，如图 2-9 所示。

图 2-9　化学工业园区重大事故场外应急预案结构模式

1. 基本预案

对化学工业园区重大事故场外应急预案作总体上的描述及必要说明，主要阐述应急预案所要解决的紧急情况、应急组织体系、预测预警、应急响应、后期处置、应急保障、宣传、培训和演习等的程序和规定。

2. 应急功能程序

是化学工业园区重大事故场外应急预案的核心，包括标准操作程序和危险化学品应急处置方案两部分。标准操作程序（SOPs）是经与化学工业园区有关部门的交流与沟通，针对各部门在应急管理全过程（包括预防/减灾、应急准备、应急响应和灾后恢复四个阶段）中的职责与作用而编制的详细、具体的行动指南。

危险化学品应急处置方案则针对每一种（或类）危险化学品，明确其应急处置的技术要求及注意事项，主要包括：特别警示、危险特性（燃烧爆炸、健康危害）、公众安全、个体防护、隔离疏散、应急行动（燃烧爆炸处置、泄漏处置）、紧急救助以及泄漏情况下的初始隔离距离和防护距离等。

3. 支持附件

列出与场外应急预案相关的技术资料、数据、信息等。基本预案、应急功能程序、支持附件 3 部分相互联系、相互作用、相互补充，构成了一个有机整体。

第五节　社区认知与应急响应实施案例

本节主要介绍了国内外一些化工企业实施"责任关怀"的案例，并通过案例分析明确社区认知与应急响应的重要性和必要性。

一、实施案例 1

1999 年浙江华峰氨纶股份有限公司成立之初即立志建设规范化现代企业，为各利益相关方创造价值。上市五年来，公司社会责任理念更加成熟，注重在生产经营的各个环节充分体现对客户、对员工、对环境等各利益相关方的关注。社会责任行动卓有成效，公司产能规模发展至全球前三，为全球客户提供系统化产品解决方案，依法纳税，股本增加 4.2 倍，员工薪酬相比 2006 年增长 68%，节能环保指标达行业国际先进水平，成为行业可持续发展的标杆。

"共同目标，共同创业，共同利益，共同发展"是华峰员工遵循的价值观，也是公司满足外部利益相关方期望的行为准则。浙江华峰氨纶股份有限公司致力成为"蜜蜂型企业"，深入实践"责任关怀"，在企业生产经营的各个环节充分体现对员工、对客户、对社区、对环境各利益相关方的关切和责任，实现企业可持续发展。

2006 年 10 月，公司参与巴斯夫责任关怀"1＋3"项目，学习巴斯夫履行社会责任的实践经验，并在供应链上向合作伙伴们传递企业社会责任理念。2008 年 6 月，公司在 CBCSD 支持下承办"安全生产管理体系及企业社会责任"研讨会，来自中国石化协会、巴斯夫、壳牌、BP、陶氏化学公司等机构和企业的领导、专家汇聚一堂，共同交流环保、安全、职业健康管理经验。2011 年 3 月，在十一届全国人大会议上，华峰集团董事局主席、华峰氨纶董事长尤小平倡导在我国企业界推广"责任关怀"：政府成为倡导者，协会成为推动者，媒体成为宣传者，企业成为实践者。同时提出了《关于通过制订行业标准和完善市场机制，共同促进节能减排的建议》，继 2010 年后再次就节能减排问题提出了个人建议。

浙江华峰氨纶股份有限公司把建立健全 EHS（环境/健康/安全）管理体系作为落实责任关怀的主要工具，建立责任关怀与 EHS 管理委员会，学习汲取先进企业的成功经验，开展责任关怀全员承诺，发动全员参与 EHS 管理改善和创新，把安全、环保、节能减排列入相关部门绩效考核指标，实施 EHS 重大事故一票否决制，责任关怀理念在公司内得到深入落实。利益各方沟通见表 2-2。

表 2-2 利益相关方沟通表

利益相关方类别	利益相关方期望	沟通渠道	华峰氨纶责任行动
客户	商业道德 产品质量可靠 产品价格合理 差异化产品开发 技术支持和服务	客户现场走访 满意度调查 客户交流会 服务热线 客户来访	差别化、个性化定制产品 产品质量改进 根据供需行情合理定价 技术工程师现场服务 快速响应客户投诉
员工	薪酬福利 培训与职业发展 职业健康与安全 绩效改进 经营决策信息	管理看板 合理化建议 员工座谈会 绩效面谈 OA办公系统 企业内刊	劳动合同签订率100% 提高一线员工薪酬19% 提供人均39.4课时培训 举办员工成长训练营 健全 EHS 管理体系 落实员工关怀制度
社区	环境信息认知 社区和谐关系 社会公益	环保开放日活动 社区走访 公益活动 社会责任报告	"三废"排放管理 助学、环保、赈灾 新农村建设 发布社会责任报告
供应商	商业道德 公平合作 扩大采购 共同发展	公开招标 实地考察 小批量试用 技术交流会	依法履行合同 公开竞标采购 合作研发 责任关怀"1＋3"行动
股东（投资者）	治理结构 经营业绩 资本增值与分红 可持续发展	股东大会 董事会 年报、季报 投资者关系互动平台	依法披露消息 利润分红 保障经营正常运行 完成差异化氨纶技改项目 投资建设苯深加工项目
政府、媒体	税收 就业 信息披露	信息报送 公司网站 新闻发布 政府会议与文件	守法经营 依法纳税6281万元 招聘员工63名 及时披露信息

华峰氨纶开辟多种沟通渠道，使员工沟通常态化、多元化。公司设立"员工沟通日"，由企管部及时传达公司经营信息，实施绩效辅导面谈解答工作疑惑，建立《华峰》、《聚合》、《工厂信息简报》等信息载体，为员工提供双向畅通的信息沟通平台。公司鼓励员工提出管理与技术改进建议，全年共收到员工书面合理化建议945条，对其中412条进行公司级评审，并对其中的44条进行表彰奖励。

华峰氨纶将建设和谐社区关系作为实现可持续发展的重要组成部分。作为一家化工企业，环境保护是周边社区居民关注的焦点。为推动社区环境信息认知，公司参照《环境信息公开办法》制订了严格的环境信息公开制度，除在厂区和公司网站公布废水废气监测结果外，还专门设立环保开放日，每年定期邀请周边社区居民、人大代表、新闻媒体和员工家属等来公司参观交流，通报公司污染治理和排放信息，同时开展绿色环保理念和知识宣传。2011年，公司以"关爱家园，从我做起"为主题，分别举办第七次、第八次环保开放日活动，来自社会各界代表共100余人参加。活动中，公司成立了由30多人组成的环保志愿者中队，志愿者将积极参加企业环境安全检查、环保主题义务宣传和监督举报破坏环境行为等活动，推动公司环保工作再上新台阶。公司还开展了以"爱我家园"为主题的厂区河道投放鱼苗活动，使员工树立保护厂区河道、保护环境的理念，以表建设绿色家园的决心。

"我们始终把环境保护放在首位！"浙江华峰氨纶股份有限公司董事、副总经理潘基础如是说。为了增进与周边社区的和谐关系，华峰设立了环保开放日，每年定期分批邀请周边社区居民、人大代表、新闻记者等来公司参观，并向他们通报污染治理和排放信息。他们还在公司网站设立责任关怀栏目，公开污染物治理工艺和每月废水废气排放指标。同时通过公告、宣传橱窗等多种途径公开环境信息，接受社会监督。企业的不懈努力得到了周边社区和社会的认可，在环保部门随机抽查中，周边群众满意度达到100%。

二、实施案例 2

美国铝业公司（简称：美铝公司）是世界领先的电解铝和铝加工产品的生产商，也是世界最大的铝土矿开采商和氧化铝提炼商。作为现代铝工业的奠基人，在过去的120多年中，其创新技术帮助航空航天、汽车、包装、建筑、商业运输、消费电子和工业市场成就了多个发展里程碑。美铝已经连续十年被列入"道琼斯可持续发展指数"。

2004年以来，美铝公司向社区累计捐赠超过4410万元人民币（700万美元），表2-3为美铝公司2008~2011年间社区投资表，用于与社区利益相关方建立创新型合作关系、改善环境和培养未来的青年领导人才。

表 2-3　美铝公司社区投资表

年度	捐赠额/百万美元	员工志愿服务/h
2008	1.4	964
2009	0.7	1633
2010	1.7	2175
2011	0.9	2404

2011年，美铝进一步完善了"美铝社区框架"。该框架是一套标准化的规划工具，可帮助公司与运营所在社区的利益相关方建立有效的关系。经过完善的框架具有更清晰的衡量体系和合规性定义，力求加强当地单位总负责人的主人翁意识，并且把达标情况纳入到相关人员的绩效考核体系。

2011 年，通过对内部和外部利益相关方开展调查，美铝公司的中国工厂找出了业务重点、所在社区面临的最紧迫的问题和需求之间的联系（见表 2-4）。基于这次调查的结果，公司进行了自我评估并制定了 2012 年公共战略计划。

表 2-4   2011 年主要的利益相关方问题

单位	问 题	解 决 方 案
昆山厂	社区希望我们参与当地的教育发展和环境保护	美铝公司与当地小学和市民共同举办了一系列环保志愿活动。成功地为当地小学申请到了美铝基金会的资助，设立了奖学金。还将为小学生开设环保课程
渤海厂	自从秦皇岛市成为中国的旅游绿色模范城市以来，社区尤为关注环境的持续改善	美铝公司举办了一系列支持社区的活动，如植树、湿地保护计划、环保宣传等
	社区对节能的要求十分严格	美铝公司在工厂开展了节能项目，加强内部沟通来提升节能意识和获得项目支持

美铝公司的成功与世界各地美铝工厂和办公室所在地数百个社区的卫生和福利息息相关。美铝公司通过捐赠、提出建设意见、义务贡献自身力量和时间等各种方式，使得社区的生活更为丰富。除了以捐赠为主的活动，美铝公司特别拨出款项推动两项全球计划来表扬美铝员工的义工活动。ACTION 活动（其意为美铝员工在我们社区聚集一堂）鼓励美铝员工组成小组来帮助当地的非赢利性机构。而 Bravo！活动主要是为了表扬义务贡献服务的个别美铝员工。

三、实施案例 3

陶氏化学公司是世界上最大的塑料生产厂商，产品包括聚苯乙烯、聚亚氨酯、聚对苯二甲酸乙二醇酯、聚丙烯和合成橡胶等。同时，它也是世界上主要的氯化钙、环氧乙烷、丙烯酸盐、表面活性剂和纤维树脂的生产商。

陶氏主要进行员工和社区调查，其中社区调查主要用来评估陶氏工厂所在社区对陶氏的满意程度。对每一个社区，陶氏根据工厂的大小和陶氏对社区的影响大小来设定评估目标，在主要的产地，陶氏至少需要 80％居民视其为好的邻居和有价值的社区成员。

在陶氏的可持续发展战略目标中，有一项重要的内容，就是要支持并帮助与朝夕共处的人们的幸福生活和所处的社区的环境健康。陶氏始终通过致力于社区建设来实践可持续发展理念。陶氏正在履行自己的承诺，致力于成为中国本土化的企业公民。陶氏扎根于在中国开展生产和经营活动的每一个地区，与当地的政府、公司、居民以及研究机构等积极开展合作，为国家的进步和发展做出富有成效的、积极的贡献。

陶氏提供的每一个社区合作项目和每一笔慈善捐助——无论是和政府部门合作帮助提高中国中小企业的清洁生产和安全生产能力，还是和民间机构合作援建希望小学、在高校设立可持续发展方面的奖学金，抑或是在自然灾害之后为失去家园的人们提供紧急援助——都和我们的可持续发展目标息息相关。

陶氏在社区建设贡献，包含以下三个方面的内容：能力建设（Capacity Building）、慈善捐助（Charitable Donation）和社区建设（Community Relations）。

陶氏化学公司董事长兼首席执行官利伟诚先生的承诺：无论现在还是未来，化学工业创造产品和服务，始终致力于为全世界的人们提供更好的生活。我们必须始终坚持"责任关怀"（Responsible Care）提出的全球化学品管理承诺，只有这样化学工业才能够真正为人们带来福音。为了达成无事故，无伤害，无危险的健康环境的愿景，我们将持续不断地努力，同时不断对外公布我们致力于全球健康、安全和环境保护的实践情况。我们将以合乎道义的方式，引导我们的化工公司在坚持遵守下述原则的同时，不断惠及社会、经济体系和环境健康：

- 引导公司以合乎道义的方式不断惠及社会、经济体系和环境健康。
- 设计开发便于安全生产、运输、使用、废弃处置或回收的产品。
- 和客户，承运商，供应商，代理和承包商一起鼓励化学品的安全使用，运输和处理。运作过程中确保护环境，保证员工和公众的安全，并且向他们提供在营运和生产中便于理解和应用的化学品危险和风险信息。
- 在安全可靠的、有利于环境保护的情况下，设计并运行我们的设备。
- 在我们全体组织架构中营造一种文化观，持续不断地确认和降低生产和运营过程的安全风险，并对其进行管控。
- 在整个产品生命周期的每一个环节提倡污染防治、减小废弃排放、节省能源与其他主要资源。
- 与各级政府机关合作，积极倡导制定和发展有效的和安全、健康、环境保护相关的法律法规和行业标准。
- 支持针对产品工艺的健康、安全和环保所进行的教育和研究。
- 与我们的利益相关方保持产品、服务和过程风险方面的信息沟通，设身处地考虑他们的立场，倾听他们的心声。
- 在生产和运营中持续推进对人类健康和环境保护的零事故，零伤害和零危险目标，公开我们在健康、安全、环境保护方面的业绩。
- 寻求在完整的责任关怀管理体系（Responsible Care Management System®）框架内的持续进步，推进我们在环境保护、健康和安全方面的行为规范。
- 鼓励并帮助他人恪守以上"责任关怀"（Responsible Care®）的原则和措施。

利伟诚

2008 年 3 月

四、实施案例 4

据新华社重庆 2006 年 3 月 25 日电，中石油位于重庆市开县高桥镇的天然气井 25 日上午发生天然气渗漏事故，抢险人员已于上午 8 时 30 分对事故气井实施点火。

事故发生后，当地政府已将事故井口方圆 1 公里内的近 5000 名群众疏散到了邻近的乡镇，1km 之外的部分群众也自发进行了撤离，没有发现人员中毒的情况。目前，现场指挥部已初步确定压井方案，各类器材和物资已陆续到达现场，预计 26 日实施压井。

据介绍，发生渗漏事故的罗家 2 井位于开县高桥镇小阳村一组，该井和 2003 年发生"12·23"特大"井喷"事故的罗家 16H 井处在同一井场。罗家 2 井于 2000 年 6 月钻探完成，井深 3404m。川东钻探公司井队于近日对罗家 2 井进行二次完井作业时，发生井漏事故。至 3 月 24 日 13 时 25 分，现场施工人员对罗家 2 井进行了一次大型的压井注水泥施工，但封堵未能成功。25 日凌晨，距离井场 1km 左右的高桥河面出现浊水柱翻滚，经技术人员检测，其中不含硫化氢气体，含甲烷。25 日 8 时 30 分，抢险人员对事故井口进行点火泄压。截至 25 日 19 时 30 分记者发稿时，事故井口压力已下降至可控范围。预计 26 日实施压井。目前，现场工程技术人员正在高桥河面出气点 200m 范围内进行警戒监控并进行随时检测，当地政府已经通知下游群众不要饮用河沟水。

新闻资料：开县井喷事故

2003 年 12 月 23 日夜，重庆市开县高桥镇，由川东石油钻探公司承钻的中国石油天然气集团公司西南油气田分公司川东北气矿罗家 16H 井在起钻时，突然发生井喷，事故造成 243 人死亡、4000 多人受伤，疏散转移 6 万多人。

拓展知识

反应器火灾爆炸事故原因分析及应急救援

反应容器是指用来化学品生产进行化学反应的容器设备，常见的有固定床反应器、列管式反应器、反应釜、反应精馏塔、合成塔、聚合釜等。大多数反应是在高温、高压甚至超高压条件下进行的，参与反应的原料及催化剂多为易燃、易爆的物质，反应过程中稍有不慎就会引发火灾和爆炸，事故发生频率高。反应容器爆炸所产生的强大冲击波和由于有毒、易燃、易爆物料泄漏而引起的火灾易导致建筑物倒塌、人员伤亡，有的甚至引起连锁爆炸，将整个车间、厂区夷为平地。因此加强对反应器火灾爆炸事故的研究，预防此类事故的发生及应急救援十分重要。

一、反应容器火灾爆炸事故原因分析

1. 反应失控

许多化学反应如硝化、磺化、氧化、氯化、聚合等反应都是放热较大的反应。在反应容器内进行反应时，若正常的反应过程失控，反应热蓄积，反应体系的温度随之升高，反应速度则加快，体系内压力增大。当内压急剧上升超过容器的耐压能力时，容器破裂，高压物料从破裂处喷出。由于温度的升高，反应物料还可能分解、燃烧，引发反应失控，发生火灾爆炸事故。

2005 年 2 月 24 日，江苏某化工公司首次试生产乙二醇二甲醚过程中，由于乙二醇甲醚的滴加速度过快，反应釜温度和压力急剧上升，操作人员错误处置，打开了反应釜上用于投放固体原料的闸阀，导致反应釜内的氢气高速冲出，短时间达到爆炸极限，高速流动的氢气与闸阀口摩擦产生静电，引发了空间气体爆炸，造成 6 人死亡，11 人受伤，部分厂房炸毁，直接经济损失达 500 余万元。

2. 反应容器内形成爆炸性混合物

有些气态反应的原料混合气，其原料配比处在爆炸极限范围之内而具有爆炸性。例如环氧乙烷与乙醇的化合反应，环氧乙烷与乙醇在原料总体积中分别占 44.5％和 55.5％，环氧乙烷的浓度已在爆炸极限之内（其爆炸极限为 3％～100％）；苯酐生产中萘与空气的重量比为 1∶9 左右，萘蒸气在空气中的体积浓度为 2.25％（萘蒸气爆炸极限为 0.88％～5.9％）。有的反应在接近爆炸极限的条件下进行，如果控制不当易达到爆炸浓度。

反应容器内可燃气体或易燃液体蒸气未置换或置换不彻底，也是形成爆炸性混合物的重要原因。

3. 反应容器密封不严

反应容器密封不严，使空气进入釜内剧烈反应爆炸。1995 年 5 月 11 日 19 时 14 分，哈尔滨市助剂厂搪玻璃反应釜，由于釜底盲板的密封橡胶垫老化，渗漏，使空气进入釜内导致物料发生爆炸（当时釜内是负压），爆炸是羧乙基胺甲乙醚在温度 80℃以上遇氧发生剧烈的氧化反应导致的，造成 1 人死亡、3 人受伤，厂房破损的重大事故，直接经济损失达 10 余万元。

4. 反应容器设计制造缺陷

反应容器设计不合理、结构形状不连续、焊缝布置不当等引起应力集中；设备材质选择不当、制造容器时焊接质量不合要求及热处理不当等使材料韧性降低；容器壳体受到腐蚀介质的腐蚀、强度降低等可能使容器在生产过程中发生爆炸。

5. 反应容器中高压物料窜入低压系统

与反应容器相连的常压或低压容器、储柜，由于反应容器中高压物料的窜入，发生爆炸。如1991年8月22日，平顶山市树脂厂发生重大火灾事故就是由于聚合工段反应釜超压，当班职工紧急处理时，未彻底关闭通往常压下的泡沫捕集器的阀门，引起泡沫捕集器爆炸，随后又引起整个工段的可燃性混合气体爆炸。

6. 水蒸气或水漏入反应容器

采用水蒸气加热或水冷却的反应容器，若水蒸气或冷却水漏入容器内，容器内物料遇水分解放热，温度、压力急剧上升，造成冲料，发生火灾。

7. 反应容器泄放系统不合理

在物料泄放时，泄放口位置、高度必须按要求设置，排出的物料要进入事故槽，严禁排放不合理，避免排出的物料四处漂散，遇明火燃烧爆炸。

二、预防反应容器火灾爆炸事故的措施

1. 严格按照安全规程生产

反应容器的工艺规程需经专门的科研和设计单位审定，没有权威部门的相应鉴定，不允许随意改变生产工艺。生产操作人员必须熟悉生产工艺规程、操作条件、原材料、产品、中间产物的反应特性和火灾爆炸危险性质，杜绝操作失误或任意更改工艺参数。

2. 维护容器的耐压强度

反应容器作为一种承压设备，应严格按照压力容器的设计、制造工艺进行生产，应避免板材、焊接等质量上的缺陷。容器在使用过程中要防止由于腐蚀等原因造成器壁变薄，耐压强度降低。因此，容器要定期进行探检、维修、耐压试验，确保容器的耐压强度，并请权威部门进行登记、注册，定期检验。

3. 防止反应失控发生

按作业指导书严格监测和控制反应容器内的温度、压力、物料组成和投料顺序等，以使反应保持正常。杜绝投料次序颠倒，如丙二醇甲醚的生产必须先投入过量的甲醇后才能加入环氧丙烷。如果顺序颠倒则引起环氧丙烷的聚合放热，后果不堪设想。同时对于生产原料、中间产品以及成品应有严格的质量检验制度，保证其纯度和含量，清除因有杂质而引起的不安全因素。

4. 抑制物料混合气爆炸的危险性

在爆炸极限范围之内进行的反应，空气或氧气与反应原料的混合器宜放置在反应器进口附近，确保原料气混合后立即进入反应器反应，减少可能发生爆炸的空间。还可采取原料气和氧气或空气分别进料方式，以避免爆炸性混合物的形成。在接近爆炸极限条件下进行的反应，应严格控制原料气与空气或氧气的混合比例。生产装置要有自动化控制仪表、组分分析仪和安全联锁警报装置。定期校验仪表警报装置，确保灵敏可靠。

对于具有可燃气体或易燃液体蒸气的反应容器，进料前必须用惰性气体置换。反应完毕后同样需要用惰性气体置换掉容器内的可燃气体或蒸气，才能放入空气。置换必须彻底。

5. 及时维修、清理设备管路内结焦

要定期维修清除设备内的污垢、焦状物、聚合物，以保证设备传热良好，并防止其堵塞设备管道形成瞬间高压爆裂和发生自燃。清除方法可用水冲刷器壁表面和管道，用氮气或水蒸气吹扫。清理时不得使用铁质工具或金属条，清理出来的污物必须送至安全地点处理掉。

特殊污物，如污垢、焦状物等，可请专业清洗公司清理。

6. 防止水漏入反应容器

反应容器的夹套和盘管冷却系统的水位和水压应略低于器内的液位和液压。为了能及时发现反应容器的裂纹或孔洞，在排水管可安装自动电导报警器，当管中漏入极少物料时，水的导电率会发生变化，利用这种变化进行检测并发出声响警报。

7. 保证反应容器进出物料安全

为了防止进出物料因静电火花发生燃烧爆炸，反应容器、管道、器具应采用静电连线联成一体，并进行接地。接地线必须连接牢靠，有足够机械强度，并定期检查。液体物料的输送，必须通过控制流速限制静电的产生。特殊的物料应采用铝管或不锈钢金属软管输送。

反应容器卸料时，应采用真空卸料。装卸料口开启时，应尽量采用密闭措施，如果做不到，应安装移动式的排气罩进行通风。

8. 配置防事故安全系统

反应容器应设防事故自动联锁系统，如设物料温度与催化剂加入量的联锁装置；压力或温度极限调节报警装置。当参数越出安全规定范围，能立即进行自动调节。若调节无效能发出报警信号，通告操作人员采取紧急措施排除故障。

为了保证反应容器内压力上升时能自动进行泄压，必须在设备上安装安全阀。对于不宜安装安全阀或危险性较大的设备，可安装爆破片。低压系统与高压系统反应器的连接处应设单向阀，以防止高压反应器内的物料窜入低压系统发生爆炸。反应容器应备有事故排放罐，或排出反应物料的备用容器和放空管，在设备发生失控的紧急状态下，可将物料通过放空管排出容器，防止事故扩大。反应生产岗位必须配备氮气和水蒸气半固定灭火装置。

9. 反应容器的安全排放

反应容器的放空管一般应安设在顶部，室内容器安设的放空管应引出室外。放空管应有足够高度，高于附近有人操作的最高设备2m以上，并保证排出的可燃气体，应经冷却装置冷却后接至放空设施。放空管上应安装阻火器或其他限制火焰的设备，以防止气体在管道出口处着火，并扩散到工艺装置中去。放空管应有良好的接地设施，管口应处在防雷保护范围内。

10. 培训事故处置方法

将消防知识宣传和教育作为岗位培训的一项重要内容。尤其注意对生产操作人员进行应急措施培训工作，掌握特殊情况下的应急措施、灭火与疏散方法。通报的国际、国内的事故教训和操作经验，提出事故的可能原因，以便及时能做出准确的判断和正确采取处理办法。

三、反应容器发生火灾爆炸事故应急救援

在化工生产中当发生反应失控、大量泄漏或火灾事故时，工厂应紧急启动化学品安全生产消防应急预案，召集相关人员立即赶至现场。

1. 成立应急指挥小组和救援分队

应急救援小组由各救援小组组长组成，总经理任组长，副总经理任副组长。各救援分队如下。

通讯联络队：担负各队之间联络与对外联系通讯任务；

治安队：担负现场治安、交通指挥、设立警戒、指挥员工疏散；

防化应急队：担负查明事故原因、物料性质，提出补救措施、抢救伤员、指导人员疏散；

消防队：担负开启消防泵，现场消防稀释，扑救火灾等任务；

检修抢险队：担负现场检修、抢险等任务；

医疗救护队：担负现场人员救援人员的临时救援防护等工作；

物资供应队：担负抢险物资的购买，物品的供应等任务；

运输队：担负抢险物资及人员的运输任务。

2. 控制发生事故的危险区域

对危险区域实施控制，防止无关人员、车辆、明火等进入而引起的伤害及事故进一步扩大。

① 清除火源：迅速关闭警戒区的救援人员的手机、电话机等通讯器材、关闭该区域的电器设备。

② 实施警戒：以该反应器装置为中心、装置四周的主通道上设警戒线，由治安队严格控制本公司及外来人员进入，禁止车辆通行。

3. 侦检反应容器事故现场

当泄漏未形成火灾时，防化应急分队派人身穿防化防火消防服，佩带正式自给式空气呼吸器进入泄漏地点查看，确定泄漏原因及现状，并迅速汇报指挥小组，当已形成火灾时，严禁人员进入。

4. 控制反应容器事故的源头

防化应急分队把现场侦检情况后，指挥小组应提出控制源头的技术方案，并召集抢险抢修队、消防队落实控制源头的方案。

① 由抢修抢险队派人穿防化服，佩戴保护用具，关闭与反应器相近的物料管线，并带专用堵漏工具进入现场堵漏，如无法堵漏或泄漏严重应立即撤出相关人员，脱离危险现场。

② 在抢险抢修队未进入现场时，应紧急启动消防设施，根据物料的性能，使用有针对的灭火器材，同时启动消防冷却系统对四周装置及区域进行保护。

③ 上级消防大队赶至现场时应由上级消防领导统一调度、指挥。

5. 反应容器四周物料的转移

首先控制反应器内物料的大量外泄，当一时无法控制泄漏时，事故应急指挥小组应紧急碰头，撤离反应器内的易燃物。易燃物可用自身机泵输送，如无法输送，可用专用罐车运离，或用耐火耐温的防火材料形成隔离墙，避免事态进一步扩大。

6. 反应容器事故的紧急灭火

当泄漏发展到一定程度并发生火灾时，应按制定的企业灭火作战方案灭火，集中兵力积极灭火，并迅速疏散所有的人员，只留灭火作战人员，减少人员伤亡。

7. 清洗反应容器的污染区域

事故泄漏或火灾爆炸事故得到控制后，应做好善后工作。

① 利用消防用水和冷却用水对污染的反应装置进行冲洗，充分清洗剩余的物料和气体。

② 对参加救援和参加灭火作战的人员应进行规范冲洗，避免化学品对人员产生新的伤害。

③ 救援及消防人员留守现场值班 24h，避免未能彻底消除的事故隐患，以免死灰复燃。

本章小结

本章首先主要介绍了社区认知与应急响应准则的基本内容。社区认知和应急响应准则是由目的、范围和管理要素三部分组成。管理要素由七个一级要素，分别是：法律法规、领导与承诺、风险评估、沟通、培训、应急响应、绩效考核。第二节主要通过实例介绍了准则的重要性与必要性。第三节介绍了我国危险化学品应急响应系统存在问题及改进措施。在第四节中对我国化学品应急响应系统提出了建议。第五节介绍了化学工业园区重大事故场外应急预案编制要点，提出化学工业园区重大事故场外应急预案可采用基本预案＋应急功能程序＋支持附件的结构模式，为正确采取措施提供基础和保障，力争做到万无一失。

自测题

填空题

1. 最高管理者是指企业的最高行政管理者，_____、_____、_____。

2. 利益相关方指与企业有一定利益关系的个人或组织群体，可能是_____，也可_____。

3. 绩效考核通常也称为业绩考评，是针对企业内每个员工所承担的工作，应用科学的定性或定量的方法，对_____进行考核和评价。

4. 应急预案是指政府和企业为减少_____而预先制定的抢险救灾方案，是进行事故救援活动的_____。

5. 社区认知和应急响应准则是由目的、范围和管理要素三部分组成。管理要素由_____个一级要素、_____个二级要素构成。

6. 危险源识别时应从以下四个方面考虑：_____、_____、_____、_____。

7. 爆炸极限是指_____。其_____称为爆炸下限，_____称为上限。当混合气浓度低于（或高于）爆炸极限的下限（或上限）值时，对混合气点燃_____（能或不能）产生火焰传播。

8. 发生火灾后应_____，拨通后应报告_____，_____，_____，_____，_____、_____、_____。

9. 危险化学品仓库内爆炸物品、易燃和可燃性液体、遇水燃烧物品、易燃固体、放射性物品、自燃物品必须_____，_____也不能存放在同一仓库。

10. 《常用危险化学品分类及标志》中，将危险化学品分为_____、_____、_____、_____、_____、_____、_____、_____等八类。

11. 易燃液体（如轻油等）具有_____、_____、_____和毒害性。

12. 化学品危害预防和控制的基本原则一般包括两个方面：_____和_____。

13. 应急管理部门应定期组织对_____的演练。

14. 事故预防措施应包括_____、_____、_____。

15. 危险化学品是指具有爆炸性、_____、_____、_____、腐蚀性等性质的物品。

16. 在风险控制上，风险评价小组应对可能构成风险的危害，制定详细风险削减和控制措施，措施应从_____、_____、_____等方面进行考虑。

17. 国外化学事故应急反应系统主要包括五个组成部分：_____、_____、_____、_____。

和_____。

复习思考题

1. 假如你是化工企业所在社区的一员，你认为化工企业社区认识和应急响应准则如何实践？

2. 假如你是化工企业的一名普通员工，你认为从社区认识和应急响应准则方面可以做哪些工作？

第三章　储运安全

　　危险化学品储运涉及与危险化学品储存和运输有关的所有方面的安全问题，见图3-1。掌握危险化学品的性质和分类对于储运安全至关重要。早在1928年，美国国家防火协会的化学危险品和爆炸物品委员会协同化学学会编辑了常用化学危险品表。近年欧洲委员会开始全面实施新的化学品管理政策－化学品注册、评估和许可制度，日本、韩国、加拿大、墨西哥、泰国和菲律宾等也相继建立了危险化学品安全储存体系。而我国的危险化学品仓储设施严重不足，与发达国家还有一定的差距，标准化不完善且建设速度缓慢，行业信息管理与统计系统管理不完善，专业人才匮乏，一线从业人员素质偏低。同时大部分危险化学品物流的运作只是沿用甚至直接套用普通货物的物流操作，导致危险化学品运输事故频发。因此加强危险化学品储运安全工作刻不容缓。

图 3-1　储运示意图

第一节　概　　述

　　2011年2月16日，国务院第144次常务会议修订通过《危险化学品安全管理条例》第3条，称危险化学品，是指具有毒害、腐蚀、爆炸、燃烧、助燃等性质，对人体、设施、环境具有危害的剧毒化学品和其他化学品。

　　危险品是在生产、生活、教学、科研、存储、运输或使用过程中，由于物品自身的物理和化学性质受到外界因素的影响，例如摩擦、震动、撞击、暴晒或温度过高、湿度过大的影响，能够燃烧、爆炸、引起人体中毒、皮肤灼伤、腐蚀、放射性等威胁人体健康与生命安全，造成国家财产损失的危险性商品。如果此类危险性商品为化学品，那么它就是危险化学品。

危险化学品是工农业生产、教学和科研或人民生活等各行各业不可缺少的物品，其种类繁多。商业部门经营的就有数千种，主要有化工原料，化学试剂，医药，农药，化肥，燃料，石油液化气等商品。

一、危险化学品的性质及分类

1. 危险化学品的性质

危险化学品在不同的场合，叫法或者说称呼是不一样的，如在生产、经营、使用场所统称化学工业产品，一般不单称危险化学品。在运输过程中，包括铁路运输、公路运输、水上运输、航空运输都称为危险货物。在储存环节，一般又称为危险物品或危险品，当然危险货物、危险物品，除危险化学品外，还包括一些其他货物或物品。在"危险化学品安全管理条例"中称"危险化学品"。

危险化学品具有以下三点性质：

① 具有爆炸性、易燃、毒害、腐蚀、放射性等性质；

② 在生产、运输、使用、储存和回收过程中易造成人员伤亡和财产损毁；

③ 需要特别防护。

2. 危险品的分类

危险化学品的简单分类见表 3-1。通常此类化学品根据《危险化学品安全管理条例》受到公安部门管制。

表 3-1　危险化学品简单分类及举例

危险化学品类别	危险化学品特征	危险化学品举例
易制爆类	可以作为原料或辅料而制成爆炸品的化学品	硝酸钾、高锰酸钾、氯酸钾、硫酸、盐酸、硫、磷、铝、镁
易制毒类	可以作为原料或辅料而制成剧毒品的化学品	盐酸、丙酮、氯仿、三氧化二砷
剧毒类	有剧毒的化学品	氰化钾、三氯化磷、氰化钠、五氧化二钒
XZ 化学品	具有强烈毒性的化学品，比剧毒化学品更强，通常具有一定的扩散性	氰化钾、氰化钠、砷酸
易燃易爆类	以燃烧、爆炸为主要特性的压缩气体、液化气体、易燃液体、易燃固体、自燃物品和遇湿易燃物品、氧化剂和有机过氧化物以及毒害品、腐蚀品中部分易燃易爆化学物品	液化石油气、硝化甘油、火箭燃料、三硝基甲苯(TNT炸药)、三乙基铝、过氧化氢

按照危险品的理化性质和危险性，也可以将危险品分为八大类，见表 3-2：爆炸品；压缩气体和液化气体；易燃液体；易燃固体、自燃物品和遇湿易燃物品；氧化剂和有机过氧化物；有毒品；放射性物品；腐蚀品。

表 3-2　危险化学品复杂分类

危险化学品类别	危险化学品特征	危险化学品举例
爆炸品	外界作用(如受热、摩擦、撞击等)下能发生剧烈的化学反应	高氯酸、二亚硝基苯、四唑并-1-乙酸
压缩气体和液化气体	压缩的、液化的或加压溶解的气体	氨气、一氧化碳、甲烷、氢气、乙烷、乙烯
易燃液体	常温下易挥发，其蒸气与空气混合形成爆炸性混合物	乙醛、丙酮、乙酸甲酯
易燃固体、自燃物品和遇湿易燃物品	易于引起火灾	金属钠、金属钾

续表

危险化学品类别	危险化学品特征	危险化学品举例
氧化剂和有机过氧化物	具有强氧化性,易引起燃烧、爆炸	氯酸铵、高锰酸钾
有毒品	进入肌体累积达到一定的量后扰乱或破坏肌体功能,引起病理改变,危及生命的物品	氰化物、砷化物、化学农药
放射性物品	从原子核内部自行不断放出具有穿透力、为人们不可见的射线(高速粒子)的性质	
腐蚀品	灼伤人体组织并对金属等物品造成损伤的固体或液体	硫酸、硝酸、盐酸、氢氧化钠

各类化学品的标识、定义及特点参见第二章表 2-1。

二、国内外危险化学品储运现状分析

1. 国外危险化学品仓储管理现状

1928 年,美国国家防火协会的化学危险品和爆炸物品委员会协同化学学会编辑了常用化学危险品表(NFPA49)。美国陶氏化学公司开发了火灾爆炸指数。英帝国化学公司和日本劳动省分别创立了 Mond 法和六阶段评价法。随后美国政府又相继颁布了《有毒物质控制法》、《职业安全卫生法》、《消费产品安全法》、《高度危险化学品处理过程的安全管理》、《危险物品运输法》、《有害物质包装危害预防法》、《资源保护和回收法》、《联邦环境污染控制法》和《食品、药物和化妆品法》等法律法规。

为使欧盟各国在化学品管理上保持一致,1967 年欧盟制定了第一部指令 67/548/EEC。1996 年欧盟修订了 1982 年颁布的《工业活动中重大事故危险法令》。2001 年 2 月欧盟发布了《未来化学品政策战略白皮书》。2004 年 1 月欧盟向 WTO/TBT 委员会通告了"关于化学品注册、评估、许可和限制,建立欧洲化学品管理局并修订 1999/45/EC 指令和法规(EC)(有关持久性有机污染物)的欧洲议会和理事会法规提案"的文本。2007 年 6 月 1 日,欧洲委员会开始全面实施新的化学品管理政策——化学品注册、评估和许可制度。此外,日本、韩国、加拿大、墨西哥、泰国和菲律宾等也相继建立了危险化学品安全储存体系。

2. 国内危险化学品仓储现状

石油化工产业的发展是危险化学品仓储业发展的基础,石油化工产业发展状况与动态,直接影响着危险化学品仓储业发展的势态;反过来讲,危险化学品仓储业对石油化工产业的发展有积极的促进作用,石油化工产业的发展离不开仓储业的支持,二者相辅相成。据中国石油化工协会有关资料显示,2009 年我国石油化工产业有 20 多个行业,6 万多个产品,3.46 万家规模以上企业,实现总产值 6.63 万亿元,实现利润 4571.5 亿元,投资总额达11018 亿元,全年进出口总额 3271 亿美元。其中进口 2281 亿美元,出口 990 亿美元,一次性物流货物总值超过 8.5 万亿元。良好的客观环境为危险化学品仓储业提供了尚佳的发展条件。2009 年国内较大规模 40 家危险化学品仓储企业运营情况分析见表 3-3。

表 3-3 2009 年国内较大规模 40 家危险品仓储企业运营情况分析

项目	数额	同比增长
企业平均资产总额	22300 万元	14.79%
企业平均占地面积	15.7 万平方米	5.37%
企业平均仓库面积	3.45 万平方米	15%

续表

项　目	数　额	同比增长
企业平均储罐容量	5.16 万立方米	29%
企业平均货物存储量	2.56 万吨	14%
企业平均货物吞吐量	61.46 万吨	15.96%
企业平均主营业收入	7119 万元	−2.73%
企业平均主营业成本	6193.53 万元	−3.84%
企业平均主营业利润	925.47 万元	5.37%

（1）危险化学品仓储发展特点

2009 年以来我国危险品仓储业发展的主要特点如下。

① 从业单位大幅下降，全国共有 5000 多家，同比减少 54.83%。减少原因有生产，经营企业外包，调整兼并重组，竞争被淘汰，关停并转等。

② 我国危险化学品仓储业结构布局不合理。地域性集中分布的特点突出：东南沿海、长三角、珠三角，环渤海湾地区占 70% 以上，中西部地区不足 30%。企业规模差距悬殊，结构复杂：大型危险化学品仓库可达到数万平方米；小型以下仓库数量占 70% 储量，2 万立方米以上大型储罐库数量占 30%，储量占 70%，2 万立方米以下储罐，数量占 30%。储罐库发展迅速，数量上已占据半壁江山，储量上已超过 60%。

③ 外企、合资企业在我国危险化学品仓储业发展迅速。德国的欧德油储，荷兰的皇家孚宝，日本的日陆等一批世界著名的第三方危险化学品仓储物流企业涉足我国，并保持迅速发展。美国的陶氏，德国的巴斯夫，法国的锦湖等石油化工企业在涉足我国石化产业的同时，仓储物流业也有长足的发展，并带来了现代化的仓储物流设备和技术。

④ 第三方危险化学品仓储发展潜力大，但发展速度缓慢。我国物流业发展必然趋势是社会专业化，危险化学品生产，经营企业外包形式看好，但是石油化工企业自办物流程度在 90% 以上，自身有这个实力，危险化学品仓储业征地审批困难，而且危险化学品仓储行业门槛相对较高，设施复杂，专业性强，投资大，且目前中小型第三方仓储企业占 70% 左右，缺乏扩大发展的能力。

（2）我国危险化学品仓储业主要存在的问题

① 危险化学品仓储设施严重不足。造成原因如下：城区企业关、停、并、转数量减少；新建仓库征地、审批困难；石化产品稳定，持续增长，部分产品过剩（纯碱、黄磷、甲醇、电石等过剩均在 30% 以上），仓库发展远跟不上产量发展；受国际金融危机影响进口剧增、出口受阻，仓储设施更显紧缺；危险化学品仓储行业设备设施技术含量高，一次性投入大回报率相对较低；专业技术性强，有一定的风险性，影响了投资的积极性。

② 与发达国家还有一定的差距，尚未完全摆脱"小、散、乱、弱"。小：规模小、面积小，服务功能单一，作业能力小。散：布局分散，造成资源浪费。乱：乱存乱放比较严重，监管力度不够，"黑仓库"泛滥。弱：多数老企业和中小型企业设备老化、包袱沉重、效率低、效益差、机械化水平低，缺乏竞争实力。

③ 标准化不完善且建设速度缓慢。主要体现在：危险化学品仓储标准匮乏，很多环节无标可依；现行标准不完善甚至相互矛盾，或脱离实际，或老化过时；标准审批程序复杂，时间长，效率低。

④ 行业信息管理与统计系统管理不完善。企业信息化程度比较低，缺乏统一的信息管

理平台；行业资料信息尚未从大化工、大物流中分离出来，国家尚无明确主管部门；统计系统尚未独立完善，影响对行业性质的指导作用。

⑤ 专业人才匮乏，一线从业人员素质偏低。管理人员专业不对口或知识结构不合理，业务水平低，技术能力差，难以适应现代化仓储要求；一线保管人员农民工占 33.57%，普遍文化素质低，专业知识差培训教育跟不上，只能从事简单的出入库业务装卸搬运作业。

3. 我国危险化学品运输现状分析

随着国民经济的快速发展，生产、生活现代化水平的不断提高，道路危险货物运输需求和运输量逐年增长。据统计，近年我国每年道路运输危险货物在 2 亿吨左右，其中剧毒氰化物就达几十万吨，易燃易爆油品类达 1 亿吨，危险品物流已悄然形成。然而，大部分危险品物流的运作只是沿用甚至直接套用普通货物的物流操作，导致危险品运输事故频发。

事故举例如下所示。

2013 年 7 月 5 日凌晨 3 点左右，广惠高速白花出口往凌坑方向约 1.5km 处，发生了一起车辆追尾事故，一辆装载约 27m³ 粗甲苯的运输车与一辆装载水泥管桩的重型货车右侧擦碰追尾。事故中无人员伤亡，但造成粗甲苯液体泄漏，并沿着路边排水沟流入山塘。

2012 年 6 月 29 日凌晨 4 时 30 分左右，广州沿江高速公路南岗段（黄埔、萝岗区交界往深圳方向的高架桥处）发生一起货车追尾与油罐车相撞的交通事故，溢油波及桥下货柜堆场及周边建筑，引发火灾，已造成 20 人死亡、29 人受伤。

2011 年 6 月 15 日 17 时 35 分，在陕西杨凌火车站陇海线西农路立交桥涵洞，西安天力危险品运输有限公司牌号为陕 A31778 的液化石油气槽车发生液化石油气泄漏，造成陇海铁路线杨凌段中断 10 小时 35 分，疏散周围 1 公里内的居民 12000 余人。

2009 年 6 月 13 日，一辆装载大量粗苯的槽罐车行至高新区蓝天立交桥南热电厂时，阀门突然断裂，大量粗苯泄漏溢出，造成泄漏。

（1）事故原因分析

危险化学品运输事故的发生，既有直接原因、主要原因，又有间接原因、次要原因，而非某个单一的原因造成的。分析多例多发事故，常常包括以下因素。

① 车辆故障。车辆自身的设备运行状况对危险化学品运输安全有很大的影响，电气短路、漏电、自燃、抛锚、跑冒滴漏、设备老化等因素都会引发安全事故。

② 违章作业。主要包括超载、超速、超范围、超路线、超规则运输等违章驾驶，擅自电焊、气焊等违章动火和吸烟、车辆曝晒等冒险作业行为。

③ 企业自身管理不规范。重效益、轻管理，内部转包、承包、车辆挂靠现象多，安全管理不统一。因车辆和人员流动性大，作业人员集中安全教育比较困难，培训的机会少，致使安全责任难落实，作业人员安全意识较差。

④ 作业人员安全素质低，心理素质差。驾驶、押运人员往往文化素质不高，发生事故后缺乏理性思维和判断以及自防自救、应急处置能力。

⑤ 监管不力。治安、交警、车管、交通运管等多方管理，并没有有效加强对危险化学品运输的管理，反而导致有时责任不明，管理失察。产生了为逃税、少交费出现的"大吨位，小标号"、"治理时紧，治理后松"等不正常现象，长效管理机制缺乏。

⑥ 社会整体防范意识淡薄。由于缺乏危险品毒害性的认识，社会和群众防范意识、社会快速响应处置和洗消、救护能力明显不足。事故时好奇观望使群众无辜伤亡，处置不及时或抢救设备的落后也会延误救援，扩大伤亡面。

（2）危险品运输对策

① 建立统一、规范的危险品物流行业标准。危险品物流的各项作业分属于不同的部门

管理，其安全管理还要受到公安、消防、交通、环境及卫生等部门的监管。过去由各有关部门制定的众多政策法规很难适应和满足现代危险品物流发展的需求，有的甚至还互相矛盾，使危险品物流企业无所适从。因此，建立统一、规范的危险品物流行业标准是危险品物流健康发展的重要保障。2002 年国务院《危险化学品管理条例》颁布以来，各相关部门纷纷制定、修订了有关规定和标准，如交通部《道路危险货物运输管理规定》，国防科工委、公安部、交通部、卫生部联合发布的《核反应堆乏燃料道路运输管理暂行规定》（科工法 [2003] 520 号）等。

② 合理规划、设计危险品物流网络。危险品物流网络的规划关系到地区环境和社会安全，并且对物流成本和企业社会经济效益都有深远的影响。政府在规划危险品物流网络时应将需要使用危险品的企业置于合理的地理位置，从宏观角度规划出风险最小的危险品运输网络，并建立快速应急机制，以便在事故发生时快速处理，使损失降至最低，以保障人民生命财产安全。危险品物流企业在政府规划设计的危险品物流网络内，通过加强对危险品物流操作的管理，选择优化的危险品运输路径和操作方式，从经济效益的角度使企业的成本降到最低。政府和企业共同努力，建立危险品物流管理体系，使危险品物流既能符合企业的经济效益，又能兼顾社会效益。

③ 用信息化推动物流现代化。目前，我国危险品物流各环节信息化程度低，信息沟通不畅，造成库存大，运力浪费。为此，充分利用信息技术，让"信息流"主导"物品流"，通过信息化来实现"物流"的准确配置，让物的流动具有最佳的目的性和经济性，将生产地和流通过程中的库存降到最低。

④ 发展专业化危险品物流，提倡发展第三方物流。现代物流理论和技术的发展为危险品物流管理提供了基础。利用第三方物流理论整合危险品物流企业，由专业化物流公司来负责危险品物流操作管理，一方面，可以改变目前危险品物流企业数量多、规模小、技术含量低的格局，提高危险品物流的集成度和企业的经济效益；另一方面，也为政府监管危险品物流、保障危险品物流的安全提供了基础。

⑤ 建立全国性的危险品物流管理信息平台。利用无线射频技术（RFID）、卫星定位系统（GPS）、地理信息系统（GIS）等现代物流技术，为危险品物流过程的跟踪、监控、管理等提供了技术支撑，和事故发生后的应急管理提供了技术上的保障。目前，这些监控网都是独立运行，只能监控本地区、本企业内部的危险品运输车辆。从以往发生的事故分析可以看出，就一个地区网而言，对于外地驶入的车辆，无论是否安装了 GPS 都缺乏监控，一旦这些车辆在本地区发生事故，就很难在第一时间调动本地区内的应急部门进行处理。因此，实现各地区网和各企业网之间的连网，实现信息连通，做到事故在第一时间就近、就地处置。

第二节　储运准则基本内容

储运是指储存和运输两个过程，储存是将产品存放在仓库、罐区等地点的过程；运输是指用车、船、飞机等工具将产品由一地运到另一地的全过程。储运安全准则的目的是规范化工企业推行"责任关怀"而实施的化学品储运安全管理，包括储存、运输及转移等阶段，并确保有效的应急预案得以实施，从而将其对人和环境可能造成的危害降至最低。

储运准则的有效实施将切实改进我国危险化学品的储运现状，缩短与发达国家的差距，更好地保护人民的生命财产安全。

一、储运准则概述

1. 基本概念

（1）储运

储运是指储存和运输两个过程，储存是将产品存放在仓库、罐区等地点的过程；运输是指用车、船、飞机等工具将产品由一地运到另一地的全过程。

（2）运输商

运输商是指从事运输工作的单位或个人。

（3）泄漏

泄漏是指液体、气体或粉状固体产品从储罐、储槽、罐车等容器中流出的过程。

（4）废弃容器

废弃容器是指盛装产品的容器由于使用时间过长、破损等原因而不能再使用，必须作为废物弃掉的容器。

（5）物流

物流是指产品在市场领域流通的全过程。

2. 储运安全方面的主要法律法规

交通综合行政执法的现行法律法规涉及：道路运政、水路运政、港政、航政、地方海事、公路路政（包括超限运输管理）等六个方面领域，旨在维护道路运输市场秩序，保障道路运输安全，保护道路运输有关各方当事人的合法权益，促进道路运输业的健康发展。主要法律法规如下所示。

① 中华人民共和国公路法，2003 年主席令第 47 号。

② 中华人民共和国公路管理条例 2008 年国务院令第 543 号。

③ 中华人民共和国公路管理条例实施细则交通运输部 2009 年第 8 号。

④ 中华人民共和国海上交通安全法 1983 年主席令第 7 号。

⑤ 港口危险货物管理规定交通部令 2003 年第 9 号。

⑥ 中国民用航空危险品运输管理规定民航总局令第 121 号。

⑦ 水路运输管理条例实施细则交通运输部令 2009 年第 6 号。

⑧ 国内水路货物运输规则中华人民共和国交通部令 2000 年第 9 号。

⑨ 水路运输危险货物包装检验安全规范 GB 19270—2009。

⑩ 船舶载运危险货物安全监督管理规定交通部令 2003 年第 10 号。

⑪ 铁路危险货物运输管理规则铁道部铁运 200679 号。

⑫ 中华人民共和国道路运输条例 2004 年国务院令第 406 号。

⑬ 道路货物运输及站场管理规定交通部令 2005 年第 6 号。

⑭ 道路运输危险货物车辆标志 2012 年修订的 GB 13392—2005。

⑮ 道路危险货物运输管理规定 2012 年中华人民共和国交通运输部令 2 号。

⑯ 常用危险化学品分类及标志 GB 13690—92。

⑰ 危险货物分类和品名编号 GB 6944—2005。

⑱ 危险货物品名表 GB 12268—2012。

危险品运输和运输发生事故后危险性很大，直接关系到从业人员和广大人民群众的生命安全和财产安全。国家监管人员应该不断学习危险品储存和运输的各项法律法规，提高自身素质，规范危险品储存运输准入制度，同时危险品运输企业也应该根据各项危险品运输的法律法规，不断提高企业车辆状况，逐步实现企业的信息化管理。不仅如此，还应建立有效的危险品运输事故应急预案，减少危险品运输的事故，保证危险品运输市场的健康发展。

二、储运安全管理准则的基本内容

储运安全准则由目的、范围和管理要素三部分构成。管理要素有 9 个一级要素和 26 个二级要素构成。

1. 储运安全管理准则的管理要素

本准则由 9 个一级要素构成，分别是法律法规符合性、领导与承诺、风险管理、沟通、化学品的转移和储存与处理、物流服务供应商的管理、培训、应急响应、检查与绩效考核。

（1）法律法规符合性

本要素由 2 个二级要素构成。企业应建立识别和获取适用的法律法规及其他要求的制度。明确责任部门及获取渠道、方式和时机，并及时进行更新。企业应为员工和储运中涉及的物流服务供应商和承包商提供有关法律法规、标准等信息。企业应定期依据相关的化学品储运法律法规、标准和其他要求进行符合性评价，及时清除不适用的文件。

（2）领导与承诺

本要素由 3 个二级要素构成。首先明确企业的最高管理者是企业储运安全管理工作的第一责任人。应做出承诺，通过提供适当资源，如时间、财务及人力资源等，支持与维护储运过程中健康、安全及环保的不断改善。企业应设置相应的管理机构，配备管理人员，明确责任分工，确保化学品储运安全。企业应根据相关法律法规、标准的规定，结合企业的实际情况，制定完善的化学品储运管理制度，发放到有关部门和工作岗位，并严格执行。

（3）风险管理

本要素由 3 个二级要素构成。企业应制订风险管理计划，通过减少与储运活动相关的风险，包括对运输商的管理，不断改善企业在健康安全和环保方面的措施。企业应识别储存和运输等活动中每一种化学品的危险性及相关风险。企业应评估并记录发生事故或事件及潜在风险的可能性及人和环境暴露在化学品泄漏环境之下的风险。企业应根据风险类型及等级制定相应的风险控制措施。

（4）沟通

本要素由 5 个二级要素构成。企业应向储运链中相关方提供有关危险化学品的最新《化学品安全技术说明书》。企业应提供清晰的与法规要求相符合的安全标签，以便与储运链中的有关各方进行有效沟通。企业应与物流服务供应商和承包商就化学品的转移、储存和运输活动进行定期沟通。企业应确保向储运链中各相关方，包括当地社区，提供有关化学品转移、储存和运输方面的适当信息。企业应考虑到储运链中所有公众关注的问题。

（5）化学品的转移、储存和处理

本要素由 3 个二级要素构成。企业应合理选择与化学品特性及搬运量相适应的运输容器和运输方式。企业应制定与储运过程相关的所有程序，从而减少向外界环境排放化学品的风险，并保护储运链中涉及的所有人员。企业应减少化学品容器及散装运输工具在归还、清洗、再使用和服务过程中涉及的风险，并保障清洗残余物及废弃容器的正确处置。

（6）物流服务供应商的管理

本要素由 5 个二级要素构成。企业应制定物流服务供应商管理制度，对所有物流服务供应商的选择、运作、培训及评估进行管理，确保企业在储运链中的合作方有能力进行化学品转移、储存及运输。

企业应制定物流服务供应商的选择标准，从而确保企业与能够胜任工作的供应商签定合同。企业应确保所有有关健康、安全及环境的关键运作程序都被记录、存档，并可供物流服务供应商查用。企业应要求其物流服务供应商制定相应的程序，并加强对分包商的管理，以确保安全。企业应要求其物流服务供应商明确培训需求，并为其员工和分包商提供适当的培训。企业应确保其物流服务供应商符合相关法律法规、标准和健康安全及环保等相应的要求。

（7）培训

企业应建立储运安全培训制度，制订培训计划，向所有员工、包括物流服务供应商和承包商提供适当的培训。

（8）应急响应

本要素由 3 个二级要素构成。企业应根据相关法律法规的要求制定应急响应预案，同时要求物流服务供应商也制定相应的预案，并进行演练。对突发事件进行有效管理和应对，从而降低事故风险及事故对操作人员、当地社区和环境造成的危害。

企业应对化学品储运过程中发生事故或事件进行记录和调查，对事故根本原因进行分析，提出预防措施，防止类似事故重复发生。企业应要求其物流服务供应商对所发生的事故和事件及处理过程进行报告。

（9）检查与绩效考核

企业应建立化学品储存运输安全检查制度，定期进行检查、考核，保证本准则的有效实施。企业应建立绩效考核制度，设立绩效考核指标，每年至少进行一次对本准则实施情况的综合考核，提出改进计划和措施，不断提高储运安全管理绩效。

2. 储运安全管理的目的和范围

本准则的目的是规范化工企业推行"责任关怀"而实施的化学品储运安全管理，包括储存、运输及转移等阶段，并确保有效的应急预案得以实施，从而将其对人和环境可能造成的危害降至最低。

本准则适用于化学品（包括化学原料、化学制品及化学废弃物）储存（包括化学品的转移、再包装和库存保管）及经由公路、铁路、航空、水路及管输等各种形式的运输全过程。

第三节　储运安全管理

危险化学品存储安全管理策略着重考虑危险化学品仓库选址与仓库结构，危险化学品在库的安全管理，装卸作业安全，应急处理和废弃物的处理四个方面。对于危险化学品的安全存储而言，化学危险品仓储人员资质是否合格，危险化学品仓库选址是否安全也是至关重要的环节。

危险化学品运输安全管理策略着重考察危险化学品安全运输法规制度的制定和执行，危险品运输包装是否合格，危险品专用装卸工具是否合格，危险品专用运输车辆是否合格，危险品运输司机是否资质合格，危险品运输管理人员资质和危险品押运人员资质是否合格。

在危险化学品储运均达到要求的情况下，进行危险化学品环境风险评价，确定危险化学品从生产、运输、消耗到最终进入环境的整个过程中，乃至进入环境后，对人体健康、生态系统造成危害的可能性及其后果。

一、危险化学品存储运安全管理策略

危险化学品安全储存模型见图 3-2。

1. 危险化学品仓库选址与仓库结构

根据危险化学品的特点，在危险品仓库选址时应依据当地政府的总体市政布局，一般选

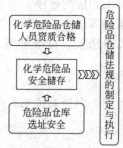

图 3-2　危险化学品安全储存模型

择在城镇市郊较为空旷的地方，远离居民区、供水地、主要交通干线、农田、河流和湖泊等地。如果必须要建立在市区内，危险品仓库和公共设施和居民小区安全间距（普通黄土地层）应为 900～2000m，与公路的安全间距为大于 50m。危险品库区内大型仓库之间的安全距离应为 40m 左右，小型仓库之间的安全距离为 10～40m。易燃危险品应放置在地势低洼处，桶装易燃液体应放在库内。炸药和爆炸性物品都必须分别储存于专用地堡、地窖、窑洞或墙壁坚固的有隔热房顶的库房内。

2. 危险化学品在库的安全管理

建立健全严格完善的规章管理制度。根据危险品的性质，严格执行危险品分区储存，分库储存，分类储存与养护的制度。根据国家法规规定和管理部门的要求，履行登记、备案、报告的法律和行政义务。严格出入库制度。危险化学品入库时，仓库管理工作人员要严把入库关，要认真仔细地检查危险品品名、标志、包装、数量，准确无误后做好登记，实行双人双收发制度。

危险化学品出库时，仓库管理工作人员要认真核对危险化学品品名、标志、数量，还要认真登记提货人的详细资料，详细记录危险品的流向。

根据危险化学品的物理化学性质不同，相互之间可起化学反应，所以应分库分区位分类储存。危险品的储存方式和存储数量必须符合国家有关安全规定，选择合适的区位存放。妥善安排相应的通风、遮阳、防湿、温湿度控制条件。根据危险品的性质和包装情况，确定堆放垛型和码垛的大小，留有合理的垛间间距。配备消防器材和配电箱，电源开关一律装在室外。库房周围严禁堆货或其他物品。

3. 确保装卸作业安全

在装卸作业过程中，要严格遵守危险化学品操作规程，要做到轻拿轻放、轻装轻卸、轻上轻下，文明装卸，严禁野蛮装卸。防止撞击、摩擦、摔碰震动、溜滚。操作人员应穿胶底鞋，不可穿钉有铁钉的皮鞋，防止产生火花。各种装卸机械工具要有足够的安全系数，必须有能消除产生火花的措施。装卸搬运危险化学品宜在白天进行，但应避免日晒。夏天宜在早晚作业。晚间作业必须用防爆式的灯安全照明。雨雪冰冻时作业，应有防滑措施。

4. 应急处理和废弃物的处理

当危险品仓库出现紧急情况时，要立即向职能部门汇报，组织人员疏散。进行人员分工抢救，封锁现场。对废弃的危险品与包装容器要进行无害化处理，不得遗留隐患。剧毒危险品、爆炸品、放射品等被盗或丢失或误用时，应立即向公安部门报告情况，以免对社会造成危害。

二、危险化学品运输安全管理策略

危险化学品安全运输模型图见图 3-3。

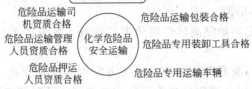

图 3-3　危险化学品安全运输模型图

（1）对运输危险化学品从业人员的资质规定

凡从事装运危险化学品的作业人员，包括车辆驾驶人员、押车人员，一定要对其进行危险化学品专业知识的教育培训，使其懂得危险化学品的性质、养护方法及发生事故时的处理救治方法，经考试合格后取得资格证书才能上岗操作。无资格证书者一律不允许上岗操作。严格执行资质管理制度。

（2）对危险化学品运输工具管理的规定

运输车辆必须干净，灭火设备齐全，运输车辆的排气管必须装有消除火星和有效隔热的安全装置，机动车的电路系统应有切断总电源和隔离电火花的装置。车厢和底板必须平整好，周围栏板必须牢固可靠，铁质底板在装运易燃易爆危险品货物时应采取衬垫防护措施，如垫橡胶板、胶合板或木板等，不得使用纸屑、稻草等松软易燃材料铺垫。

装有危险化学品的车辆在行驶时，车辆前上方必须安置有醒目的黄底黑字"危险品"字样的三角标志灯。装运前认真检查危险品的包装。包装完好的才能装车。保证所装危险化学品货物不发生"跑、漏、滴，冒"现象。装运集装箱或可移动罐（槽）和大型气瓶的车辆，必须安装设置有效的紧固装置，以确保运输安全。

普通货物运输车辆和不符合危险品运输条件的车辆都不得装运危险化学品货物。运输危险品的火车，特别是汽车，要严格按规定载重运送，严禁超载。应中速行驶，不得高速行驶。押车人员应经常检查车上货物的变化情况，确保运输货物安全。

装有危险品的车辆，不得在城镇闹市的大街上行驶，不得将车辆停在人多的地方就餐。按公安部门指定的路线行驶和规定的地点停车。

三、危险化学品环境风险评价及处置策略

危险化学品环境风险评价，是确定危险化学品从生产、运输、消耗到最终进入环境的整个过程中，乃至进入环境后，对人体健康、生态系统造成危害的可能性及其后果。对危险化学品进行环境风险评价，不仅要从危险化学品的生产技术及产量、危险化学品的毒理性质等方面进行考虑，而且应考虑人体健康效应、生态效应以及环境效应。危险化学品环境风险评价一般应包括建设项目概况、环境风险识别、风险事故频率确定、事故环境影响预测、事故防范措施及应急处理方案等主要内容，其中事故频率及源项的确定是进行风险评价的难点和重点。由于危险化学品具有有毒有害、易燃易爆等多样性和生产工艺、设备的复杂性，使得危险化学品风险事故具有极强的不确定性，风险的定量分析存在相当难度。

1. 环境风险识别及分析

危险化学品的环境风险识别：一是从项目所涉及的危险物料的品种入手，了解这些化学物质的潜在危险性，包括闪点、熔点、沸点、自燃点、爆炸极限、危险分类和毒性分类等；二是从生产工艺过程和设计方案入手，了解项目的装置组成和相应的配套、辅助设施，了解各装置（储罐和管道等）的工艺参数、物料数量及潜在危险性，分析各装置的重点部位和薄

弱环节。

2. 危险处置策略

（1）发生危险化学品泄漏

① 隔离、疏散。设定初始隔离区，封闭事故现场，紧急疏散转移隔离区内所有无关人员，实行交通管制。

② 工程抢险。以控制泄漏源、防止次生灾害发生为处置原则，应急人员应佩戴个人防护用品进入事件现场，实时监测空气中有毒物质的浓度，及时调整隔离区的范围，转移受伤人员，控制泄漏源，实施堵漏，回收或处理泄漏物质。

③ 医疗救护。应急救援人员必须佩戴防护用品迅速进入现场危险区，沿逆风方向将患者转移至空气新鲜处，根据受伤情况进行现场急救，并视实际情况迅速将受伤、中毒人员送往指定定点医院抢救，组织有可能受到危险化学品伤害周边群众进行体检。

④ 洗消。设立洗消站，对中毒人员、现场医务人员、抢险应急人员、抢险器材等进行洗消，严格控制洗消污水排放，防止次生灾害。

⑤ 危害信息宣传。宣传中毒化学品的危害信息和应急急救措施。

⑥ 防火防爆。易燃易爆物质泄漏时，应使用防爆工具，及时疏散和稀释泄漏物，防止形成爆炸空间，引发次生灾害。

⑦ 紧急点火。当易燃易爆物质在人口密集处或密闭空间泄漏，并得不到有效控制，可能造成重大次生灾害时，现场指挥部要果断适时下达点火指令。

⑧ 水体污染。对于危险化学品尤其是剧毒品发生水体污染时，要及时通知沿岸居民和地方政府，严禁下游人畜取水，对水体进行监测，采取打捞收集泄漏物、拦河筑坝、中和等方法严控污染扩大。

⑨ 火灾爆炸。当泄漏事故发生火灾爆炸次生灾害后，同时启动《火灾爆炸应急预案》。

⑩ 油气泄漏。当发生油品、液化气泄漏事件时，同时启动《油气管线泄漏应急预案》。

（2）发生危险化学品中毒

① 隔离、疏散。设定初始隔离区，封闭事故现场，紧急疏散转移隔离区内所有无关人员，实行交通管制。

② 现场急救。应急救援人员必须佩戴防护用品迅速进入现场危险区，沿逆风方向将患者转移至空气新鲜处，根据受伤情况进行现场急救，并视实际情况迅速将受伤、中毒人员送往指定定点医院抢救。

③ 医院治疗。迅速将受伤、中毒人员送往指定定点医院抢救；组织医疗专家，保障治疗药物和器材的供应，组织有可能受到危险化学品伤害的周边群众进行体检。

④ 危害信息周知。宣传中毒化学品的危害信息和应急预防措施。

（3）发生Ⅰ级危险化学品安全事件

该类事件应急救援的主体为事件发生地政府部门。

① 政府专职机构迅速将事故物质的危险信息和建议处理措施提供给事件现场。

② 组织专家通过电话或赴事件现场参与应急处置工作。

③ 派出现场指挥部，协调事件附近区域联防力量和协议应急救援力量赴现场参与应急救援。

化学危险品的储存与运输的安全管理工作应遵循"以预防为主、救治为辅、防治结合"的方针。西方发达国家化学危险品储运的低事故率源于严格的规范。在化学危险品储运中为应对无处不在的潜在风险，把储运的事故率降低到最低点，必须加强危险品储存与运输的法规建设。我国应尽快修订原有的有关化学危险品储运的法规，与世界接轨，把危险品的储运工作尽早纳入法制轨道。对从事化学危险品储运业务的单位或个人，应严格按国家法规要求执行，对违法违纪者必须严肃处理，绝不可姑息迁就。安全永远是第一位的，化学危险品储运安全管理工作任重而道远。

第四节　危险化学品储运事故应急预案

危险品储运过程中发生的事故需要启动危险化学品储运事故应急方案。根据应急工作的实际需要，负责危险品储运的公司应急指挥中心应聘请有关专家，建立公司应急处置专家库。在应急状态下，可挑选就近的应急救援专家组成专家组。启动应急预案体系，应急体系的组织机构各司其职，按照应急处置的程序，书写应急报告的内容，排除险情并及时上报。

危险化学品在储运过程中发生的事故类型：危险化学品火灾事故、危险化学品爆炸事故、危险化学品中毒和窒息事故、危险化学品灼伤事故、危险化学品泄漏事故以及其他危险化学品事故。

一、应急预案体系

以公司危险品应急预案体系为例。公司危险化学品应急预案体系见图3-4。包括总体应急预案，专项应急预案，工厂/运行部应急预案和基层单位应急处置程序。

图 3-4　公司危险化学品应急预案体系

二、组织机构及职责

1. 组织机构

公司应急组织机构包括应急指挥中心和应急指挥中心办公室，公司各职能部门，专家组和现场应急指挥中心。如图 3-5 所示。

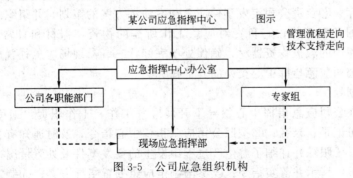

图 3-5　公司应急组织机构

（1）应急指挥中心办公室

应急指挥中心办公室一般由总经理办公室，安全环保处和生产计划处组成，常设于总调度室。

（2）现场应急指挥部

现场应急指挥部是公司应急指挥中心派出的临时机构。现场指挥由公司应急指挥中心指派。当现场指挥丧失指挥职能时，公司应急指挥中心应立即指派或由现场最高领导接替。

（3）专家组

根据应急工作的实际需要，公司应急指挥中心应聘请有关专家，建立公司应急处置专家库。在应急状态下，可挑选就近的应急救援专家组成专家组。

2. 职责

（1）公司应急指挥中心

公司应急指挥中心是公司应急管理最高指挥机构，工作职责：①接受公司应急管理办公室的领导，请示并落实指令；②审定并签发公司突发事件应急预案；③下达预警和预警解除指令；④下达应急预案启动和终止指令；⑤审定公司突发事件应急处置的指导方案；⑥确定现场指挥部人员名单和专家组名单，并下达派出指令；⑦统一协调应急资源；⑧在应急处置过程中，负责向政府主管部门求援或配合政府应急工作；⑨依据协议，统一协调社会救援力量；⑩审定并签发向应急管理办公室及政府主管部门的报告；⑪指定新闻发言人，审定新闻发布材料；⑫组织公司级突发事件应急预案的演练；⑬审查应急工作的考核结果；⑭审批公司突发事件的应急救援费用。

（2）应急指挥中心办公室

应急指挥中心办公室是公司应急指挥中心的日常办事机构。

（3）经理办公室

工作职责：①负责编排公司应急指挥中心的应急总值班计划；②接受突发事件的报告，跟踪事件发展动态，及时向公司应急指挥中心汇报；③负责新闻发布和上报材料的起草工作；④按照公司应急指挥中心指令，向应急管理办公室报告和求援；⑤按照公司应急指挥中心指令，统一对外联系；⑥负责公司应急指挥中心交办的其他任务。

（4）安全环保处

工作职责：①跟踪并详细了解公司发生的危险化学品火灾爆炸、泄漏、中毒等突发事件及处置情况，及时向公司应急指挥中心汇报、请示并落实指令；②组织制定应急处置指导方案；③派出现场指挥部的组成人员，参加现场应急处置工作；④负责组织调动和协调消防、气防、医疗救护等救援力量，并指导环境监测；⑤按照公司应急指挥中心指令，向对口的政府主管部门报告和求援；⑥组织制订、修订公司突发事件应急预案；⑦组织建立公司突发事件应急处置专家库；⑧负责公司突发事件应急预案演练方案的策划，并组织实施；⑨负责基层单位应急预案的备案工作；⑩负责对应急工作所需的物资、器材和日常费用做出预算；⑪负责保管应急库中的救援物资器材，确保处于完好状态；⑫现场应急处置总结的审核、归档工作；⑬负责公司应急指挥中心交办的其他任务。

（5）生产计划处

生产计划处在公司应急指挥中心领导下开展应急工作。工作职责：①负责公司应急值班；负责应急值班记录、录音；②按照公司应急指挥中心指令，及时通知有关职能部门、基层单位和专家组；③跟踪并详细了解生产过程中发生的突发事件及处置情况，及时向应急指挥中心办公室汇报、请示并落实指令；④参与制定应急处置指导方案；⑤制定并落实应急生产计划和调整方案；⑥派出现场指挥部的组成人员，参与现场应急处置工作；⑦负责公司应急指挥中心交办的其他任务。

（6）机动处

机动处在公司应急指挥中心领导下开展应急工作。工作职责：①根据公司应急指挥中心指令，组织工程建设单位的施工机具及设计施工力量，参与事件的应急处置工作；②参与制定应急处置指导方案；③组织调配应急救援施工队伍和机具；④派出现场指挥部的组成人员，参与现场应急处置工作；⑤负责公司应急指挥中心交办的其他任务。

（7）物装中心

物装中心在公司应急指挥中心领导下开展应急工作。工作职责：①跟踪并详细了解公司发生的突发事件应急物资需求情况，及时向应急指挥中心办公室汇报、请示，并根据指令组织调配、协调公司内、外部应急救援物资；②负责公司应急救援物资的计划编制、物资采购、物资保管、物资供应及物资调配；③派出现场指挥部的组成人员，参与现场应急处置工作；④负责公司应急指挥中心交办的其他任务。

（8）党群

党群在公司应急指挥中心领导下开展应急工作。工作职责：①跟踪并详细了解公司发生的突发事件及处置情况，及时向应急指挥中心办公室汇报、请示并落实指令；②指导并协助企业做好思想稳定、政策解释、法律法规宣传；③参与群体性上访人员稳定思想和疏导工作；④派出现场指挥部的组成人员，参与现场应急处置工作；⑤按照公司应急指挥中心指令，向对口的政府主管部门报告；⑥负责公司应急指挥中心交办的其他任务。

（9）信息中心

信息中心在公司应急指挥中心领导下开展应急工作。工作职责：①确保公司应急指挥中心与基层单位的网络系统和通信畅通；②跟踪并详细了解公司计算机信息系统遭遇大规模攻击事件的处置情况，及时向应急指挥中心办公室汇报、请示，根据指令向公安部门报案并协助查案，负责公司信息系统的修复和恢复；③负责公司应急指挥中心交办的其他任务。

（10）财务处（资产部）

财务处（资产部）在公司应急指挥中心领导下开展应急工作。工作职责：①制订与应急工作有关的年度资金计划；②核销应急救援费用；③参与应急处置有关责任方赔偿费标准的制定；④负责公司应急指挥中心交办的其他任务。

（11）人力资源处

人力资源（组织）处在公司应急指挥中心领导下开展应急工作。工作职责：①组织编制应急救援人员及员工的应急培训计划，并监督实施；负责组织应急培训工作总结；②负责应急工作考核；③参与群体性上访人员的政策解释和疏导工作；④协助建立公司突发事件应急处置专家库；⑤负责公司应急指挥中心交办的其他任务。

（12）技术质量处

技术质量处在公司应急指挥中心领导下开展应急工作，工作职责：①在应急状态下，为应急处置工作提供技术作支持，并负责组建专家组；②负责科学研究和应急技术开发项目的审查、立项，划拨专项科技费用，研究成果验收和推广应用工作；③负责公司应急指挥中心交办的其他任务。

（13）审计处

审计处在公司应急指挥中心领导下开展应急工作。工作职责：①负责公司突发事件应急处置过程涉及费用的审计工作；②负责公司应急指挥中心交办的其他任务。

（14）现场应急指挥部

现场应急指挥部在公司应急指挥中心领导下开展应急工作。工作职责：①按照公司应急指挥中心指令，负责现场应急指挥工作；②进行事故初始评估，收集现场信息，核实现场情况，针对事态发展制定和调整现场应急抢险方案；③进行事故现场具体状况的探察，确定危险物质性状，确定事故控制区域；④负责整合调配现场应急资源；⑤及时向公司应急指挥中心和地方政府汇报应急处置情况；⑥协调地方政府应急救援工作；⑦收集、整理应急处置过程的有关资料；⑧核实应急终止条件并向公司应急指挥中心请示应急终止；⑨负责现场应急工作总结；⑩负责公司应急指挥中心交办的其他任务。

（15）专家组

专家组在公司应急指挥中心领导下开展应急工作。工作职责：①为现场应急工作提出应急救援方案、建议和技术支持；②参与制定应急救援方案；③负责公司应急指挥中心交办的其他任务。

3. 应急值班人员守则

在应急指挥中心办公室领导下，应急值班人员应做到：①实行 24 小时应急值班；②负责接受应急报告并立即向公司应急指挥中心报告；③接到上级应急信息后，立即向公司应急指挥中心报告；④跟踪并详细了解突发事件事态的发展和处置情况，随时向公司应急指挥中心报告；⑤负责领导指令的下达；⑥做好过程记录和交接班记录；⑦严格岗位责任制，遵守安全与保密制度；⑧完成应急指挥中心办公室领导交办的其他工作。

三、预防与预警

1. 危险源监控

危险源监控是利用工程技术和管理手段消除、控制危险源，防止危险源导致事故、造成人员伤害和财产损失的工作。公司应急指挥中心根据基层单位的报告与总调度室的现场监控，做到早发现、早报告、早处置。

2. 预警行动

公司应急指挥中心组织有关部门和专家，根据事件的危害程度、紧急程度和发展势态，以及危险化学品事故的四级预警（红、橙、黄、蓝），结合公司的实际情况，应对事件做出如下判断。

① 启动Ⅱ级（公司）应急预案。

② 工厂/运行部启动本单位应急预案。

③ 工厂/运行部采取防范措施。

公司应急指挥中心根据预测结果，公司应急指挥中心应组织有关职能部门和专家，根据事件的危害程度、紧急程度和发展态势结合实际情况迅速做出是否启动公司应急预案的判断。

① 符合预案启动条件时，立即发出启动预案的指令。

② 启动应急预案，并通知各职能部门进入预警状态。

③ 指令工厂/运行部采取防范措施，并连续跟踪事态发展。

3. 预警解除

在基层单位危险化学品突发事件得到有效处置后，公司应急指挥中心宣布预警解除。

四、应急准备

1. 公司应急指挥中心

公司应急指挥中心接到应急指挥中心办公室报告后应做好以下工作：①审定危险化学品事件应急处置方案；②拟订现场应急指挥部人员名单和专家组人员名单，指派现场指挥；

③指令各职能部门和应急求援队伍做好应急准备；④随时掌握现场处置情况，当符合预案启动条件时，立即下令启动预案。

2. 应急指挥中心办公室

应急指挥中心办公室应做好以下工作：①接到危险化学品事件的应急报告后立即向公司应急指挥中心报告并落实指令；②及时通知有关职能部门、基层单位和专家组；③负责组织制订现场应急处置方案；④负责收集现场情况资料，跟踪事态发展，及时向应急指挥中心报告；⑤负责新闻发布和上报材料的起草工作；⑥统一对外联系；⑦向上级应急指挥中心办公室或地方政府报告和求援。

3. 机关各职能部门和基层单位

机关各职能部门和基层单位接到应急指挥中心办公室指令后，应立即按各自职责落实指令，做好应急救援的各项准备工作。各职能部门职责如下：①经理办：负责统一对外联系新闻发布和上报材料的起草工作；②安全环保处：负责组织、制定应急处置指导方案，组织调动和协调消防、气防、医疗救护等救援力量，指导环境检测；③生产计划处：负责参与制定应急处置指导方案和生产经营计划调整工作；④机动处：负责参与制定应急处置指导方案，调配应急救援施工队伍和机具，配合事件现场应急处置工作；⑤技术质量处：负责参与制定应急处置指导方案，为应急处置工作提供技术支持；⑥发展项目处：负责参与制定应急处置指导方案，为应急处置工作提供技术支持；⑦财务处（资产部）：负责参与应急处置工作，急救费用；⑧人力资源（组织）处：负责应急工作中的政策解释和疏导工作；⑨党群：负责指导并协调企业做好思想稳定、政策解释和法律法规的宣传工作；⑩审计处：负责应急处置过程中，涉及费用的审核工作；⑪消防支队：负责事件现场火灾、爆炸、泄漏等抢险救援以及事件现场防火、防爆、气防等监控工作；⑫职防所：负责参与危险化学品事件现场有毒有害介质的检测工作；⑬专家组：参与制订应急救援方案，为现场处置工作提供技术支持；⑭物装中心：负责应急处置工作中物资供应、保管和调配工作；⑮信息中心：负责确保应急指挥中心与现场的通信畅通，满足应急通信的需求；⑯各基层单位：负责做好本单位的安全防范工作，并根据应急指挥中心的指令做好相关应急准备。

五、应急报告

1. 报告与程序

公司所属部门、基层单位发生危险化学品事件时，在启动本部门、本单位应急预案的同时，迅速按照规定的程序向应急指挥中心办公室报告，时间不得超过 10min。公司所属部门、基层单位发生危险化学品事件，在情况特殊、事态紧急时，可直接向地方公安、消防救护等抢险救援部门或地方政府及相关部门报告，同时向公司应急指挥中心报告，时间不得超过 10min。具体程序见图 3-6。

2. 报告内容

危险化学品事件发生后，公司所属部门单位应立即向应急指挥中心办公室报告，报告应包括但不限于以下内容：①危险化学品事件的单位、具体地点、时间、现场情况及所采取的措施；②危险化学品事件的具体情况、性质、及危害程度；③人员中毒、伤亡情况；④已采取的抢险救援应对措施；⑤求援请求；⑥报告单位、联系人员及通讯方式等。

在应对处置过程中，公司应急指挥中心应及时了解掌握事件的详细情况并随时向上级应急指挥中心办公室或地方政府及相关部门报告。包括但不限于表 3-4 所示的内容。

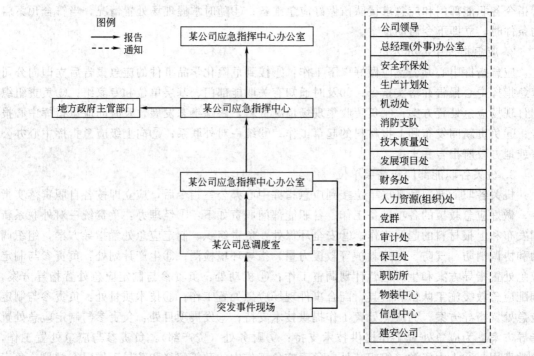

图 3-6 应急报告程序框图

表 3-4 危险化学品事件报告内容一览表

序号	报告内容	危险化学品泄漏事件	危险化学品火灾爆炸事件	危险化学品中毒事件	危险化学品被盗事件
1	事件描述				
1.1	事件物质及数量	√	√	√	√
1.2	泄漏污染影响范围及污染情况	√			
1.3	火势大小及爆炸影响范围		√		
1.4	人员疏散和救治情况	√	√	√	
1.5	装置、压力容器、运输工具等设施及建(构)筑物损毁情况	√	√	√	√
1.6	财产损失情况	√	√	√	√
1.7	危险、风险判断	√	√	√	√
1.8	已采取措施	√	√	√	√
1.9	地方政府协调情况	√	√	√	√
1.10	应急人员及器材到位情况	√	√	√	√
1.11	应急物资储备情况	√	√	√	
1.12	援助请求	√	√	√	√
2	自然环境条件描述				
2.1	天气状况(含风向、风速)	√	√	√	
2.2	地形地貌	√	√	√	
2.3	水流方向、流速	√	√	√	
2.4	江河湖海涨潮情况	√	√	√	

序号	报告内容	危险化学品泄漏事件	危险化学品火灾爆炸事件	危险化学品中毒事件	危险化学品被盗事件
3	周边社会环境描述				
3.1	周边设施分布及损毁情况	√	√	√	
3.2	周边居民人口分布	√	√	√	√
3.3	周边道路分布及交通管制情况	√	√	√	√
3.4	水上交通管制情况	√	√	√	

注：√为需要报告的事件内容。

六、应急处置

1. 预案启动

当危险化学品事件符合公司总体应急预案规定时，公司应急指挥中心应立即按照危险化学品事件应急指令下达程序框图（见图3-7）规定的程序，下达启动专项预案的指令，进行应急处置工作。

2. 应急上报

当发生Ⅰ级事件时，公司应急指挥中心应立即向上级应急指挥中心报告，同时向对口的市政府主管部门报告，见图3-7。

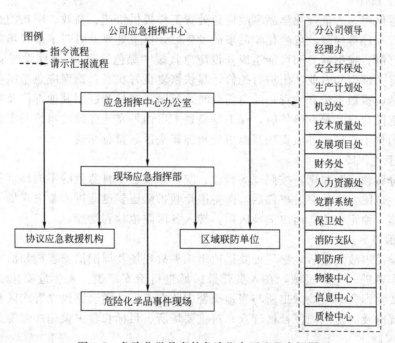

图3-7 危险化学品事件危险指令下达程序框图

3. 处置程序

对于事故引起的火灾及时扑救，采取措施切断火源，隔绝火场附近遇热可能造成火灾蔓延或事故扩大化的因素，如电、煤气、易燃气体、易燃液体及其他易燃物质等；必要时，组织周边人员疏散。对于事故引起的有毒有害物质泄漏，应立即切断源头，采取有效的封堵、隔离、回收、洗消措施，以避免物质扩散引发二次事故。对于事故引起的重大环境污染事故，由环保部门负责处理，加强事故现场的环境监测，并切断源头。

七、应急终止

经应急处置后，现场应急指挥部确认下列条件同时满足时，向公司应急指挥中心报告，公司应急指挥中心可下达应急终止指令：①政府主管部门应急处置已经终止；②事件已得到有效控制，受伤人员得到妥善救治，现场和周边环境污染得到有效控制；③社会影响减到最小。

八、应急物资与装备保障

1. 现场救援和工程抢险保障

危险化学品事故应急救援队伍由消防支队、气防站、医院急救室、质检中心、职防所等部门人员及专家组成。救援所需的消防器材、急救药品等由市消防支队、医院等部门提供，救援所需的大型机械设备、设施和运输车辆从运输公司、建安公司中调拨使用，由公司总经理（外事）办公室负责。

2. 应急队伍保障

进一步优化、强化以专职消防、气防、医疗等专业队伍为主体、群众性队伍为辅助的应急抢险救援队伍网络。由公司应急指挥中心加强对各单位志愿消防队伍的组织协调和指导，保障应急工作的有效进行。

3. 交通运输保障

加强交通保障，为危险化学品事故应急处置工作提供快速、高效、顺畅的交通设施、设备工具、运行秩序等保障。危险化学品事故发生后，保卫处要及时对事故现场或周边地区实行道路交通管制，根据需要和可能组织开设应急救援"绿色通道"；道路设施受损时机动处要迅速组织有关部门和专业队伍进行抢修，尽快恢复良好状态；确保应急组织和调集交通工具，紧急输送、疏散人员和物资；应急需要时，可紧急动员和征用其他部门及社会交通设备装备。发生危险化学品突发事件时，保卫处负责工厂内外交通保障的组织与实施，负责道路交通管制；销售中心口岸办负责联系海事处指挥码头区域紧急交通。

4. 医疗卫生保障

根据"分级救治"原则，按照现场抢救、院前急救、专科急救的不同环节和需要组织实施救护。发生危险化学品突发事件后，医院医疗救护队伍要迅速进入救灾现场，对伤员实施初步急救措施，稳定伤情，运出危险区后，转入各医院抢救和治疗。

5. 治安保障

危险化学品事故发生后，保卫处要迅速组织事故现场及周围治安警戒和治安管理，禁止无关人员和车辆进入危险区域，在人员疏散区域进行治安巡逻。发生危险化学品突发事件后，保卫处要立即联系当地派出所与当地交警中队在工厂外围道路设立警戒区和警戒线，维持秩序，必要时及时疏散周围社区群众；对重要场所、目标和救灾设施加强警卫。

6. 物资保障

武装中心加强对储备物资的管理，及时予以补充和更新；与供货商建立物资调剂供应的渠道，以便需要时，迅速调入应急物资。

7. 经费保障

事故应急处置专项资金，由财务处（资产部）予以保障；应急处置专项资金使用范围包括应急指挥中心确定的工作项目以及用于应急处置信息化建设、日常运作和保障、相关科研和成果转化、预案修订等；财务处（资产部）负责监督资金使用，审计处负责审查资金使用。

第五节　储运安全培训

　　企业员工储运安全管理能力直接关系到储运安全事故的发生率。企业应建立完善的安全管理培训体系，培训标准和管理标准，对仓库工作人员，装卸人员和消防人员，危险品运输驾驶员，押运员等一线操作人员和安全管理人员进行定期培训和考核，切实贯彻落实公司的安全管理制度。

　　为了加强危险化学品储运的安全管理，提高员工储运安全管理能力，企业都应该建有完善的安全管理培训体系、培训课程和管理标准，对员工安全管理培训有详细的计划、规范的监管和严格的考核。培训内容涵盖法律法规、各公司的安全管理理念、核心价值观、直接作业环节、应急管理、储存方式，运输要求等。

　　综合分析近年来的危险化学品储运安全事故，大多数事故发生的主要原因在于员工主观上对违章操作造成的严重危害认识不足，心存侥幸的心理；能力上操作不熟练，业务不过关，技术不过硬。因此，储运安全培训刻不容缓。

一、培训对象

　　在适当的时机、为适当的人、提供适当的培训，是培训组织者的职责和任务。危险品储存培训对象有仓库工作人员，装卸人员和消防人员。仓库工作人员应进行培训，经考核合格后持证上岗。对化学危险品的装卸人员进行必要的教育，使其按照有关规定进行操作。仓库的消防人员除了具有一般消防知识之外，还应进行在危险品仓库工作的专门培训，使其熟悉各区域储存的化学危险品种类、特性、储存地点、事故的处理程序及方法。

　　从事危险化学品运输的单位必须组织从业人员学习有关危险化学品运输的法律、法规，提高从业人员的法律意识。危险化学品种类繁多，各有各的危险特性，发生事故后的处置方法也不一样，所以企业应组织驾驶员、押运员等进行学习，使其熟练掌握经常接触到的危险化学品的危险性知识以及安全运输的具体要求，了解包装的使用特性和正确的防护处置方法，在发生意外事故时，能在第一时间采取有效措施，减少危害。

二、建立培训课程体系和培训内容

　　课程体系建设的基础是要搞清楚跟储运相关人员需要培训什么内容？培训形式如何？按照企业储运部分对各岗位能力要求进行建设。储运安全管理培训课程体系的建设对改善培训现状意义重大，可以从仓库工作人员，危险化学品运输驾驶员，押运员，危险化学品装卸人员，危险化学品消防人员等几方面进行培训课程体系建设。

　　化工企业要在培训理念上，实现从理论教学向实践教学的转型，积极摸索符合企业实际的基层培训教育模式，制定相应的培训流程及管理方法。

三、建立培训的模型或训练装置

　　除了课程培训外，还需要安排培训人员针对实际的模型或真实的现场进行动手操作培训。针对不同的培训岗位，通过储运安全培训模型或小型的训练装置，将储运安全培训的内容融入到这些模型中，使培训的形式多样化，感性化，加深员工对危险化学品储运的感性认识。

四、强调培训后的跟进与反馈

培训后的跟进与反馈也在很大程度上影响培训的效果。培训不是一蹴而就的事情，而是一个过程。培训后跟进的方法主要有：回访、在实际工作中继续指导、培训结束后回任工作后的评价等。

五、强化储运操作制度的执行力度

严格执行储运操作制度是预防事故的重要环节，也是检验的培训效果的有效手段。化工企业需要不断加强储运安全准则中各项规章制度的落实，来达到落实有指导、执行有计划、检查有标准、处罚有依据的目标。在生产操作中，严格落实各项岗位操作受控措施；在现场施工作业管理中，严格执行各项关键工序作业安全管理制度，认真履行安全程序。

第六节　储运事故案例

2011～2012 年国内外石油与化工行业发生的一般以上事故进行总体统计分析，发现共有九大类重特大事故。第一类为常减压装置泄露、火灾事故；第二类为乙烯裂解装置火灾爆炸；第三类为井喷；第四类为海上平台溢油事故；第五类是长输管道泄漏、爆炸；第六类是储罐爆炸；第七类是失控反应导致反应器/容器爆炸；第八类危险品槽罐车火灾、爆炸；第九类为油船火灾爆炸事故。石油油气开采，石油炼制，化工生产，储存与管输，交通运输五个板块中储存与管输和交通运输两个板块的危险化学品事故起数与成因是本节重点研究内容。

中国石化集团公司安全监督管理局和中国石化青岛安全工程研究院搜集了 2012 年国内外石油与化工行业发生的事故，对其进行整理和分析，发现按化学品导致的事故起数排序，前十位的化学品是：燃油，原油，天然气，液化气，甲醇，硫化氢，甲苯，氧气，丙烷和氢氟酸，它们所导致的事故占总事故数的 57%。按化学品导致的死亡人数排序，前十位的化学品是：燃油，丙烷，甲醇，原油，天然气，硝酸胍，溶剂油，甲苯，液化气，氢氟酸，这 10 种化学品导致的死亡人数占总死亡人数的 81%。

对 2012 年国内外石油与化工行业发生的一般以上事故进行统计分析，发现危险品运输环节在事故起数和死亡人数上所占比重最大，分别占 32% 和 54.5%，事故起数、死亡人数增幅均居第二。2012 年重特大事故中，危险品运输事故起数增加 1 倍，死亡人数增加近 6 倍，交通运输板块发生的爆炸事故起数增幅最大，接近 2 倍，死亡人数增加 3 倍，国外交通运输事故增加较多。见表 3-5。

表 3-5　2012 国内外各板块一般以上事故分布

事故板块	事故起数			死亡人数			
	起数	同比增加		比例 /%	人数	同比增加		比例 /%
		±	±%			±	±%	
石油油气开采	18	11	157	14.4	53	42	382	9.9
石油炼制	15	2	15	12.0	71	45	173	13.3
化工生产	32	−18	−36	25.6	88	−37	−30	16.5
储存与管输	20	5	33	16.0	31	−228	−88	5.8
交通运输	40	12	43	32.0	290	196	209	54.5
合计	125	12	11	100	533	18	3.5	100

按照油气开采，石油炼制，化工生产，储存与管输，交通运输五个板块，对 2012 年国

内外石油化工行业发生的 882 起轻微以上事故进行归纳，汇总和分析，发现按各个板块事故数量由多到少排序：储存与运输（236 起，26.8%），交通运输（229 起，26.0%），化工生产（227 起，25.7%），油气开采（98 起，11.1%），石油炼制（92 起，10.4%）。

一、储存与管输板块

2012 年国内外石油化工行业发生的 882 起轻微以上事故中，储存与管输板块发生轻微以上事故 236 起，占事故总量的 26.7%，储存与管输事故类型以泄漏和爆炸为主，泄漏事故占 41%，爆炸事故占 40%。储存与管输中管道事故最多，占 66.5%；其次是储罐，占 22.0%。2012 年未发生死亡超过 3 人以上的储存与管输事故。储存与管输事故中天然气事故最多，占 47.4%；其次是燃油事故，占 20.0%，第三是原油事故，占 16.1%。

管输事故原因分为腐蚀、开挖破坏、人为失误、材料失效、自然力破坏、其他外力破坏和其他。统计表明，由开挖破坏造成的事故 43 起，占 27.4%；其他外力破坏造成的事故 39 起，占 24.8%；材料失效造成的事故 11 起，占 7.0%；自然力破坏造成的事故 6 起，占 3.8%；人为失误造成的事故 7 起，占 4.5%；腐蚀造成的事故 3 起，占 1.9%。其他原因（包括未知原因）造成的事故 48 起，占 30.6%。显然，开挖破坏、其他外力破坏，材料失效是管输事故的主要原因，开挖破坏事故尤为突出，应重点防控，见图 3-8。

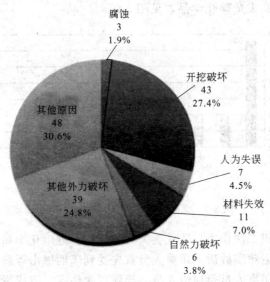

图 3-8 管输事故原因分布

以下是几起典型储存与管输事故。

① 2011 年 09 月 12 日位于肯尼亚首都内罗毕东部工业园区的燃油库的一条地下输油管线发生破裂，泄漏的原油流入附近一处贫民窟，当地民众纷纷前往争抢漏油。可能是因为有人在现场吸烟，引发了爆炸和大火。

② 2012 年 01 月 14 日，埃及东北部城市苏伊士市发生一起储油罐爆炸事故，造成 4 人死亡、22 人受伤。

③ 2012 年 05 月 11 日，深圳空港油料公司储油罐在正常维护时发生泄漏，造成 1 人死亡。

④ 2012 年 06 月 25 日，BP 公司在美国科罗拉多州西南部 La Plata 县境内 Bayfield 市和 Durangoin 市之间的 Pinon 天然气压缩站发生爆炸，造成 1 人死亡、2 人重伤。

⑤ 2012 年 07 月 04 日，墨西哥国家石油公司 Pemex 公司一条输油管道发生爆炸起火，造成 1 人死亡、2 人重伤。

⑥ 2013 年 11 月 22 日凌晨，位于黄岛区秦皇岛路与斋堂岛路交汇处，中石化输油储运公司潍坊分公司输油管线破裂，事故发现后，约 3 点 15 分关闭输油，斋堂岛约 1000m² 路面被原油污染，部分原油沿着雨水管线进入胶州湾，海面过油面积约 3000m²。黄岛区立即组织在海面布设两道围油栏。处置过程中，当日上午 10 点 30 分许，黄岛区沿海河路和斋堂岛路交汇处发生爆燃，同时入海口被油污染海面也发生爆燃。初步原因分析是管线油进入市政管网导致爆燃发生，事故排除恐怖破坏原因。该事故造成 62 人死亡，百余人受伤。

二、交通运输板块

交通运输事故包括公路运输事故、铁路运输事故、水路运输事故，共 229 起；占事故总量的 26.1%。事故分析如下：公路运输事故最多，180 起，占 78.6%；水路运输事故 34 起，占 14.8%，铁路运输事故 15 起，占 6.6%。7 月、12 月是交通运输事故高发月份，分别占交通运输事故总量的 13.1%、20.5%。交通运输事故涉及的危险化学品种类繁多，超过 60 种，其中燃油、甲醇、液化气、硫酸、盐酸、原油、丙烷、苯、乙醇、天然气和硝酸是交通运输事故中事故高发危险化学品，见图 3-9。

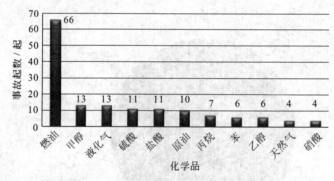

图 3-9　交通运输事故常见危险化学品

交通运输事故易造成二次伤害，造成更大人员伤亡。危险化学品大多具有易燃、易爆和有毒等特性，发生交通运输事故后，司乘人员首先受到车辆撞击等造成的伤害；其次，泄漏的危险化学品又会危及司乘人员及周边人员，导致二次伤害，造成更大人员伤亡。

以下是几起典型交通运输事故。

① 2012 年 01 月 15 日，一艘韩国油船（Doola3 号）在 Incheon（仁川）港附近 Jawol 岛以北海域发生爆炸后部分沉没，造成 5 人死亡、6 人失踪。

② 2012 年 03 月 17 日，尼日利亚 Igwuruta 市通往 Harcourt 港国际机场的环形交叉路口一辆油罐车突然滑出路口侧翻，溢出的燃油迅速着火、爆炸，造成 6 人死亡、13 人重伤。

③ 2012 年 08 月 26 日，陕西省延安市包茂高速公路安塞段由北向南 484km＋95m 处，一辆载有 39 人的双层卧铺客车与一辆装载 35t 甲醇的槽罐车发生追尾碰撞，引发甲醇泄漏起火，造成 36 人死亡。

④ 2012 年 10 月 06 日，湖南境内常吉高速公路官庄段 1116km＋17m 处地穆庵隧道口前方一液化气槽车发生侧翻、泄漏，随后发生爆炸，造成 5 死 2 伤。

⑤ 2012 年 11 月 09 日，缅甸实皆县 Kantbalu 市附近，一列成品油火车脱轨后爆炸起

火，至少造成了 27 人死亡，80 人受伤。

三、预防储运事故的措施

首先，化学危险品的储存与运输的安全管理工作应遵循"预防为主、救治为辅、防治结合"的方针。低事故率源于严格的规范。预防储运事故首要任务即为尽快修订有关化学危险品储运的法规，与世界接轨，把危险品的储运工作尽早纳入法制轨道。

其次，从事化学危险品储运业务的单位或个人，应严格按国家法规要求执行，对违法违纪者必须严肃处理，绝不可姑息迁就。

第三，加强对化学危险品储存与运输的监管。目前，化学危险品市场比较混乱，进行整顿势在必行。坚决取缔不符合国家规定无资质储运化学危险品的单位和个人，特别是个体运输户和非危险品专业的运输单位，以防患于未然。

第四，我国从事化学危险品工作的从业人员，普遍专业水平较低。我国的高等院校和职业技术教育应增设危险化学品的生产、经营、储存、运输及养护方面的专业，以改善目前这方面专业人才匮乏的现象。

第五，从事化学危险品企业应该积极培训本企业的员工，以增加他们的专业知识和业务素质，增强操作人员对突发事故的应变能力和抢险能力。

化学危险品储运必须严格实行岗位资质制度，无专业学历、未经过专业培训的人员，一律不准上岗操作。安全永远是第一位的，化学危险品储运安全管理工作任重而道远。

本章小结

本章首先介绍了危险化学品的特点，分类和储运。储运是指储存和运输两个过程，储存是将产品存放在仓库、罐区等地点的过程；运输是指用车、船、飞机等工具将产品由一地运到另一地的全过程。其次，分析了储运准则，其目的是规范化工企业推行"责任关怀"而实施的化学品储运安全管理，包括储存、运输及转移等阶段，并确保有效的应急预案得以实施，从而将其对人和环境可能造成的危害降至最低。储运准则由 9 个一级要素构成，分别是法律法规符合性、领导与承诺、风险管理、沟通、化学品的转移和储存与处理、物流服务供应商的管理、培训、应急响应、检查与绩效考核。再次，分析了危险化学品存储安全管理策略、危险化学品运输安全管理策略和危险化学品环境风险评价及处置策略，分析了危险化学品储运事故应急预案。包括：应急预案体系，应急体系的组织机构和职责，预防和预警，应急准备，应急报告的内容，应急处置的程序，应急终止，应急物资与装备保障。最后介绍了危险化学品事故种类，详细分析了石油油气开采，石油炼制，化工生产，储存与管输，交通运输五个板块中储存与管输和交通运输两个板块的危险化学品事故起数与成因以及预防措施。

自测题

一、选择题

1. 在《危险货物分类和品名编号》（GB 6944—2005）中的危险货物是指，具有爆炸、易燃、毒害、感染、腐蚀、放射性等危险特性，在运输、（　　）、生产、经营、使用和处置中，容易造成人身伤亡、财产损毁或环境污染而需要特别防护的物质和物品。

A. 储存　　　　B. 装卸　　　　C. 储存保管　　　　D. 销毁

2. 企业应建立储运安全培训制度，制订培训计划，向所有员工，包括（　　）和承包商提供适当的培训。

A. 环卫工人　　B. 社区工作人员　　C. 物流服务承包商　　D. 普通民众

3. 以下不属于危险化学品的是（　　）。

A. 花生油　　B. 亚硝酸钠　　C. 漂白粉　　D. 炸药

4. 氢氰酸的主要危害在于其（　　）。

A. 毒性　　B. 燃烧爆炸危险　　C. 放射性　　D. 腐蚀性

5. 不属于交通运输事故的为（　　）。

A. 公路运输事故　　B. 铁路运输事故　　C. 水路运输事故　　D. 储罐爆炸

二、判断题

1. 危险化学品单位从事生产、经营、储存、运输、使用危险化学品或者处置废弃危险活动的人员，必须接受有关法律、法规、规章和安全知识、专业技术、职业卫生防护、救援知识的培训，并经考试合格，方可上岗作业。（　　）

2. 政府在规划危险品物流网络时应将需要使用危险品的企业置于合理的地理位置，从宏观角度规划出风险最小的危险品运输网络，并建立快速应急机制，以便在事故发生时快速处理，使损失降至最低，以保障人民生命财产安全。（　　）

3. 化学品导致的事故起数排序，前十位的化学品是燃油、丙烷、甲醇、原油、天然气、硝酸胍、溶剂油、甲苯、液化气、氢氟酸。（　　）

4. 防止毒物危害的最佳方法是穿工作服。（　　）

5. 储存与管输事故的主要原因为材料失效和自然力破坏。（　　）

6. 严格执行储运操作制度是预防事故的重要环节，也是检验的培训效果的有效手段。（　　）

7. 发生危险化学品泄漏，首先应进行隔离、疏散，应设定初始隔离区，封闭事故现场，紧急疏散转移隔离区内所有无关人员，但不需要实行交通管制。（　　）

三、填空题

1. 危险化学品在运输过程中被称为危险货物，运输过程包括铁路运输＿＿＿＿，＿＿＿＿和＿＿＿＿。

2. 储运是指储存和运输两个过程，储存是＿＿＿＿；运输是指用车、船、飞机等工具将产品由一地运到另一地的全过程。

3. 危险品仓库选址时应依据当地政府的总体市政布局，一般选择在＿＿＿＿，远离居民区、供水地、主要交通干线、农田、河流和湖泊等地。

4. 危险化学品运输事故的发生原因主要有：车辆故障，违章作业，企业自身管理不规范＿＿＿＿，＿＿＿＿，＿＿＿＿。

5. 危险化学品在储运过程中发生的事故类型：危险化学品火灾事故、危险化学品爆炸事故＿＿＿＿，＿＿＿＿，＿＿＿＿。

6. 公司危险化学品应急预案体系包括＿＿＿＿，专项应急预案，＿＿＿＿和基层单位应急处置程序。

7. 应在危险化学品包装上挂挂或加贴与包装内危险化学品完全一致的＿＿＿＿。

8. 储运准则由9个一级要素构成，分别是＿＿＿＿、＿＿＿＿、＿＿＿＿、＿＿＿＿、＿＿＿＿、物流服务供应商的管理、培训、应急响应、检查与绩效考核。

复习思考题

1. 名词解释：储运、危险化学品。

2. 简述储运准则的结构要素。

3. 简述描述"危险化学品存储安全管理策略"的主要内容。

4. 简述描述"危险化学品运输安全管理策略"的主要内容。

5. 储运事故是所发且危险的过程，请谈谈企业在储运过程中如何进行应急预案的报告。

6. 以国内外某化工企业为例，根据其发布的责任关怀报告解析该企业实施储运准则过程的优点和不足。

7. 以国内外某个储运事故为例进行分析。

第四章　污染防治准则

化工行业的飞速发展，一方面给人类生活带来了丰富的物质享受，另一方面也带来了日益严峻的环境和资源问题。人们在使用化工产品的同时，也不得不承受着环境公害的苦果。世界卫生组织调查表明：全世界在水中检测出的有机物有 2221 种。全球 12 亿人因饮用被污染的水而患上各种疾病，由饮水引起的疾病占所有人类所患疾病的 80%，全世界每年有 2500 万儿童因饮用受污染的水而生病致死。南极上空臭氧变薄的速度达到每天损失 1%，空洞的范围有如欧洲一样大小。据美国环保署的有关研究，大气圈中臭氧含量每减少 1%，皮肤癌患者增加 10 万人，患白内障和呼吸道疾病的人也将增多。《2013 中国环境状况公报》显示，全国地表水污染依然较重。长江、黄河、珠江、松花江、淮河、海河和辽河等七大水系总体为轻度污染。204 条河流 409 个国控断面中，Ⅰ类至Ⅲ类、Ⅳ类至Ⅴ类和劣Ⅴ类水质的断面比例分别为 59.9%、23.7% 和 16.4%。湖泊（水库）富营养化问题依然突出，在监测营养状态的 26 个湖泊（水库）中，富营养化状态的占 42.3%。地球的承受力是有限的，人类社会的发展必须与周围环境之间达到一定程度的协调和平衡。因此，我们不能虚妄地去"征服"和"战胜"自然，而要精心地加以保护，否则就会遭到自然界的无情报复。

化工企业在生产过程中总会产生一定数量的"废气、废水、废渣"。这些"三废"不加处理而排放，则对环境会造成污染。2006 年，中国废水排放总量达到 536.8 亿吨，其中工业废水排放量 240.2 亿吨，占排放总量的 44.7%。废水排放量居于前四位的行业依次是造纸、化工、电力和纺织。"三废"污染已成为某些化工企业发展的瓶颈，不解决"三废"问题，不可能持续发展。承诺实施"责任关怀"的企业都在执行"零排放"、"零污染"的目标，只要严格按照"污染防治准则"进行规范化管理，则这一目标完全可以达到，见图 4-1。

图 4-1　绿色化工愿景图

第一节 准则的基本内容

一、概述

1. 基本概念

（1）环境

我国 1989 年 12 月 26 日颁布的《中华人民共和国环境保护法》明确指出："本法所称的环境是指影响人类生存和发展的各种天然的和经过人工改造的自然因素总体，包括大气、水、海洋、土地、矿藏、森林、草原、野生动物、自然古迹、人文遗迹、自然保护区、风景名胜区、城市和乡村等。"

（2）污染物

污染物是指人为因素过量排入环境的有毒有害物质，主要包括：空气中主要污染物有二氧化硫、氮氧化物、二氧化碳、粒子状污染物；地面水中主要污染物有氨氮、石油类、无机毒物（汞、砷化物、镉、铅等）、有机毒物（酚、苯、腈类等）；还有物理因素，如噪声等。

（3）环境污染

所谓环境污染，是指由于人类生产、生活等活动产生的已知或未知的某些物质进入环境，导致环境的物理、化学和生物等特性发生改变，从而引起环境质量下降、自然生态改变、生物物种减少或灭绝以及危害人体健康、影响环境的有效利用或破坏环境的现象。

（4）环境污染源

环境污染源即污染物的发生源，或称为污染的来源。通常将能够产生物理的（声、光、热、辐射、淤泥沉积等）、化学的（各类单质、无机物及有机物）、生物的（霉菌、细菌、病菌等）有害物质的设备、装置场所等称为污染源。污染源可以分为工业污染源、交通运输污染源、农业污染源、生活污染源。

（5）可持续发展

可持续发展是指既满足当代人的需要，又不损害后代人满足其需要的发展。这种发展要达到以下两个要点：一是发展必须受到制约，即人类应坚持与自然和谐的方式，追求健康而富有生产成果的生活，这是人类的基本权利；但却不能凭借手中的技术和投资，以耗竭资源、污染环境、破坏生态的方式求得发展。二是代际间应保持平衡，即当代人在创造和追求今世的发展和消费时，应同时承认和努力做到自己的机会和后代人的机会平等，所以绝对不能剥夺或破坏后代人应当合理享有的发展与消费的权利。

（6）环境风险评价

环境风险评价是指环境风险因素对环境影响和危害程度的评估过程。环境风险因素是指破坏生态平衡，改变自然环境的有害因素。

（7）环境影响评价

环境影响评价是运用某一种技术，去识别和预测某项人类活动对环境所产生的影响，解释和传播影响信息，制定出减轻不利影响的对策措施，从而保证人类行为与环境之间的协调、和谐发展。

（8）环境绩效

环境绩效是指调查、分析和评价企业所采取的各项环境措施和环境管理活动的业绩状况。在增加环保投入的同时应提高投入的使用效率，从而不断增加环境绩效。

（9）污染防治

为了降低有害的环境影响而采用（或综合采用）过程、惯例、技术、材料、产品、服务或能源以避免、减少或控制任何类型的污染物或者废弃物的产生、排放或废弃。

2. 污染防治方面主要的法律法规

当前我国面临资源匮乏和分布不均、环境污染问题普遍、生态系统严重退化的形势，生态文明建设具有高度紧迫性。污染防治和环境保护是生态文明建设的核心内容。法律是国家强制力保障实施的规则体系，是生态文明建设的最根本保障。我国自 1989 年正式实施《中华人民共和国环境保护法》后，陆续出台了一系列的环境法律政策，以完成生态文明建设的基本要求，以维护人类与自然的和谐关系为目的。

责任关怀实施准则中要求企业应建立识别、获取更新适用的环境保护法律法规、标准及其他要求明确责任部门及获取方式和时机，确保有关的规章制度与现行的法律和环境保护要求相符合。企业依据环境保护、污染防治方面相关法律法规，制定相关环境保护程序，为员工及在污染物处置过程中的承包商提供有关规章制度和工作指导。利用各种技术和方法，从源头上减少污染的产生，削弱企业对环境的影响。我国污染防治方面相关的主要法律法规如下。

① 《中华人民共和国环境保护法》（1989.12.26）。

② 《中华人民共和国水污染防治法》（2008.6.1）。

③ 《中华人民共和国大气污染防治法》（2000.9.1）。

④ 《中华人民共和国环境噪声污染防治法》（1997.3.1）。

⑤ 《中华人民共和国固体废弃物污染环境防治法》（2005.4.1.）。

⑥ 《中华人民共和国放射物污染防治法》（2003.10.1）。

⑦ 《中华人民共和国环境影响评价法》（2003.9.1）。

⑧ 《中华人民共和国水法》（2002.10.1）。

⑨ 《中华人民共和国可再生能源法》（2006.1.1）。

⑩ 《中华人民共和国清洁生产促进法》（2012.7.1）。

⑪ 《中华人民共和国循环经济促进法》（2009.1.1）。

⑫ 《中华人民共和国城乡规划法》（2008.1.1）。

⑬ 《中华人民共和国节约能源法》（2008.4.1）。

虽然以上这些法律法规和规范标准可以为企业污染防治提供明确的依据，但它们不能形成一个完整的体系，实施的效果不尽理想，而责任关怀体系中的污染防治准则可以很好的将化学品污染物控制与监管相关的法律法规和规范标准融入到各项工作中，形成完善的体系。

3. 推行污染防治准则的目的和意义

本准则的目的是规范化工企业推行"责任关怀"而实施的环境管理，使企业能对污染物的产生、处理和排放进行综合控制和管理，最大限度地避免、减少或控制污染物的产生和排放，以及企业在生产经营过程中对环境的影响。

二、准则的基本内容

污染防治准则由目的、范围和管理要素三部分构成。

1. 准则的基本管理要素

管理要素有 8 个一级要素和 16 个二级要素构成。8 个一级要素分别是：领导与承诺、法律法规符合性、风险管理、沟通、污染物处理和控制、培训、环境事件及补救行为、绩效评估。

（1）领导与承诺

本要素由 3 个二级要素构成。

首先明确企业的最高管理者是企业环境保护工作的第一责任人。应明确提出污染防治的承诺，通过提供适当资源，如时间、财务及人力资源等，保障环境保护和污染控制过程的持续改善。

企业应设置相应的管理机构和组织，配备管理人员和技术人员，明确其职责，确保污染防治准则得到贯彻和实施。

企业应明确污染防治的方针，建立可持续的污染防治工作计划，从而达到持续改进环境绩效的目标。

（2）法律法规符合性

本要素由 2 个二级要素构成：企业应建立识别、获取更新适用的环境保护法律法规、标准及其他要求，明确责任部门及获取方式和时机，确保有关的规章制度与现行的法律和环境保护要求相符合。

企业应定期根据相关的法律法规和标准，制定相关环境保护程序，为员工及在污染物处置过程中的承包商提供有关规章制度和工作指导。

企业应监督、解释并实施适用的法规和行业标准，使它们在企业活动中得以运用，并定期依据相关的环境保护法律法规、标准和其他要求进行符合性评价，如发现问题或偏差，应及时予以纠正或整改。

（3）风险管理

本要素由 1 个二级要素构成。企业应建立环境风险评价程序，对环境风险因素进行识别和评价，制定并落实控制措施，减少与企业活动相关的潜在环境污染风险，并应定期评估，以不断改善企业在环境保护和污染控制方面的表现。

企业为了有效地管理风险及防止事故的再发生，在事故发生后立即组织调查小组进行调查，形成调查报告，并采取有效的补救措施。

（4）沟通

本要素由 2 个二级要素构成。企业应该进行环境风险评估，将评估结果与员工交流，并参照本书"第二章社区认知和应急响应准则"与周边社区进行污染防治沟通。企业应建立内部和外部沟通程序，实施并加以协调，从而确保相关方可接收到有关企业运作中环境保护及污染防治方面的信息。

企业应提供污染物的相关数据，并告知相关人员污染物存在的安全和健康方面的危害性。

（5）污染物处理和控制

本要素由 4 个二级要素构成。企业应拥有文件化的操作程序，使污染物得到有效处置，将其对环境的影响降到最低。企业应该以"减量化（reducing）、再利用（reusing）、再循环（recycling）"的"3R"原则作为经济活动的行为准则，倡导污染物低排放或零排放的理念。

企业为降低污染物对环境的影响，应建立污染物的产生、分类、储存、处理和排放全过程的操作程序，该程序应符合或超过当地法律、法规规定的环保要求。企业还应确保污染防治方面的规定和程序得到有效的执行，从而使污染物得到合法、合理和安全的处置，并监督确认废弃物得到正确的最终处理，不产生二次污染。

企业应制定相应的环境污染应急处理方案，在发生紧急事件时，应立即汇报，以便及时协调应对。企业应建立并实施定期的环境监测方案，确保污染物排放符合标准，以此评估控制效果，以便持续改进。

（6）培训

企业应建立培训体系，确保员工获得与其工作相关的环境保护方面的知识，从而提高认知能力。尤其就环境安全、风险因素及突发事件应对方面，对相关人员及承包商进行专门培训。

（7）环境事件及补救行动

本要素由2个二级要素构成。企业应建立环境事件调查体系和程序，其中包括未遂事件。在确定事件的根本原因后，应提出补救措施的建议，以便及时加以补救，防止污染事件的进一步扩大。

企业要落实调查得出的补救和预防措施，并将这些措施的完成情况记录归档，将得到的心得体会与员工分享，从而防止类似事件发生。

（8）绩效评估

企业应定期检查关键绩效指标的完成情况，关注先进环境技术的发展，不断改善企业在环境保护和污染防治方面的表现。对有助于衡量企业环境保护绩效的程序和规范，应定期进行评估，予以不断完善。

2．准则的实施范围及要点

（1）实施范围

本准则适用于化工企业在生产经营活动中污染防治的全过程。

（2）实施要点

企业的环境保护的管理是很复杂的系统工程，在实施污染防治准则过程中，应做好以下几项重点工作。

企业在进行环境管理过程中，首先应将本企业的环境风险因素一一予以识别和评价。根据风险类型及等级制定相应的控制措施。同时要减少与企业活动相关的潜在环境污染风险，不断改善在环境保护和污染控制方面的表现只要抓住这一关键要素，则就会把环境保护的基础夯实。

其次，企业只要将污染物处理和控制工作做好，就能将对环境的影响降到最低。要做好这一工作，只有坚决贯彻本准则提出的"3R原则"，倡导零排放的理念。企业应控制污染物的产生，对污染物进行分类，妥善储存，正确处理，从而使污染物得到合理、合法和安全的处置。企业必须实施定期环境监测，确保污染物能达标排放并以此评估控制效果，以便持续改进。

最后，企业一旦发生环境事件，必须立即组成调查组进行调查。确定事件的发生原因后，及时提出补救措施，并予实施，防止污染事件的扩大和类似事件的再发生。

第二节　污染防治管理

随着当今化学工业的飞速发展，化工污染日趋严重，如何对化工污染进行综合防治，已成为当今社会最突出的问题之一。在全球保护环境的呼声日益高涨的情况下，化学工业又首当其冲，成了人们抱怨的罪魁祸首。我们不能因为化学工业的成绩而回避现实中存在的污染问题，也不能因为污染问题而对它全盘否定。正确的态度，应该是从化工污染的特点入手，采取积极的措施，使化学工业能够扬长避短，不断前进，踏上时代发展的"绿色快车"。责任关怀实施准则中要求企业在生产过程中，应该遵循"减量化、再利用、再循环"的原则，倡导污染物低排放、零排放的理念，充分利用能源，尽可能降低原材料的消耗，最大限度减少或避免任何类型污染物的产生，并能对污染物的生产和排放进行有效处理和控制。

一、化工行业环境污染概况

化工环境污染物在环境中占 70％。虽然经过各方努力已取得明显的效果，但目前我国工业污染的治理率还很低。1995 年，全国县以上工业企业废水处理率 76.8％，燃料燃烧废气消烟除尘率 88.2％，生产工艺废气净化处理率 68.9％，工业固体废物综合利用率 43.0％。

现代化工的特点是量大和多样性。原料消耗量大、产品量大、废弃物也多。产品多样化、原料多样化、生产方法也是多样化。在生产过程和使用过程中随着化工产品、原料和生产方法的不同，产生的污染物也多种多样。化工污染物的来源可分为以下两个方面。

1. 化工生产的原料、半成品及产品

（1）化学反应不完全

目前在化工生产中，原料不可能被全部转化为半成品或成品，未反应的原料虽有部分可以回收利用，但最终总有一部分因回收不完全或不可能回收而被排放掉。其中的化学污染物排放后就会造成环境污染。化工生产中产生的三废实际上是生产过程中流失的原料、中间体、副产品。因此，对三废的有效处理和利用，即可创造经济效益，又可减少污染环境。

（2）原料不纯

化工原料有时本身纯度不够，其中含有杂质。这些杂质因一般不参与化学反应最后也要被排放掉，而且大多数杂质为有害的化学物质，对环境会造成重大污染。

（3）原料泄漏

由于生产设备、管道等封闭不严密，或者由于操作水平和管理水平跟不上，物料在储存、运输以及生产过程中，往往会造成化工原料、产品的泄露。既造成经济上的损失同时还可能造成严重的环境污染事件，带来难以预料的后果。

（4）产品使用不当及其废弃物

2. 化工生产过程中排放的废弃物

（1）燃烧过程

化工生产一般需要在一定的压力和温度下进行，因此需要有能量的输入。从而要燃烧大量的燃料。但在燃烧过程中不可避免的要产生大量的废气和烟尘等有害物质，对环境造成危害。

（2）冷却水

化工生产过程中除了需要大量的热能外还需要大量的冷却水。这有分直接冷却和间接冷却两种，直接冷却会使水与被冷却的物料接触，很容易使水中含有化学物质，而成为污染物质；间接冷却虽不与物料直接接触，但因为水中往往加入防腐剂、杀藻剂等化学物质，排出后也会造成污染。

（3）副反应和副产品

化工生产中，在进行主反应的同时，还经常会伴随一些副反应及其产物。虽然副产物数量不大但成分复杂，而且进行回收存在许多困难，经济上不划算，所以往往将副产物当做废料排弃，而引起环境污染。

（4）生产事故造成的化工污染

二、我国工业污染防治工作的发展历程

与西方发达国家相比，我国的环保工作开展得相对较晚。从 1973 年，国务院召开的第

一次全国环境工作会议算起，我国的工业污染防治工作大致上可划分如下为三个阶段。

1. 第一阶段：1973～1981 年

1973 年，国务院召开了全国第一次环境保护工作会议。会议拟定了《关于保护和改善环境的若干规定》，提出了环境保护的"32 字方针"："全面规划、合理布局、综合利用、化害为利、依靠群众、大家动手、保护环境、造福人类"。1974 年，国务院成立了环保领导小组，这是我国第一个专门的环保主管机构。此后，又陆续颁布了一些治理环境污染的规章、制度，如《中华人民共和国沿海水域污染暂行规定》（1974）、《放射性防护规定》（1974）、《关于治理工业"三废"、开展综合利用的几项规定》（1977）等法规，提出了著名的"老三项制度"。

① 环境影响评价制度。即所有建设项目，在建设前必须就项目可能对环境造成的影响作出论证和评价，提出防治方案，编报环境影响报告书。

②"三同时"制度。即所有新建、改建和扩建项目，防治污染的设施必须与主体工程同时设计、同时施工、同时投入运行。

③ 排污收费制度。中国是世界上第一个在全国范围内，对污水、废气、固体废物、噪声、放射性等污染因子实行排污收费制度的国家。该制度包括按标准收取排污费，企业按正常规定缴纳的排污费可以计入生产成本，收取的排污费专款专用，主要补助重点污染源治理等内容。

这一阶段工业污染防治工作以组织"三废"治理和综合利用为中心，取得了一定成绩，有关部门成立了"三废"管理办公室之类的机构。但是企业、各部门和地方防治的责任不明确，管理体系比较松散，法规、标准、政策不健全，治理投资基本来自国家财政预算，加上历史欠账，工业污染并没有得到有效控制。总而言之，这一阶段是我国环境保护工作的起步与初步的探索阶段。

2. 第二阶段：1982～1993 年

经过 12 年的努力，我国建立了一个适应计划经济体制的工业污染防治体制。成立了专门的环保机构——国家环境保护局，设立了从中央到省、市、县的四级政府环境管理机构，工作人员超过 7 万人；各个行业主管部门也设立了相应的环境管理机构，并发挥了重要作用；大中型企业也相继建立了环保部门，从业人员超过 20 万人，形成了一个初具规模的管理网络；同时，通过了《中华人民共和国环境保护法》等多部法律法规，初步建立起了较为完整的环境政策法规体系，工业污染防治的责任逐步得到明确，形成了地方政府对本地区环境质量负责、污染者承担其治理的责任与费用，环保部门统一监督管理，各相关部门相互配合、齐抓共管的管理局面。

在此期间，环境保护被明确为国家的一项基本国策，确定了"预防为主、防治结合"、"谁污染、谁治理"、"强化环境管理"的三大政策和"新五项制度"。

① 环境保护目标责任制。即各级政府和污染源企业的负责人对环境质量负责的制度。它通常以一届政府的任期为时间界限，有量化的、可分解的环境质量指标和明确的年度目标，有监测和控制手段，以及配套的考核奖惩办法。

② 城市环境综合整治定量考核制度。根据一套量化指标对城市环境质量作定期的、全方位的考核，形成了市长负责、各部门参加、环境保护部门监督管理、分工合作、各负其责的环境管理体制。

③ 排污申报与排污许可证制度。该制度包括排污申报、确定污染物总量控制目标和排污总量削减指标、核发排污许可证和监督检查执行情况四项内容。

④ 污染集中控制制度。即以流域或区域为控制单元，充分利用环境治理中的规模经济，

降低污染治理的成本，促进新技术的采用和提高污染治理效果。

⑤ 污染源限期治理制度。即以污染源调查为基础，以环境规划为依据，强制性地对污染危害严重的污染物、污染源、污染区域限定治理时间、治理任务和治理效果。

总体来说，我国环保事业在这一阶段迈上了一个新的台阶。

3. 第三阶段：1994 年～今天

以《中国二十一世纪议程：中国人口、环境与发展》白皮书的发表为标志，我国环保事业有了根本性转变，环保与发展相结合的可持续发展战略被确立为我国发展的基本战略。可持续发展战略被正式纳入了国民经济和社会发展"九五"计划和 2010 年远景目标纲要，明确提出了我国在第三步发展战略阶段要坚持走可持续发展的道路。

在这一阶段，我国的环境法律法规有了空前的增加，政府对环境的直接行政管理力量有了很大的加强。1998 年的国务院机构调整中，也将原国家环境保护局升格为国家环保总局，2008 年国家环保总局再次升格为国家环保部，这意味着环境保护的地位有了显著的提高，受到了中央政府的高度重视。

在工业污染防治的指导思想上确立"三个转变"，即：在污染防治基本战略上，从侧重污染的末端治理逐步转变为工业生产全过程控制；在污染物排放控制上，由重浓度控制转变为浓度与总量控制相结合；在污染治理方式上，由重分散的点源治理转变为集中控制与分散治理相结合。

这一阶段在强化法律与行政治理环境的同时，也开始更多地关注市场机制在污染治理中的作用，加大了环境保护的经济激励措施的制定与完善，进一步改善了排污收费制度，扩大了排污权交易的试点范围。

2012 年 11 月 8 日，胡锦涛同志在十八大报告中提出，大力推进生态文明建设。胡锦涛说，建设生态文明，是关系人民福祉、关乎民族未来的长远大计。面对资源约束趋紧、环境污染严重、生态系统退化的严峻形势，必须树立尊重自然、顺应自然、保护自然的生态文明理念，把生态文明建设放在突出地位，融入经济建设、政治建设、文化建设、社会建设各方面和全过程，努力建设美丽中国，实现中华民族永续发展。

三、国际工业污染防治体系

1. 美国工业污染防治体系

美国的污染防治体系是发达国家较为典型的一种，联邦一级管理权力主要集中在国家环境保护署（U.S Environmental Protection Agency，缩写 EPA）和国家环境治理委员会，前者直属联邦政府，后者直接由总统领导。但是，整个环保职能并不全由 EPA 承担，而是分散在各个政府部门。美国的联邦政府一般不设置工业管理机构，除了若干个产业部门（如能源、交通）之外。但是，各种行业协会代表部门行业和企业利益，可以参加各种工业污染防治政策、法规和标准的制定与实施。在 EPA 内部，工业污染防治主要由一些中介业务部门负责（当然，这些部门同时也负责联邦区域内的生活污染和农业污染等的管理）。此外，美国各州都设有专门的空气、水污染控制委员会。委员会有权责令有关企业安装控污设备，并拒绝批准破坏环境的生产经营活动；有权处罚或获准下达司法禁令。

美国污染防治实行四个结合：中央管理与地方管理相结合，统一管理与分散管理相结合，行政管理与专业管理相结合，专业管理与公共管理相结合。它从纵向和横向两个方向去实现上述结合。从纵向出发，按照不同的地方、地区和流域成立相应的各级地方管理机构，配合地方环保局的工作；从横向出发，按工业部门和专业性质成立相应的地方各行业环境质量管理机构、学会和协会等，保证和促进环保工作的顺利开展。

2. 日本工业污染防治体系

日本工业污染防治的基本思想与制度的形成从 20 世纪中期开始至今，经历了一个由曲折到最终高效成功的过程。日本工业污染防治体制是一种典型的"相对分散管理"结构。环境省主要负责环境政策及计划的制定，统一监管全国的环保工作。而其他相关省厅负责各自具体的环保工作。日本的决策机制基本上是一个协商的过程，即任何决策的形成都是部门间或不同利益团体间谈判、妥协和平衡的结果。环境省有两个有利于其发挥统一监督管理的权力和职能：一是由于环境省是总理府的直属机构，环境省可以就有关问题直接与首相对话，同时环境省长官属于内阁大臣，与其他省大臣具有同等的政治参与机会；二是环境省被赋予协调各省厅环保工作，特别是协调污染防治经费预算的职能。

除了主管部门环境省以外，厚生省、农林水产省、建设省、通商产业省等省厅也同时分工负责其行政范围内的环保工作。从业务性质和职能划分来看，总理府负责组织召开国家环保会议；总理府下设的公害调整委员会，负责根据《公害纠纷处理法》和《矿产行业法》处理公害纠纷；通商产业省负责指导产业污染防治工作等业务。

3. 欧盟工业污染防治体系

欧盟 2003 年在西班牙的塞维利亚市召开的工业污染防治政策国际会议，研讨了工业污染防治的政策措施，特别是最佳可获得技术、综合污染防治、可持续能源等方面的政策。这次会议的代表是来自欧盟委员会及其成员国最高环境管理层和非政府组织的专家、学者，因而研讨的工业环境政策具有代表性和权威性，基本上体现了欧盟工业污染防治政策的最新动向。

欧盟 1996 年颁布的综合污染防治指令（DIRECTIVE 96/61/EC）第二章对最佳可获得技术（BAT）作了比较完整的定义：最佳（BEST）是指从总体上最有效地达到环境保护的较高水平；可获得（AVAILABLE）是指在相关的工业部门，经济和技术上可行的、发展到一定应用规模的（技术）；技术（TECHNIQUES）既包括应用的工艺又含有设计、建造、维护、运行和退役等的措施和方法。从以上定义中我们可以看出，最佳可获得技术（BAT）含有丰富的内涵，为了便于推广 BAT，欧盟除了制定"指令"外，还相继出台了一系列参考文件，以对成员国应用 BAT 的企业进行指导，参考文件中详细规定了应用 BAT 的方法和措施，例如，企业应用 BAT 的步骤一般是先审查与主要环境问题有关的设施现状；鉴别为达到"最佳"效果而使用的技术；对可应用技术的经济和技术条件进行评估；最后选定符合 BAT 要求的技术。

工业部门提出综合污染防治（Integrated Pollution Prevention Control，缩写 IPPC）是控制工业污染的最好途径，在任何时候都不会过时。欧盟 1996 年颁布了综合污染防治指令并专门成立了综合污染防治局（European Integrated Pollution Prevention Control Bureau，缩写 EIPPCB），以此推动各国在制定工业污染防治政策时，充分考虑综合途径。为了贯彻落实该"指令"，欧盟成员国都制定了实施 IPPC 的计划，例如，英国计划在 2000 年至 2007 年间在 48 个行业分批分期实施 IPPC，到 2007 年 11 月前，将批准安装 8000 套有关设施。

工业的发展离不开能源，一般来说，能源的消耗与工业经济的增长成正比关系。工业经济增长的越多，就意味着消耗的能源越多。为了减少能源危机的冲击，提倡可持续能源是必然的。欧盟正在研制的有关政策主要包括：增强能源的利用效率、开发和使用新的和可更新能源的资源、欧洲能源供应的自给性、更加相互密切和更加有效的成本政策、电力和天然气单一市场的竞争政策等。

第三节　污染防治培训

通过培训使污染治理设施操作人员了解污染治理设施运营管理的基本概念和有关知识，掌握污染治理技术工艺、设施操作原理和化验检测技术，熟悉环境保护有关法律法规规定，使实际操作能力和技术水平得到提高。

一、培训要求

（1）污染治理设施运营技术管理人员及操作人员必须经过培训考核，做到持证上岗。

（2）国家环境保护总局负责全国污染治理设施运营人员的培训指导工作，组织编制污染治理设施运营人员的培训大纲、考核标准和培训教材，指导各省开展培训工作。

（3）环境污染治理设施运营技术管理人员及操作人员培训考核工作由省级环境保护部门负责组织实施。在国家没有出台统一考核标准及培训教材之前，省级环境保护部门可先行试点开展工作。省级环保部门可采用与同级劳动部门联合开展工作的方式，也可委托地、市级环保部门开展运营培训考核工作。有条件的运营单位也可自行开展培训工作，但经过其培训的人员应通过环保部门的考核，并获得省级环保部门颁发的合格证书。

（4）各级环保部门在开展运营培训工作中，可以收取一定的培训费用，做到收支平衡，但不应以赢利为目的。

（5）在环保部门开展运营培训考核工作之前，申请运营资质的单位应对本单位现场管理及操作人员进行培训考核上岗，并经省级环保部门认可，可暂视为满足运营管理及操作人员申请条件。待环保部门开展运营培训工作后，持证单位从事运营的管理及操作人员应参加当地环保部门组织的考核并取得合格证书。

（6）运营管理及操作人员培训内容如下。

① 环境保护政策法规和有关标准。

② 环境污染防治技术简介。

③ 环境保护管理和污染源监督管理的有关政策。

④ 污染治理设施运营管理方面的有关规定。

⑤ 污染治理设施的操作规程。

⑥ 污染治理设施运营管理规章制度。主要有操作人员岗位责任制、操作人员上岗培训和考核制度、设备仪器的维护保养制度、设施运行记录和监测报告制度、突发事故的处理和报告制度等。

⑦ 委托方的厂规、厂纪和其他有关规定。

二、培训大纲

污染治理设施操作人员培训大纲见表 4-1。

表 4-1　污染治理设施操作人员培训大纲

培训内容	授课内容及要求	培训目的
污染治理设施运营管理概论	1. 污染治理设施运营管理发展历程	使操作人员了解污染治理设施运营管理的基本概念和有关知识
	2. 污染治理设施运营管理的意义	
	3. 污染治理设施运营管理的形式	
	4. 污染治理设施运营管理资质许可	

培训内容	授课内容及要求	培训目的
污染治理实用技术	1. 废水及生活污水治理技术（按不同行业、不同性质和各类废水处理要求,讲授物理、化学、生物处理技术） 2. 废气治理技术（按不同性质和各类废气处理要求,讲授吸收、吸附、过滤等处理技术） 3. 烟尘、粉尘及二氧化硫治理（主要讲授机械除尘、电除尘、布袋除尘、湿法脱硫、干法脱硫、半干半湿法脱硫等实用技术及适用范围） 4. 废渣（固体废物）处理及综合利用技术（主要讲授焚烧、卫生填埋、综合利用技术）	使操作人员有重点地掌握各种污染治理实用技术
环境保护法律知识	1. 环境保护法概念（主要讲授环境保护法律知识基本概念及其地位和作用） 2. 防治大气污染、水污染、噪声污染、固体废物污染等法律规定 3. 环境保护行政处罚与赔偿、排污收费等法律知识 4. 各类污染物排放标准	使操作人员了解环境保护有关法律法规和排放标准
污染治理设施运营管理制度	1. 操作人员岗位责任制及操作管理制度（主要讲授岗位责任、设备维修、劳动安全、交接班、药品、物品管理制度,产生废物如污泥、飞灰等的安全处理） 2. 污染物处理效果、排放情况检测和检测报告制度 3. 突发性事故应急处理及报告制度	使操作人员熟悉操作有关管理制度
环境监测技术	环境监测仪器和常规分析化验方法	掌握分析化验的基本方法,能进行常规的化验分析
污染治理设施基本情况和操作规程	污染治理设施的基本原理、工艺流程、运行参数和运行注意事项 污染治理设施运营操作规程	掌握污染治理设施的基本情况和操作要求
现场实习	选择有条件的运营现场作为固定实习场所,学习实际操作经验	通过实习使操作人员掌握实际操作技能
考试	分不同专业类别,对操作人员应掌握的知识和技能进行考核	了解培训人员培训知识掌握情况

三、培训内容概述

（一）污染治理设施运营管理制度

污染治理设施的正常运行,有赖于制定和严格执行完备的管理制度。根据培训计划要求,这里主要涉及操作人员岗位责任制及操作管理制度,污染物处理、排放情况检测和检测报告制度,突发性事故应急处理及报告制度。

1. 操作人员岗位责任制及操作管理制度

（1）操作人员岗位责任制

污染治理设施的类别不同,规模不同,操作人员的岗位设置也不尽相同,但其基本要求是相同的。

每个操作岗位的当班人员都必须按操作规程进行工艺控制、设备运行管理,真正做好原始记录、设备运行记录,严格执行交接班制度。

（2）设备维修保养制度

污染治理设备如鼓风机、刮泥机、泵等需要进行维修保养。保养制度采用"三级保养制度"。

① 日常维护保养：班前班后由操作人员认真检查设备，擦拭各部分或加注润滑油，使设备保持整齐、清洁、润滑、安全，班中设备发生故障，及时给予排除，并认真做好交接班记录。

② 一级保养：以操作人员为主，维修人员为辅，按计划对设备进行局部拆除和检查，清洗规定的部位，疏通油路、管道，更换或清洗油路、油毡、滤油器，调整设备各部分配合间隙，紧固设备各个部位。

③ 二级保养：以维修人员为主进行，列入设备的检修计划，对设备进行解体检查修理，更换或修复磨损件，清洗，换油，检查修理电气部分，使设备技术状况全面达到设备完好标准要求。

（3）劳动安全制度

主要包括以下几个方面。

① 污染治理设施运营企业要健全安全组织网络，健全以岗位责任制为中心的各种规章制度和各项操作规程，并严格执行。

② 加强劳动防护用品的管理：坚持安全生产检查制度和安全例会制度；坚持职工伤亡事故的报告、处理制度。

③ 严格物品（特别是有毒、有害危险物品）的管理；企业和各部门必须加强安全保卫工作，提高警惕，为安全生产提供良好的环境和秩序。

（4）交接班制度

主要包括以下几个方面。

① 上班人员必须穿戴好劳保用品，提前到岗进行交接班。当班人员必须认真及时检查当班工作记录，确保记录的真实性。

② 各岗位对口交接。交班者应主动向接班人介绍本班的操作运行情况，经接班者签字接班后方可下班。接班人员如发现记录不真实，或与情况不符，有权提出不接班，经纠正后予以接班。特殊情况应向领导汇报，经处理后进行交接班。

③ 交接班时，如发生工作器具短缺，应及时处理，加以补齐，造成经济损失由责任人（班）承担责任。

（5）药品、物品管理制度

主要包括以下几个方面。

① 专门配备库房管理人员，负责药品、物品入库验收、保管和方法工作。

② 领用药品、物品须严格实行批准、登记手续。

③ 药品库和普通物品库应分开，易燃易爆危险品应有专用库房贮存，且需具备通风、防爆、防火等安全设施。

（6）废物安全处理制度

主要包括以下几个方面。

① 污染治理设施运行生产的废物（指污泥、飞灰等，这里不涉及危险废物）必须妥善处理，安全处置。

② 废物产生后，在处理、处置前，需在专门场所贮存，并有防渗、防流失、防飞散等措施。

③ 定期分析废物所含有害成分，在原料、产品发生变化时应及时分析。

④ 废物进行填埋、焚烧处置必须符合国家颁布的相应的污染控制标准，填埋、焚烧设施必须符合国家规定的技术条件。

⑤ 对废物进行综合利用（如用于制作肥料、建筑材料等）必须符合国家颁布的相应的污染控制标准。

⑥ 建立废物处理、处置和综合利用台帐，对废物去向进行登记管理。

2. 污染物处理、排放情况检测和检测报告制度

主要包括以下几个方面。

① 在污染治理设施的各处理单元和总排放口设置监测点位，按照监测技术规范规定的频次和方法进行采样，对确定的污染因子进行分析。

② 每次采样分析，应作好原始记录，并保持原始记录清晰完整。监测结果必须经第二方复核无误，始得填写报告单。报告单上必须有实验人员和复核人员的签字。原始记录应定期整理归档，同一保管。

③ 采样分析人员应定时将监测分析结果报告污染治理设施运营管理人员，发现监测结果超标，应查找原因，并及时报告单位领导采取措施进行处理。

④ 按照环保部门要求，定期上报监测数据。上报数据真实可靠，需由负责人审核签字后方可报出。

3. 突发性事故应急处理及报告制度

主要包括以下几个方面。

① 污染治理设施运营单位与委托方共同建立事故应急处理组织，针对运营项目的具体情况制定事故应急预案和应急程序。

② 发生突发事故，现场人员应及时采取紧急处理措施，并立即报告有关领导，启动应急预案和应急程序，对事故进行处理。

③ 发生突发性事故，应及时报告当地环保等有关部门，接受指导。

④ 事故处理完毕后，应进行分析总结，制定整改措施。并向环保等相关部门写出事故书面报告，说明事故发生和处理情况，以及事故原因、造成损失、应记取的教训等情况。

（二）污染治理设施操作规程

操作规程是对设施、设备的操作顺序、操作方法等作出的规定。只有严格执行操作规程，才能确保设施、设备的正常运行，避免事故的发生；反之，将造成不良后果，甚至严重后果。由于污染治理设施类别不同，同类污染治理设施采用的处理工艺、设备不同，操作规程也就存在差异。

第四节　检测方案与应急处理

一、检测方案

建设项目竣工环境保护验收监测针对主要因排放污染物对环境造成污染或危害的建设项目而进行，验收监测报告应充分反映建设项目环境保护设施运行和措施落实的效果；各项污染物达标排放情况；建设项目对周围环境的影响；环境管理的全面检查结果。

1. 验收监测工作程序

验收监测工作分为以下几个阶段：①准备阶段：资料收集、现场勘查、环保检查。②编制验收监测方案阶段：在查阅相关资料、现场勘查的基础上确定验收监测工作的目的、程序、范围、内容。③现场监测阶段：依据验收监测方案确定的工作内容进行监测及检查。④验收监测报告编制阶段：汇总监测数据和检查结果，得出结论，以报告书（表）的形式反映建设项目竣工环境保护验收监测的结果。

2. 验收监测技术要求

(1) 验收监测的工况要求

验收监测应在工况稳定、生产负荷达到设计生产能力的75％以上情况下进行，国家、地方排放标准对生产负荷另有规定的按规定执行。

调整工况能达到设计生产能力75％以上的部分，验收监测应在满足75％以上负荷或国家级地方标准中所要求的生产负荷的条件下进行；无法调整工况达到设计生产能力75％以上的部分，验收监测应在主体工程稳定、环境保护设施运行正常，并征得负责验收的环境保护行政主管部分同意的情况下进行，同时注明实际监测时的工况。

工况应根据建设项目的产品产量、原材料消耗量、主要工程设施的运行负荷以及环境保护处理设施的负荷进行计算。

(2) 质量保证和质量控制

建设项目竣工验收环境保护验收监测的质量保证和质量控制按照原国家环保部颁发的《环境监测技术规范》《固定污染源排气中颗粒物测定与气态污染物采样方法》（GB/T 16157—1996）、《环境水质监测质量保证手册》（第4版）、《空气和废气监测质量保证手册》（第4版）、《建设项目环境保护设施竣工验收监测技术要求》（环发［2000］38号文附件）中质量控制与质量保证有关章节的要求进行。

① 参加竣工验收监测采样和测试的人员，按国家有关规定持证上岗；监测仪器在鉴定有效期内；监测数据经三级审核。

② 水质监测分析过程中的质量保证和质量控制

水样的采集、运输、保存、实验室分析和数据计算的全过程均按照《环境水质监测质量保证手册》（第4版）的要求进行。即做到：采样过程中应采集不少于10％的平行样；实验室分析过程一般应加不少于10％的平行样；对可以得到标准样品或质量控制样品的项目，应在分析的同时做10％的质控样品分析；对无标准样品或质量控制样品的项目，但可进行加标回收测试的，应在分析的同时做10％加标回收样品分析。

③ 气体监测分析过程中的质量保证和质量控制

尽量避免被测排放物中共存污染因子对仪器分析的交叉干扰；被测排放物的浓度应在仪器测试量程的有效范围内，即仪器量程的30％~70％；烟尘采样器在进入现场前应对采样器流量计、流速计等进行校核。烟气监测（分析）仪器在测试前监测因子分别用标准气体和流量计对其进行校核（标定），在测试时应保证其采样流量。

④ 噪声监测分析过程中的质量保证和质量控制

监测时使用剂量部门检定并在有效期内的声级计；声级计在测试前后用标准发生源进行校准，测量前后仪器的灵敏度相差不大于0.5dB，若大于0.5dB则测试数据无效。

⑤ 固体废物监测分析过程中的质量保证和质量控制

按国家有关规定、监测技术规范和有关质量控制手册中的要求进行。采样过程中应采集不少于10％的平行样；实验室样品分析时加测不少于10％的平行样；对可以得到标准样品或质量控制样品的项目，应在分析的同时做10％的质控样品分析；对得不到标准样品或质量控制样品的项目，但可进行加标回收测试的，应在分析的同时做10％的加标回收样品分析。

二、应急处理

近年来，随着我国经济的快速发展和社会的不断进步，人们对石油及其产品的需求与日俱增，因此石油化工厂必须提高生产效率以满足各个领域对石油及其产品的需求。由于石油化工厂中重大危险源种类繁多、分布复杂，所以事故的应急救援工作就变得困难重重。

如何对石化厂的重大危险源事故进行有效的控制和管理，如何在事故发生后尽可能地降低事故后果（包括人员伤亡、财产损失和环境破坏等），是石化厂面临的相当棘手的问题。目前，已有不少学者从不同的角度对此进行了研究，但仍处于起始阶段。我国石化业也曾发生过重大事故，不仅造成人员伤亡、财产巨大损失，很大程度的破坏了生活环境。因此，迫切需要建立一个以政府为领导、以特定机构为依托的应急救援系统，来保证其对各职能部门的调动协调和统一指挥，使化工厂的应急体系不断规范且可高效、有序的运行和实施。国内石化业事故应急救援基本知识、相应措施及应急救援体系现状分析及体系构建实例见第二章第三节相关内容。

第五节　污染防治案例

一、陶氏化学污染防治措施

1. 企业简介

1897年成立于美国的陶氏是一家多元的化学公司，运用科学、技术以及"人元素"的力量不断改进。2010年，陶氏年销售额为537亿美元，在全球拥有约50000名员工，在35个国家运营188个生产基地，产品达5000多种。陶氏为全球160个国家和地区的客户提供种类繁多的产品及服务，并将可持续发展的原则贯彻于化学和创新，力争为各消费市场提供更加优质的产品，包装化学产品、农化产品、塑料、涂料等，应用于建筑、纯水处理、造纸、制药、交通、能源、药品、包括，以及个人护理产品等众多领域。

陶氏在促进经济增长的同时，致力保护环境及为社会作出贡献，支持由化工业界自发倡导的"责任关怀"，致力实现化学品的安全处理。

2. 企业责任关怀目标

2006年陶氏化学启动了2015可持续发展目标，以"智能解决方案、创新成就未来、合作推动变革、负责任运营"为四大支柱，承诺进一步支持社区建设、开发创新产品，并为应对全球面临的挑战不懈努力。陶氏2015可持续发展目标包括以下几方面。

① 以可持续化学为优势的产品销售比例将翻倍，达到10%。

② 为解决世界面临的挑战，实现至少三项突破：充足的食品供给、经济的住房、可替代能源、可持续的供水、改善人类健康和安全。

③ 温室气体年均减排2.5%：自1990年起，陶氏的温室气体（GHG）减排量超过20%，能源强度减少了38%，优于《京都议定书》所规定的标准。

④ 能源利用效率提高25%：自1994年来，能源强度的减少，陶氏已经节约了86亿美元的费用。

⑤ 发布所有产品的安全评估报告：http：//www.dowproductsafty.com。

⑥ 实现本地社区对陶氏工厂100%的接受和认可。

⑦ 环境，健康与安全（EH&S Environment Health and Safety）的主要指标在2005年数值的基础上再平均改善75%。

3. 污染防治措施及效果

基础设施投资：陶氏张家港生产基地是陶氏化学公司在中国和亚太区的核心生产基地，由于在安全、环保以及社区关系等方面的卓越表现，先后于2005年6月和2006年10月获评为"江苏省环境友好企业"和"国家环境友好企业"。

在张家港生产基地，陶氏采用了多项先进的污染控制工艺和防治技术从源头减少废物的产生，提高资源利用率，污染防治设施见图4-2。自1997年在张家港投资设厂，陶氏张家港基地已在扬子江国际化学工业园投资了约3亿美元，建成了三家世界一流的工厂。2009年，第四家工厂，陶氏化学张家港世界级醇醚工厂正式投产。企业单位产品综合能耗及水耗达到国际同行业先进水平。企业三废处理和达标排放率为100%，排放指标符合国家规定的排放标准和污染物排放总量控制指标要求。

陶氏化学一贯致力于积极响应政府所倡导的发展清洁生产以及防止污染的措施。2005年国家环保总局与陶氏化学公司"清洁生产示范合作项目"正式启动，主要从制药、印染、电镀、造纸、酿酒等重污染行业选取中小企业帮助其实施清洁生产。该项目已经取得了显著的经济和环境效益，并产生了良好的社会反响。

图4-2　陶氏化学在张家港生产基地的污染防治设施

陶氏化学在张家港生产基地2009年排放及能耗表现见图4-3～图4-7。

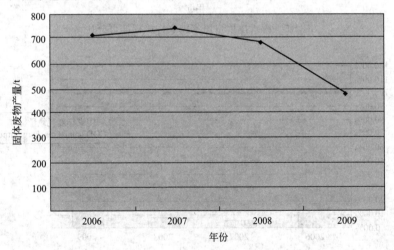

图4-3　固体废弃物产生量

二、欧洲大气污染防治

1. 关于总量控制

欧洲大气污染的控制开展较早，早期为解决由燃煤引起的煤烟型污染问题，逐步开展了二氧化硫、颗粒物、氮氧化物、挥发性有机物、持久性污染物、重金属等排放控制。随着酸

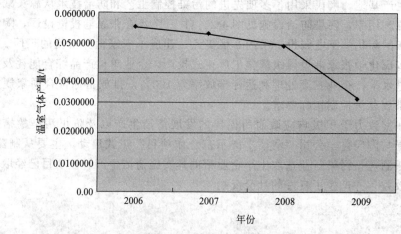

图 4-4　温室气体排放量

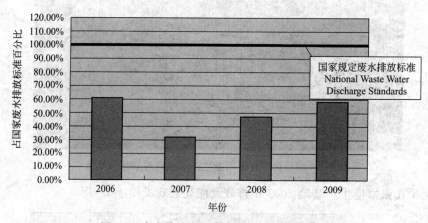

图 4-5　废水排放占国家废水排放标准百分比

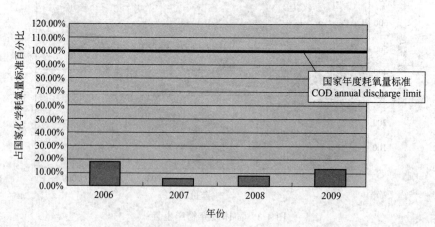

图 4-6　化学耗氧量占国家化学耗氧量标准百分比

雨与污染物跨界传输问题的凸显，自 20 世纪 70 年代以来，欧洲开始采取积极的总量削减控制策略，1985 年首次对二氧化硫提出了削减 50％的目标，此后分别增加了氮氧化物和发挥性有机物、氨等污染物的削减目标。2001 年欧洲议会和欧盟理事会制定并颁布了"国家排放上限指令"，提出了二氧化物、氮氧化物、挥发性有机物和氨四种污染物 2010 年和 2020

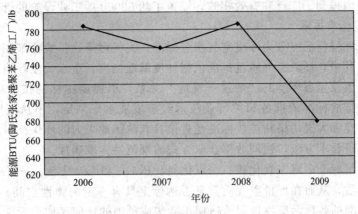

图 4-7 能源强度

年的总量控制目标。到 2010 年，整个欧盟四种污染物排放量分别控制在 829.7 万吨、900.3 万吨、884.8 万吨、429.4 万吨，控制指标全部分解到了 27 个成员国，PM2.5 未纳入总量控制计划。当前正在修订 2020 年的排放目标，并考虑增加一次排放的 PM2.5 作为总量控制指标。

根据欧盟 27 国排放数据核算结果，2010 年，氮氧化物没有完成减排目标，排放量超过目标值 10%，二氧化硫、挥发性有机物和氨均超额完成了减排目标。2001～2010 年期间，欧盟二氧化硫排放量累计下降 54%、氮氧化物排放量下降 26%、氨排放量下降 10%。1990 年以来，二氧化硫、氮氧化物和挥发性有机物降幅显著，分别达到了 82%、47% 和 56%。氨、PM10 和 PM2.5 排放量降幅相对较缓，分别下降了 28%、26% 和 28%。当前的主要大气污染问题是细颗粒物和臭氧的危害最为突出，其次是二氧化氮、氨气、苯和苯并芘。

欧盟各成员国根据协商同意的统一的核算规则核算本国的排放量数据，每年向欧盟委员会以及欧盟环境署上报排放量清单和 2010 年的排放预测量。欧盟环境署负责对上报数据进行审核，最终将审核修改补充后的数据汇编入整个欧盟排放总量清单中，并在欧盟环境署网站上公开。

对于未完成排放总量控制目标的，欧盟没有统一的处罚措施，但对环境质量的考核具有约束性。欧盟给予各成员国自主决定权利，由各成员国自行制定惩罚规则，但要求惩罚规则具有有效性。

2. 关于许可证管理

欧盟要求具有高污染排放潜能的新建和已建工业或农业设施在运行之前，必须得到许可证。欧盟许可证制度建立在四项原则之上：一是对环境污染实施综合管理，许可证是否发放基于对企业环境行为的全盘考虑；二是基于最佳可行技术的应用确定企业的排放限值，欧盟委员会定期发布最佳可行技术参考文件；三是审批考虑因素可适当变化，允许审批机构在许可证审批过程中，综合考虑企业设施的技术特征、地理位置以及当地环境条件；四是鼓励公众参与审批过程，明确要求许可证申请情况、许可证内容、企业排放监测结果等信息应向公众公布。

许可证的申请由企业提出，相关审批机构负责对项目进行审批。许可证要注明各污染物的排放限值，或达到排放限值的类似参数或污染防治技术措施。许可证还要注明企业必须要采取的一般性污染防控措施、长距离或跨界污染的防控措施、污染排放的监测措施、非正常运行情况下的污染防控措施等。

欧盟建立的许可证制度，为欧盟各成员国许可证管理提出了基本要求和提供了基本框架,在欧盟范围内得到了广泛和有效实施,涵盖了约52000项工业设施的管理。

3. 关于环境标准体系

欧盟的大气环境标准可分为环境空气质量标准、大气污染物排放标准和大气环境监测方法标准三大类。其中,环境空气质量标准依据环境基准制定,重点关注环境空气中主要污染物含量对人体健康及生态环境的"剂量—反应"关系,不强调达标的技术可行性和经济成本;大气污染物排放标准依据各相关行业技术经济发展水平制定,不从健康要求"倒推";环境空气质量标准和大气污染物排放标准是直接具有法律约束力的环保技术法规,而大气环境监测方法标准是技术方法,强调数据获取方式的规范性、准确性。

欧洲空气质量标准中对二氧化硫、二氧化氮、PM10和O_3设定了一年或三年内允许超标的天数或小时数,从而在评价空气质量是否达标上具有一定的弹性空间。在适用范围上,欧洲空气质量标准的各项污染物极限值适用于欧盟成员国的任何区域,无论清洁乡村地区还是工业和城市群集中区,没有功能区的概念。

欧盟环境质量目标约束性强,当规定的期限临近时,欧盟委员会将对预期无法按时达标的成员国提出警告及建议,对于到期无法达标的,欧盟委员会将向欧盟法院提起诉讼,由法院判决未达标者采取措施限期达标,仍无法达标的,将再次诉讼并判决超标者将按超标时间缴纳罚金,视超标环境功能区大小、人口数量不同,每超标一天处罚(1.37~82.3)万欧元。

4. 关于环境监测

欧盟监测点位的设置遵循宏观与微观相结合的原则。站点的设置不但考虑其代表性,对其数量的要求也非常严格,特别是针对PM2.5的监测,在最少监测点位数要求的基础上,应保证有足够数量的城市监测点位数据。欧盟各成员国按照指令规定的各项空气污染物的参考监测方法实施在线监测,监测结果上报欧盟委员会。空气质量评价以区域和城市群为单位,扣除自然原因贡献值,不考虑功能区划分,以单项污染物评价为主,以污染最严重的点位代表该区域或城市群的空气质量状况,以极限值为依据评价其对人体健康的影响。欧洲共有7500多个大气质量监测点,其中2000个左右能实时上传数据,二氧化氮的监测站点由2001年的200余个增加到3300个,PM10的站点增加了一倍,达到3000多个。

5. 关于预警及应急管理

在预报预警方面,为避免空气质量监测在评价污染物超标上的滞后性,欧洲多采用气象预报和基于污染物形成与扩散的计算机模式对空气质量进行预报。当污染物的浓度超过警报阈值时,向公众发布预报预警信息,同时采取一定的短期行动计划来减少污染物排放,包括与机动车、建筑工地、船运、工业生产及家庭供暖的相关控制等。

6. 关于煤炭总量控制

相比于中国、美国和印度,欧盟的煤炭使用量属于较低的水平,2011年,欧盟原煤消费量为4.08亿吨标准煤。从1990年占能源消费总量的27.28%大幅降至2000年的18.77%,此后一直稳定在18%以下并缓慢下降。主要通过制定能源发展政策和规划、能源经济政策、加速能源结构调整、加快能源利用新技术开发等措施实现。

综上所述,欧盟各国都建立了完善的环境管理机构,这依赖于合理的机构设置,欧洲各国直接和间接参与环保工作的人员数量巨大,加之来自于国家和企业的环保资金投入持续而庞大,为有效的宣传环保、制订规划和措施、执行环保政策、监督和管理,以及有效的保障环保成果等提供了坚实的基础。

拓展知识

清洁生产与清洁生产审核

一、清洁生产

清洁生产在不同的发展阶段或不同的国家有不同的提法，如"污染防治"、"废物最小化"、"源消减"、"无废工艺"等，但其基本内涵是一致的，即对生产过程、产品及服务采用污染预防的战略来减少污染物的产生。

清洁生产是各国在反省传统的末端治理为主的污染控制措施的种种不足后，提出的一种以源消减为主要特征的环境战略，是人们思想和观念的一种转变，是环境保护战略由被动反应向主动行为的一种转变。

有关清洁生产的概念、目的、意义及基本原则见本书第五章第四节有关清洁生产的相关内容。

二、清洁生产审核

清洁生产审核是指对组织产品生产或提供服务全过程的重点或优先环节、工序产生的污染进行定量监测，找出高物耗、高能耗、高污染的原因，然后有的放矢地提出对策、制定方案，减少和防止污染物的产生。清洁生产审核在实行污染预防分析和评估的过程中，制定并实施减少能源、资源和原材料使用，消除或减少产品和生产过程中有毒物质的使用，减少各种废物排放的数量极其毒性的方案。

清洁生产审核思路可用一句话概括，即判明废物产生的部位，分析废物产生的原因，提出方案以减少或消除废物。见图4-8。

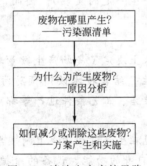

图4-8 清洁生产审核思路

废物在哪里产生？通过现场调查和物料平衡找出废物的产生部位并确定产生量。

为什么会产生废物？这要求分析产品生产过程（见图4-9）的每一个环节。

如何消除这些污染物？针对每一个废物产生原因，设计相应的清洁生产方案，包括较低费方案和中高费方案，方案可以是一个、几个甚至几十个，通过实施这些清洁生产方案来消除这些废物产生原因，从而达到减少废物产生的目的。

审核思路中提出要分析污染物产生的原因和提出预防或减少污染产生的方案，这两项工作该如何去做呢？为此需要分析生产过程中污染物产生的主要途径，这也是清洁生产与末端治理的重要区别之一。

抛开生产过程千差万别的个性，概括出其共性，得出如图4-9所示的生产过程框图。

从图4-9可以看出，一个生产和服务过程可抽象成八个方面，即原辅材料和能源、技术工艺、设备、过程控制、管理、员工六方面的输入，得出产品和废物的输出。不得不产生的

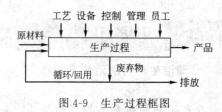

图 4-9　生产过程框图

废物，要优先采用回收和循环使用措施，剩余部分才向外界环境排放。从清洁生产的角度看，废物产生的原因跟这八个方面都可能相关，这八个方面中的某几个方面直接导致废物的产生。

根据上述生产过程框图，对废物的产生原因分析要针对以下八个方面进行。

（1）原辅材料和能源

原辅材料本身所具有的特性，例如纯度、毒性、难降解性等，在一定程度上决定了产品及其生产过程对环境的危害，因而选择对环境无害的原辅材料是清洁生产所要考虑的重要方面。

企业是我国能源消耗的主体，以冶金、电力、石化、有色、建材、印染等行业为主，尤其对于重点能耗企业（国家规定年综合能耗 1 万 t 以上标煤企业为重点能耗企业；各省市部委将年综合耗能 5000t 以上标煤企业也列为重点能耗企业）节约能源是常抓不懈的主题。我国的节能方针是"开发和节约并重，以节约为主"。可见节能降耗将是我国今后经济发展相当长时期的主要任务。据统计，产品能耗中国比国外平均多 40%，我国仅机电行业的节能潜力在 1000 亿千瓦时，空间十分巨大。同时，有些能源（例如煤、油等的燃烧过程）在使用过程中直接产生废物，而有些则间接产生废物（例如一般电的使用本身不产生废物，但火电、水电和核电的生产过程均会产生一定的废物）。因而，节约能源、使用二次能源和情节能源将有利于减少污染的产生。

（2）技术工艺

生产过程的技术工艺水平基本上决定了废物产生数量和种类，先进技术可以提高原材料的利用效率，从而减少废物的产生。结合技术改造预防污染是实现清洁生产的一条重要途径。连续生产能力差、生产稳定性差、工艺条件过严等都可能导致废物的产生。

（3）设备

设备作为技术工艺的具体体现在生产过程中也具有重要作用，设备的搭配（生产设备之间、生产设备和公用设备之间）、自身的功能、设备的维护保养等均会影响到废物的产生。

（4）过程控制

过程控制对生产过程十分重要，反应参数是否处于受控状态并达到优化水平（或工艺要求），对产品的得率和废物产生数量具有直接的影响。

（5）产品

产品本身决定了生产过程，同时产品性能、种类的变化往往要求生产过程做出相应的调整，因而也会影响到废物的种类和数量。此外，包装方式和用材、体积大小、报废后的处置方式以及产品储运和搬运过程等，都是在分析和研究产品相关的环境问题时应加以考虑的因素。

（6）管理

我国目前大部分企业的管理现状和水平，也是导致物料、能源的浪费和废物增加的一个主要原因。加强管理是组织发展的永恒主题，任何管理上的松懈和遗漏，如岗位操作过程不够完善、缺乏有效的奖惩制度等，都会影响到废物的产生。通过组织的"自我决策、自我控制、自我管理"方式，可把环境管理融于组织全面管理之中。

（7）员工

任何生产过程，无论其自动化程度多高，从广义上讲均需要人的参与，因而员工素养的提高和积极性的激励也是有效控制生产过程废物产生的重要因素。缺乏专业技术人员、缺乏熟练的操作工人和优良的管理人员以及员工缺乏积极性和进取精神都可能导致废物的增加。

（8）废物

废物本身所具有的特性和状态直接关系到它是否可再用和循环使用，只有当它离开生产过程才成其为废物，否则仍为生产过程中的有用物质，对这应尽可能回收，以减少废物排放的数量。

废物产生的数量往往与能源、资源利用率密切相关。清洁生产审核的一个重要内容就是通过提高能源、资源利用效率，减少废物产生量，达到环境与经济"双赢"的目的。当然，以上对生产过程八个方面的化分并不是绝对的，在许多情况下，过程控制不仅与仪器仪表有关，还与员工及管理有很大的关系等，但八个方面仍各有侧重点，原因分析时应归结到主要的原因上。

注意对于每一个污染源都要从以上八个方面进行原因分析并针对原因提出相应的解决方案（方案类型也在这八个方面之内），但这并不是说每个污染源都存在这八个方面的原因，它可能是其中的一个或几个。

本章小结

本章分别介绍了污染物的产生、控制和资源化，以及化工企业出现危险情况的应急监测和处理预案的制定方法，并从污染控制角度用案例说明化工企业对社会的责任关怀。对污染控制重在从源头抓起，严格执行国家相关污染物排放标准。

自测题

一、名词解释
环境污染　　可持续发展　　环境风险评价　　污染防治　　"三同时"制度

二、填空题
1. 污染防治准则的八个一级管理要素有：＿＿＿＿、＿＿＿＿、＿＿＿＿、＿＿＿＿、＿＿＿＿、＿＿＿＿、＿＿＿＿。

2. 化工污染物的来源包括：＿＿＿＿、＿＿＿＿。

3. 我国的工业污染防治工作发展的三个阶段：＿＿＿＿，＿＿＿＿，＿＿＿＿。

三、论述题
某工艺车间输入的原料 A、B 和 C 是液体，批量运输；原料 D 是固体，装在 5kg 的袋中运送。在配料区，每种原料分别同新加的工艺水和回收单元中的回收液（原料 A）混合。合成反应是放热的，因此要用水冷却，反应产率依赖于反应温度。一次蒸发是用来出去多余的水和未反应的原料 A 和 D。因为缺少维修，一次蒸发器的状况较差，检测到几处泄漏和溢流。在回收过程中，部分过量（未反应）的原料 A 循环回到配料区，但由于合成反应器冷却系统的制冷量低，目前只有其中的一部分被重复使用。在单元操作之间，液体原料通过管道运送，固体原料用传送带运送。现场调查发现管道上有几处泄漏。在操作中，随机抽取样品，手动控制生产过程。合成、澄清工序同最终产物的洗涤都是分批进行的，其余工序的步骤都是连续进行的。工厂的生产一天 24 小时分 3 班连续进行。合成工序的产率在 80％左右（行业平均水平为 85％）。车间负责组织安排生产过程的各项操作，在车间的要求下维修组负责对设备进行维修。

  1. 原辅材料及能源是否对废弃物的数量或成分有影响？

  2. 技术工艺是否对废弃物的数量或成分有影响？

  3. 设备是否对废弃物的数量或成分有影响？

  4. 过程控制是否对废弃物的数量或成分有影响？

  5. 产品是否对废弃物的数量或成分有影响？

  6. 废弃物本身特性是否对废弃物的数量或成分有影响？

  7. 管理是否对废弃物的数量或成分有影响？

  8. 员工素质是否对废弃物的数量或成分有影响？

复习思考题

  1. 作为一名化工企业员工，你会如何参与污染防治工作？

  2. 假如企业出现突发事故，作为污染治理设施操作人员你会做哪些工作？

第五章 工艺安全准则

　　为了规范化工企业推行"责任关怀"而实施的工艺安全管理，企业有必要制定相应的工艺安全准则，其主要包括领导与承诺、培训、风险管理、工艺和技术、厂房与设备、应急响应管理、检查与绩效考核、管理评审等 8 个要素。做好风险管理工作，并采取有效的监控措施，是保障工艺安全的基础；抓好员工的工艺安全培训，是保障工艺安全的关键；及时改进生产工艺，引入技术先进、环境友好、安全可靠的生产工艺和技术路线，则是从根本上保障工艺安全。

　　未来的化工厂可坐落在青山绿水之间，实施绿色工艺，生产管理严格规范，真正做到零伤害、零排放、零事故亟待实现见图 5-1。

图 5-1　与青山绿水毗邻的化工厂

第一节　准则的基本内容

一、概述

1. 基本概念

（1）工艺安全

　　工艺安全是指在化工生产过程中，所采用的工艺技术、生产装置、安全设施及操作程序等方面都是先进的、严格协调一致的、进行规范化管理的，在工艺上达到本质安全。

（2）工艺安全管理

　　工艺安全管理（Process Safety Management，缩写 PSM）是针对化工生产具有高温、高压、工艺流程复杂、生产操作复杂等特点，存在燃烧、爆炸、中毒、腐蚀等危险因素，管理者在工艺技术、生产装置、安全设施等方面采取先进技术、严密组织、统一协调与控制等措施，进行严格的规范化管理，从而达到工艺安全要求的一系列活动。

（3）风险

风险是指可能发生的危险。

（4）风险管理

风险管理指对化工生产过程中存在的危险源、职业病危害因素都辨识出来，进行科学评估，采取有效的控制措施，将风险降到可接受程度，避免事故发生。

2. 工艺安全方面的主要法律、法规

化工生产过程中存在许多危险或不安全因素，易引发各种生产事故，危害员工的身体健康和生命安全。长期以来，我国对安全生产的监管工作非常重视，已陆续颁布实施了多项与安全生产密切相关的法律法规和规范标准，其中有关工艺安全生产方面的重要法律法规如下。

①《中华人民共和国安全生产法》（2002.11.1）。

②《建设项目职业卫生"三同时"监督管理暂行办法》（2012.7.25）。

③《生产安全事故报告和调查处理条例》（2007.6.1）。

④《安全生产违法行为行政处罚办法》（2008.1.1）。

⑤《安全生产事故隐患排查治理暂行规定》（2008.2.1）。

⑥《〈生产安全事故报告和调查处理条例〉罚款处罚暂行规定》（2007.7.3）。

⑦《安全生产许可证条例》（2004.1.7）。

⑧《危险化学品安全管理条例》（2002.3.15）。

⑨《烟花爆竹安全管理条例》（2006.1.11）。

⑩《中华人民共和国职业病防治法》（2001.5.1）。

⑪《作业场所职业健康监督管理暂行规定》（2009.9.1）。

⑫《作业场所职业危害申报管理办法》（2009.9.1）。

⑬《生产安全事故信息报告和处置办法》（2009.7.1）。

⑭《非煤矿矿山企业安全生产许可证实施办法》（2009.4.30）。

⑮《生产安全事故应急预案管理办法》（2009.5.1）。

⑯《安全生产许可证条例》（2004.1.13）。

⑰《危险化学品重大危险源监督管理暂行规定》（2012.5.30）。

⑱《生产经营单位安全培训规定》（2006.3.1）。

⑲《劳动防护用品监督管理规定》（2005.9.1）。

⑳《国务院关于进一步加强企业安全生产工作的通知》（2010.7.19）。

虽然以上这些法律法规和规范标准可以为企业的工艺安全监管提供明确的依据，但它们不能形成一个完整的体系，实施的效果不尽理想，而责任关怀体系中的工艺安全准则可以很好的将与工艺安全监管相关的法律法规和规范标准融入到各项工作中，形成完善的体系。

3. 推行工艺安全准则的目的和意义

本准则目的是规范化工企业推行"责任关怀"而实施的工艺安全管理，防止化学品泄漏、爆炸、火灾，避免发生伤害或对环境产生负面影响。

二、准则的基本内容

工艺安全准则由目的、范围和管理要素三部分构成。

1. 准则的基本管理要素

管理要素有 8 个一级要素和 35 个二级要素构成。8 个一级要素分别是：领导与承诺、培训、风险管理、工艺和技术、厂房与设施、应急响应管理、检查与绩效考核、管理评审。

（1）领导与承诺

本要素由5个二级要素构成。

首先明确企业最高管理者是企业工艺安全的第一责任人。企业应设置工艺安全管理机构并配备工艺安全专业人员。

企业应制订书面工艺安全方针和目标；为工艺安全准则实施提供资源保障。

企业应根据相关法律法规和标准的要求，制订完善的工艺安全管理制度。应定期进行绩效考核和评审，提出改进措施，持续改进工艺安全管理水平。

（2）培训

本要素由3个二级要素构成。

企业应根据培训需求制订培训计划，编制培训教材，定期进行培训。考核合格者方可上岗。应建立员工工作期间技能评估系统，对员工的各项工作技能定期进行评估。并应定期进行再培训。

培训对象为员工培训和外来人员培训。企业应对全体员工进行基本知识和专业技能的培训，使其具备必要的专业技能，熟悉有关管理制度，了解生产工艺，掌握操作规程。企业对一切外来人员，包括建筑施工、设备安装、产品包装和物流人员、参观学习等人员都应进行相应的安全知识培训。

（3）风险管理

本要素由6个二级要素构成。

企业应树立"零事故"的安全理念，将生产过程中存在的危险源都辨识出来，进行科学的评估，采取有效的风险控制措施，将风险降到可接受程度，避免事故发生。

企业应明确风险评估的范围，包括生产、新产品新工艺开发、技术改造、工程设计、装置建设、投产运行直至废旧设备及厂房的拆除与处置。评估依据应包括相关法律法规、设计和施工规范、安全管理制度、技术标准、最佳工业实践经验等。

风险评估程序是成立评估小组，确定评估方法，适时进行评估。评估时应对人员身体健康、生命安全、环境、财产、周围社区等方面影响的可能性和严重程度进行分析，确定风险等级。根据评估结果提出风险控制措施，通过技术和行政方法落实控制措施。这些措施应告知所有相关人员。措施效果应得以验证。

企业应不断进行风险分析，随时识别在生产过程中有关的危险源变更和新事故隐患的出现，并定期进行评估风险控制措施的有效性。必须对变更进行有效管理，建立专门程序对所有变更进行评估、批准、授权、沟通、实施前检查，并作变更记录。必要时进行相应的培训。

（4）工艺和技术

本要素由5个二级要素构成。

化工工艺与技术路线是生产厂房和设备选择的依据，是保证安全生产、产品质量和减少污染的基本条件。因此，生产工艺的选择应是最先进的，尽量提高生产过程的安全性和减少"三废"排放。应本着本质安全要求保持工艺技术的先进性，以技术控制实现安全和稳定生产。

企业应制订相关的各项技术文件，在工艺或技术改造时进行风险评估并及时更新原始文件。在日常生产过程中要如实记录工艺参数、操作活动、设备状况等，并存入档案。企业应根据实际情况，不断进行生产工艺与技术改造，以保持其先进性、可靠性和安全性。

（5）厂房与设施

本要素由 5 个二级要素构成。

企业根据法规，采用最佳工程建造厂房和设施，对预防重大事故如泄漏、火灾或爆炸至关重要。因此，企业必须建立程序，保证新建、扩建、改建工程项目的各个阶段都要进行环境、安全和健康的评估，以识别和消除危害。项目在开车前应进行安全检查、应急响应检查、设备设施完整性检查、工艺危险性分析检查等工作。企业应建立潜在高危害的对策，对厂外的潜在重大危害影响情况有记录，针对每种情况建立必要的技术或管理措施以降低事故后果的严重性，这些措施的有效性必须通过模拟演练以求持续改进。

企业必须对严重事故的风险采取技术措施予以预防，通过技术、设施和人员等足够的多重保护方式来预防发生事故，避免简单失效事件扩大为灾害性事件。企业必须制订所有与工艺安全相关的设备定期维修计划和检查计划，并定期评估这些计划的完整性，以期持续改进。应建立维修和验证程序以确保设备功能的稳定性，并进行记录。

（6）应急响应管理

本要素由 6 个二级要素构成。

企业应建立事故应急指挥系统，明确各部门、各级人员的职责，实行分级管理。企业应根据风险评估的结果，编制应急响应预案，并定期进行演练，要写出演练报告，以期持续改进。

企业应配备足够的应急救援设备，定期检查维修，保持设备处于完好状态。应建立应急通信网络，并确保其畅通。应建立相应的应急救援队伍，如消防、救护、治安保卫、通信联络、医疗抢救等，各专业队伍人员名单落实到人。

企业无论发生大小事故，都必须进行事故调查，向有关部门及时进行事故报告，采取适当的纠正措施，吸取经验教训，防止事故再发生。

（7）检查与绩效考核

本要素由 3 个二级要素构成。

企业应建立工艺安全检查制度，定期对生产安全状况进行检查、考核，保证工艺安全准则有效实施。企业应明确安全检查的目的、要求、内容，并制订检查计划。根据工艺安全检查计划，定期或不定期开展综合检查、专业检查、季节性检查和日常检查。对各种工艺安全检查所查出的风险进行分析，制订整改措施，及时整改，并对整改结果进行验证。

企业应建立绩效考核制度，提出进一步完善工艺安全工作的计划和措施，不断提高工艺安全管理绩效。

（8）管理评审

本要素由 2 个二级要素构成。

企业应建立工艺安全工作评审制度，成立评审小组，明确评审目的，制订评审计划，应每年进行一次评审活动，并写出评审报告。评审的主要内容包括：工艺安全管理与有关法律法规的符合性；生产过程中的危险因素是否辨识和有效控制；组织机构、规章制度的有效性；今后的改进措施。通过评审以实现工艺安全的不断改进。

2. 准则的实施范围及要点

（1）范围

本准则适用于化工企业在生产活动中的工艺安全管理，包括设备布置、工艺路线选择、厂房设计和建造、生产设备操作与维修、原料和中间产品的存储、最终产品的存储等。

（2）要点

首先，应做好风险管理工作。企业要实现"零事故"安全理念，企业认真做好风险管理要素的各项工作，将生产过程中的危险源和职业病危害因素都辨识出来，并采取有效的监控措施，以避免安全事故发生和职业病发生，这是保障工艺安全的基础。

其次，必须抓好员工的工艺安全培训。工艺安全准则内容多而复杂，同时每个员工的岗位操作内容不同，必须做好培训工作使每个员工都熟悉工艺安全准则内容、所在岗位的安全要点和设备操作规程，这是保障工艺安全的关键。

最后，及时改进生产工艺。化工产品方案确定后，企业选择什么样的生产工艺和技术路线成为保证安全生产、产品质量和减少污染的前提条件。因此，企业应该做好技术研发，引入技术先进、环境友好、安全可靠的生产工艺和技术路线，这是从根本上保障工艺安全。

第二节　工艺安全管理

发达国家的大型化工和石化公司都建立了完善的工艺安全管理系统，强调运用系统的方法和技术来预防工艺安全事故，开发了许多预防工艺安全事故的方法和工具。虽然不同的工艺安全管理系统其内容略有不同，但它们的组成要素基本相同。工艺危害分析、变更管理、风险管理是工艺安全管理的关键要素。

一、工艺安全管理及其组成要素

20世纪以来，科学技术的不断革新，给化工和石化等行业带来巨大的变化：新工艺、新产品不断涌现，装置规模日趋扩大。随之而来的是，涉及的化学品品种更多，处理和储存的数量更大，应用的工艺技术更加复杂，操作条件更为苛刻，工艺系统的危害更多，导致发生了不少重大工艺安全事故。例如，1974年英国Flixborough泄漏爆炸事故，造成28人死亡，36人受伤，周围社区也有数百人受伤；1984年印度的博帕尔化学品泄漏事故，造成大约20000人死亡，60000余人需长期接受治疗。这些重大事故引起了人们对于工艺安全的关注，并催生了一系列有关工艺安全管理的导则及法规。

1992年，美国职业安全健康局（OSHA），颁布了高度危险化学品工艺安全管理系统的相关要求（Process Safety Management of Highly Hazardous Chemicals，缩写PSM）。1996年，欧洲《Seveso Ⅰ指令》修订为《Seveso Ⅱ指令》，它吸取了博帕尔事故的教训，更加强调对重大危害的控制和建立工艺安全管理系统的必要性。1996年，韩国政府参考美国OSHA的PSM体系，颁布了该国的工艺安全管理系统要求。1997年8月中国石油天然气集团公司颁布了SY/T6230-1997石油天然气加工工艺危害管理行业标准。1999年，美国环保局（EPA）颁布了《净化空气法案》，在OSHA工艺安全管理系统相关要求的基础上，补充了对风险评价和应急预案的要求。同时，一些预防工艺安全事故的方法和工具得到了开发和完善，例如陶氏化学公司火灾爆炸危险指数（FEI）、预先危险性分析（PHA）、故障树分析（FTA）、危险与可操作性研究（HAZOP）等分析方法。

目前，美国和欧洲非常重视工艺安全管理（PSM），强调运用系统的方法和技术来预防工艺安全事故，并在高危险性行业强制推行工艺安全管理。

美国OSHA的工艺安全管理标准包括14个要素：工艺安全信息、工艺危害分析、变更管理、投产前安全检查、操作程序、培训、机械完整性、动火作业许可、承包商、应急预案与应急反应、事故调查、商业机密、符合性审计、员工参与（见表5-1）。OSHA规定的PSM主要应用于加工工业。其中对"工艺"定义为使用、储存、加工、处理或者在企业范围内转移危险化学品，也可以是上述活动的综合。在PSM法规中附录了一个危险化学品列表，它包含了130余种有毒或具有反应性的化学品，对每种化学品规定了一个数量标准。

石油天然气加工工艺危害管理标准中包括11个方面：工艺管理资料、工艺危害分析、变

表 5-1 PSM 要素在企业生命周期不同阶段的适用情况

要素	研发/项目前期	工程设计	施工与投产	企业运行	企业停产
工艺安全信息	√	√	√	√	√
工艺危害分析	√	√		√	
变更管理	√	√		√	
投产前安全检查			√		
操作程序			√	√	√
培训			√	√	√
机械完整性		√		√	√
动火作业许可			√	√	√
承包商		√	√	√	√
应急预案与应急反应			√	√	√
事故调查				√	
商业机密					
符合性审计					
员工参与	√	√	√	√	√

更管理、操作规程、安全工作作法、培训、关键设备质量及机械完好的保证、开工前的安全检查、应急反应和控制、工艺事故调查、工艺危害管理系统的核查。

不管是 14 个要素还是 11 个方面，这些要素组成大部分是相同的，都涵盖了工艺安全管理的要点，只是分类和说法不同，其目的都是为了预防重大工艺安全事故的发生和减轻事故后果。

二、工艺危险性分析（PHA）

工艺危险性分析（Process Hazards Analysis，缩写 PHA）也称预先危险性分析（Preliminary Hazard Analysis），主要由工艺安全专家或工艺安全管理团队在新建、改建、扩建化工装置或复杂化工项目的设计阶段，通过分析找出系统中的主要危险因素，对这些危险进行评估，并要求安全工程师控制管理这些危险，从而达到可接受的安全状态。

PHA 是国外化工企业工艺安全技术管理核心，是国外化工企业在化工装置设计、改扩建、运行时常用的工艺安全分析方法，主要应用于大型或复杂项目，化工装置的 PHA 一般在运行 5 年左右需要重做一遍或重新审核回顾原来的 PHA。PHA 通过对工艺装置、设施进行系统的危害辨识，为消除和减少工艺过程中危害、减轻事故后果提供必要的决策依据。PHA 重点关注设备、仪表、公用工程、人为因素及外部因素对于工艺过程的影响，着重分析火灾、爆炸、危险化学品泄漏等事故的原因和后果。

执行 PHA 的主要流程如下。

（1）组建 PHA 核心团队并详细分工

核心团队包括生产负责人、技术负责人、项目负责人、工艺安全相关人员（包括安全负责人、协调人、安全核心组成员等），最后在以上人员中推选出 PHA 团队负责人。

（2）工艺安全信息审核

工艺安全信息（Process Safety Information，缩写 PSI）主要包括化学物料的毒性、物理性质、反应性、腐蚀性、稳定性等基本安全信息；工艺流程图，化学品，最大存储量，温度、压力、流量的安全上限和下限，工艺偏离的后果等工艺相关信息；施工材质、电气等级、泄压系统设计基础、通风系统设计、物料和能量平衡、设计标准、安全系统等装备相关安全信息。

（3）危险识别和危险分析

危险识别研究是 PHA 的关键和核心，采用合适的方法研究化工生产流程以揭露工艺安全危险。危险识别方法主要包括危险与可操作性研究（Hazard and Operability Studies，缩写 HAZOPS）、故障假设分析法（What-If Analysis）、安全检查表法（Safety Checklist Analysis，缩写 SCA）和故障类型和影响分析法（Failure Mode and Effect Analysis，缩写 FMEA）。危险识别完成后，随后采用风险管理和风险评估流程（Risk Assessment and Risk Management，缩写 RM）评估核算这些被识别出的工艺危险因素。基于评估结果，这些工艺危险将被恰当的控制管理。

工艺危害分析方法的选择受到多种因素的影响，例如工艺系统的规模和复杂程度。对于同一工艺系统，可以同时采用两种或两种以上的危害分析方法，所选择的分析方法要与工艺系统的复杂性相匹配。例如对于石化和化工的工艺装置，目前国外最普遍的做法是采用 HAZOPS 方法与安全检查清单法相互结合来开展危害分析。HAZOPS 分析是一种用于辨识工艺缺陷、工艺过程危险及操作性问题的定性分析方法，其以系统工程为基础，用关键词为引导，找出过程中工艺状态的偏差，然后再继续分析造成偏差的原因、后果及可以采取的对策。

（4）装置选址和人因分析

装置选址主要处理危险化学品场所同相关人员关系的问题，关注室内及室外操作人员相关安全因素的对比分析。人因分析主要涉及两方面内容。人为失误造成的工艺安全事故：结合面设计不当导致较高人为失误的可能性。结合面包括人与人、人与机器设备的结合，主要关注交接班程序、控制键盘布局、DCS 画面设计、装置布局等设计不当而造成可预见性的人为混淆和失误。

（5）工艺安全事故的回顾

收集、汇编原同类化工装置已经发生的或者未遂的工艺安全事故，回顾事故详细信息，分析事故原因，分析事故发生的"根本"原因是否合理，以及从"根本"原因引出的推荐建议。

（6）RAGAGEP 的审核

RAGAGEP 是公认的良好工程惯例和标准（Recognized And Generally Accepted Good Engineering Practices）的英文缩写，审核的目的主要核对是否有新的标准、原标准是否适合新建装置当地的规定和标准，原标准是否有变更等，最后记录核对过程、列出所有最新适用标准、列出所有标准的检查表。

（7）撰写 PHA 报告

最终 PHA 报告的撰写包括所有详细 PHA 的信息、过程、分析结果以及 PHA 团队专家的相关推荐建议等。PHA 报告需要经过撰写、PHA 团队审核、发布、PHA 涉及人员的审核、建档以及最终的培训等全部流程。

三、变更管理

变更是指企业在生产经营过程中发生的包括工艺技术、设备设施以及人员管理等方面的永久或暂时的变化。变更有可能产生新的风险，尤其是化工企业，由于生产、使用或储存的物料一般是高危危险品，生产过程又常常是在高温、高压等恶劣条件下，生产工艺极其复杂，变更容易产生的潜在安全隐患。

变更管理（Management of Change，缩写 MOC）就是对变更过程进行有计划的管理控制，充分识别和评估变更可能带来的风险和安全隐患，并采取相应措施消除或控制风险，确保变更过程和变更后企业保持安全生产，不发生任何人员伤亡、财产损失和破坏环境、损害企业声誉的事故。变更管理的实质就是预防和控制潜在事故的发生，其主要程序如下：

① 变更的申请和审批。必须通过风险辨识和评估，确认变更不会产生新的风险或风险可以控制，方可批准并实施变更。

② 变更完成后，及时更新相关技术数据、图表、操作规程等文件。

③ 将变更内容及相关文件及时对相关人员进行培训、传达，避免误操作的发生。

为了规范化工企业生产经营与管理的工作过程、工作程序、技术、设备（设施）、人员、管理制度等暂时性和永久性的过程变更管理，及时发现和消除由于变更引起的潜在安全事故隐患，确保企业的安全生产，化工企业必须制定相应的变更管理制度或变更管理程序。化工企业中，变更管理主要适用于以下方面。

① 人员变更，指任何从事生产或管理工作人员的引进、调动、换岗、退出而导致生产安全信息的更改。

② 工艺变更，包括：任何标准操作程序、操作手册或其他工艺安全信息的更改；任何对工艺化学品、催化剂、溶剂、原料或工艺流程的更改；各种化学反应的压力温度、原辅材料及产品质量等重要的工艺操作指标的更改。

③ 设备变更，指任何对设备/材料的增加、去除，或者导致了工艺安全信息的更改。

目前，变更管理作为工艺安全管理的内容之一，已经受到政府部门和化工企业的高度重视。美国劳工部职业安全卫生署（OSHA）1992 年公布工艺安全管理（PSM）法案中，将变更管理纳入立法管理，要求高危害性工厂必须建立严格的变更管理制度。一些国际知名企业如巴斯夫、陶氏、杜邦等企业都制定了严格的变更管理制度，出台了适合本企业的详细变更管理程序和具体的操作要求，强调任何对生产工艺中的化学物质、工艺技术、设备和操作规程提出的更改超出了原有文件记录的安全操作范围，都需要实施严格的变更管理。在我国，石油化工等行业或企业标准中也都明确了对变更管理的要求，出台了相应的管理规范。

四、风险管理（RM）

风险管理（Risk Management，缩写 RM）也称风险评估（Risk Assessment），主要由风险评估团队及核心顾问专家完成。一旦工艺危险事件被识别出，则通过 RM 流程评估事件中的个体、环境和流程中面临的风险，以及采用恰当的和有效的方式管理这些风险的过程。RM 是 PHA 的一个组成部分，PHA 是可靠的工艺安全管理流程的基础，RM 可以有效地提高 PHA 的效率和效果。

1. RM 简要步骤

RM 主要步骤包括：识别确认危险；假定导致出现危险的事件情景，确定后果等级；确定事件后果频率等级；评估计算事件的风险指数，反馈风险指数，以利于降低风险；评估反馈行动的效果和重新评估计算风险指数，确定最终的风险指数可被接受。

2. 后果等级

一般来说，物料或能量的泄放最终都会使人员、环境或工艺受到影响，产生一定后果等级的损害。

3. 频率评价

用于计算出需求、故障及影响之间不同组合的频率级。一般使用故障树来估算出一次泄放或者适当分组的几次泄放的可能发生频率。建立故障树，工作组对所有保护系统性能或引起的反馈进行评价。工作组必须评价计算出所有保护系统出现故障的频率，再使用事件树来校核可能导致后果的种类，并识别出这当中哪些后果能导致的最高风险等级。

4. 风险等级矩阵

主要用于确定风险指数的分类等级，风险指数综合了后果等级和频率等级后确定。

5. 风险等级确认、沟通和反馈

正确执行 RM 的关键是评定初始风险列表，对此风险正确反馈，并重估风险。如果小组评定、怀疑事件风险严重，需进一步评估以判断此分级是否正确。一旦风险评估完毕，小组需要与工艺安全负责人、操作负责人等沟通以采取重估、措施、对策等进一步行动来降低风险。

6. 风险降低的方法

如果反馈行动需要降低风险，通过"集思广益"，可以获得使风险降低到可以接受程度的办法：消除危险因素，降低事件的后果，降低事件发生的次数，降低人员同暴露危险化学品接触的机会。假定要执行以上风险降低方法，则必须对风险重新评估，也要确认是否会产生其他风险。

五、国内外 PSM 实施情况

目前，发达国家的大型化工和石化公司都建立了完善的工艺安全管理系统，制订了相关法规及配套实施指南，并在企业的各个时期落实执行。国内的部分研究单位和企业对工艺安全管理系统进行了消化吸收，对关键要素正在进行深入的研究和推广。

1. 美国 PSM 实施情况

在美国，美国职业安全健康局（OSHA）颁布的 PSM 以法规的形式存在，不仅具有权威性，也说明工艺安全管理具有必要性和适用性。为满足 OSHA 的 PSM 要求，杜邦、陶氏化学等国际化工企业也相继建立了自己的 PSM 系统。

杜邦公司的安全体系由 12 个行为安全要素及 14 个工艺安全要素构成。这 12 个行为安全要素包括：管理层承诺；切实可行的政策；综合性的安全组织；安全目标；直线管理层责任；激励机制；培训；有效的检查；专业安全人员；事故调查；高标准的安全规定和程序等。14 个工艺安全要素包括：工艺安全信息；工艺危害分析；操作程序和安全惯例；技术变更管理；质量保证；启动前安全评价；机械完整性；设备变更管理；培训及表现；承包商；事故调查；人员变动管理；应急计划和响应；审核。可以看出杜邦的工艺要素与 OSHA 的 PSM 的 14 个要素是相匹配的。

陶氏化学对 PSM 的执行情况也具有代表性。陶氏化学公司全球所有设施所执行的 EHS 管理体系（工艺安全、培训、机械完整性、变更管理等）和标准均已达到 OSHA 的 PSM 法案的大部分要求，而对 PSM 法规的遵守主要是通过《操作纪律管理制度》所要求的文件记录和审查要求实现的。在这些要素中，工艺危害分析是陶氏化学的一个特色要素。为了更有效地利用技能资源，陶氏化学工艺风险管理使用层进式风险分析方法，整个分析过程分为四个层次。第一层次是对所有设施进行工艺危害分析，可采用火灾爆炸危险指数、化学品暴露指数、RC-PHA 调查问卷、保护层目标值等方法；第二层次是对设施的特定单元操作进行附加风险检查，可使用因果成对鉴别、HAZOP 分析、建筑物超压分析等方法；第三层次是对目标工艺进行增强型风险检查，主要是定量风险评估（QRA）的筛选；第四层次是选择少数高风险活动的场景进行 QRA。根据结果分析的组合和事故发生的频率来进行选择，QRA 集中于高危活动。

2. 欧洲 PSM 实施情况

欧洲的 PSM 体系主要有《Seveso Ⅱ指令》规范，该指令与工艺管理系统的结构相似。《Seveso Ⅱ指令》明确要求企业建立《安全管理制度》，对工艺安全管理要素之一的应急预案和响应，规定经营者必须制订出企业的《内部应急预案》，并将此预案提交当地政府部门以便制订《外部应急预案》。同时，该指令在土地使用规划、公众的知情权和协商权、事故报告、检查和管理合作等方面都做了具体规定，制定了《安全管理制度指南》、《安全报告准备指南》、《重大事故预防对策指南》等指导文件。

3. 国内工艺安全管理现状

目前，在我国化工和石化行业，大力推行了 HSE 管理体系，积累了丰富的经验。该体系包含了工艺安全管理的部分要素。此外，国内正在对以 HAZOPS 为主的工艺危险系统分析方法进行广泛的研究，并推广使用，这给我国企业实施工艺安全管理奠定了基础。但是，我国还没有针对性的工艺安全管理方面的法律法规和标准。虽然国内许多企业实施了 HSE 管理体系以及 ISO 体系，但这些体系没有法规的强制性。

总体而言，国内仍缺乏对 PSM 各要素详细实施导则的研究，缺乏 PSM 体系与内现行的法律法规和企业安全管理体系之间的分析比较。还没有形成既符合我国实际情况，又能与国际接轨的工艺安全管理模式。

第三节　工艺安全培训

企业应建立工艺安全教育培训的管理制度，确定工艺安全教育培训主管部门，定期识别工艺安全教育培训需求，制定各类人员的工艺安全培训计划，确保每个员工都熟悉工艺安全准则内容、所在岗位的安全要点和设备操作规程，这是保障工艺安全的关键。

为了加强化工企业的工艺安全管理，提高员工整体工艺安全管理能力，世界上知名的跨国公司如：埃克森美孚、壳牌、英国石油等都建有完善的安全管理培训体系、培训课程和管理标准，对员工安全管理培训有详细的计划、规范的监管和严格的考核。培训内容涵盖法律法规、各公司的安全管理理念、核心价值观、直接作业环节、应急管理、个体防护、自救互救、环境保护、职业卫生等。

综合分析近年来的化工企业安全事故，大多数事故发生的主要原因在于员工主观上对违章操作造成的严重危害认识不足，心存侥幸的心理；能力上操作不熟练，业务不过关，技术不过硬。《生产经营单位安全培训规定》中规定：生产经营单位从业人员应当接受安全培训，熟悉有关安全生产规章制度和安全操作规程，具备必要的安全生产知识，掌握本岗位的安全操作技能，增强预防事故、控制职业危害和应急处理的能力。未经安全生产培训合格的从业人员，不得上岗作业。因此，化工企业要强化工艺安全培训教育工作，积极开展多种形式工艺安全培训，以确保工艺安全的要求能真正贯彻每一个岗位。

一、制定工艺安全培训管理制度

企业应制定工艺安全培训管理制度，确定工艺安全教育培训主管部门，按规定及岗位需要，定期识别工艺安全教育培训需求，制定、实施安全教育培训计划，提供相应的资源保证。同时，企业还应做好工艺安全教育培训记录，建立工艺安全教育培训档案，实施分级管理，并对培训效果进行评估和改进。

根据《企业安全生产标准化基本规范》（AQ/T 9006），企业应确立终身教育的观念和全员培训的目标，对在岗的从业人员进行经常性安全培训教育，企业必须保证安全培训教育所需人员、资金和设施。另外，企业安全培训教育主管部门还应对培训教育效果进行评价。

二、针对不同培训对象实施培训

在化工企业，培训对象一般分为管理人员、生产岗位人员和外来人员三类。管理人员通常分为企业负责人、安全管理人员，其他管理人员，专业工程技术人员等；生产岗位分为班组长，监护人，持证作业人员，一般操作工等；外来人员分为长期承包商、短期承包商和访客等。在适当的时机、为适当的人、提供适当的培训，是培训组织者的职责和任务。

企业的主要负责人和工艺安全管理人员，必须具备与本单位所从事的生产经营活动相适应的安全生产知识和管理能力。法律法规要求必须对其安全生产知识和管理能力进行考核的，须经考核合格后方可任职。

企业应对操作岗位人员进行安全教育和生产工艺操作规程培训，使其熟悉有关的工艺安全规章制度和工艺操作规程，并确认其能力符合岗位要求。未经工艺安全教育培训，或培训考核不合格的从业人员，不得上岗作业。特别在新工艺、新技术、新材料、新设备设施投入使用前，应对有关操作岗位人员进行专门的工艺安全教育和培训。操作岗位人员转岗、离岗一年以上重新上岗者，应进行工艺操作规程和工艺安全培训，经考核合格后，方可上岗工作。

企业应对相关方的作业人员进行工艺安全教育培训。作业人员进入作业现场前，应由作业现场所在单位对其进行进入现场前的工艺安全教育培训。另外，还应对外来参观、学习等人员进行有关工艺安全规定、可能接触到的危害及应急知识等内容的工艺安全教育和告知，并由专人带领。

三、构建培训课程体系和培训内容

课程体系建设的基础是要搞清楚管理人员、生产岗位人员和外来人员需要培训什么内容？培训形式如何？按照炼化企业对各岗位能力要求进行建设。工艺安全管理培训课程体系的建设对改善培训现状意义重大，可以从工艺安全知识培训、技能培训、承包商培训等几方面进行培训课程体系建设。

化工企业要在培训理念上，实现从理论教学向实践教学的转型，积极摸索符合企业实际的基层培训教育模式，制定相应的培训流程及管理方法。

四、建立培训的模型或训练装置

除了课程培训外，还需要安排培训人员针对实际的模型或真实的现场进行动手操作培训。针对不同的培训岗位，通过工艺安全培训模型或小型的训练装置，将工艺安全培训的内容融入到这些模型中，使培训的形式多样化，感性化，加深员工对实际工艺操作和安全作业的感性认识。

五、重视培训考核与反馈，强化工艺操作制度的执行力度

培训不是一蹴而就的事情，而是一个过程。培训后的考核、跟进与反馈能在很大程度上影响培训的效果，因此，企业应该重视培训考核与反馈。培训后跟进与反馈的方法主要有：建立培训档案、及时考核、定期检查回访、在实际工作中继续指导等。

企业应建立从业人员安全培训教育档案，培训档案应记录培训时间、内容和考核结果等，可以定期检查安全培训档案的内容与实际是否相符。企业还应对从业人员进行安全培训教育，并经考核合格后方可上岗。对未对有关人员进行专门培训或未经考核合格上岗可以出发培训主管部门。从业人员每年应接受再培训，再培训时间不得少于国家或地方政府规定学

时。主管部门可以定期针对培训内容抽查部分员工，以了解培训效果。

严格执行工艺操作制度是预防事故的重要环节，也是检验的培训效果的有效手段。化工企业需要不断强化化工艺安全准则中各项规章制度的落实，以达到落实有指导、执行有计划、检查有标准、处罚有依据的目标。在生产操作中，严格落实各项岗位操作受控措施；在现场施工作业管理中，严格执行各项关键工序作业安全管理制度，认真履行安全程序。

第四节 清洁生产与绿色工艺及其应用

清洁生产是将污染预防战略持续地应用于生产全过程，通过不断地改善管理和技术进步，提高资源利用率，减少污染物排放，以降低对环境和人类的危害。清洁生产的基本途径为绿色工艺和清洁产品。化工企业推行清洁生产与绿色工艺，这是责任关怀理念的更高层次体现。

一、清洁生产与绿色工艺概述

近十年来，由于化工生产中大量废物排放所引起的环境问题及生产中安全问题使得清洁生产和绿色工艺越来越引起人们的重视。

1. 清洁生产

（1）概念

1996 年联合国环境规划署提出，清洁生产是一种新的创造性思想，该思想将整体预防的环境战略持续应用于生产过程、产品和服务中，以增加生态效率和减少人类及环境的风险。

① 对生产过程，要求节约原材料和能源，淘汰有毒原材料，消减所有废物的数量和毒性。

② 对产品，要求减少从原材料提炼到产品最终处置的全生命周期的不利影响。

③ 对服务，要求将环境因素纳入设计和所提供的服务中。

清洁生产是在较长的污染预防进程中逐步形成的，也是国内外几十年来污染防治工作基本经验的结晶。究其实质，在于源头消减和污染预防。它不但覆盖第二产业，同时也覆盖第一、三产业。

① 清洁生产是污染控制的最佳模式，它与末端治理有着本质的区别。清洁生产体现的是"预防为主"的方针。传统的末端治理侧重于"治"，与生产过程相脱节，先污染后治理；清洁生产侧重于"防"，从产生污染的源头抓起，注重对生产全过程进行控制，强调"源消减"，尽量将污染物消除或减少在生产过程中，减少污染物的排放量，且对最终产生的废物进行综合利用。

② 清洁生产实现了环境效益与经济效益的统一。传统的末端治理投入多、治理难度大、运行成本高，只有环境效益，没有经济效益；清洁生产则是从改造产品设计、替代有毒有害材料，改革和优化生产工艺和技术装备，物料循环和废物综合利用的多个环节入手，通过不断加强管理合技术进步，达到"节能、降耗、减污、增效"的目的，在提高资源利用率的同时，减少了污染物的排放量，实现了经济效益和环境效益的最佳结合，调动了组织的积极性。

清洁生产是从全方位、多角度的途径去实现"清洁的生产"的，与末端治理相比，它具有十分丰富的内涵，主要表现在：

a. 用无污染、少污染的产品替代毒性大、污染重的能源和原材料；

b. 用无污染、少污染的能源和原材料替代毒性大、污染重的能源和原材料；

c. 用消耗少、效率高、无污染、少污染的工艺和设备替代消耗高、效率低、产污量大、污染重的工艺和设备；

d. 最大限度地利用能源和原材料，实现物料最大限度的厂内循环；

e. 强化组织管理，减少跑、冒、滴、漏和物料流失；

f. 对必须排放的污染物，采用低费用、高效能的净化处理设备和"三废"综合利用措施进行最终的处理和处置。

清洁生产除强调"预防"外，还体现了以下两层含义。可持续性：清洁生产是一个相对的、不断持续进行的过程；防止污染物转移：将气、水、土地等环境介质作为一个整体，避免末端治理中污染物在不同介质之间进行转移。

清洁生产一经提出后，在世界范围内得到许多国家和组织的积极推进和实践，其最大的生命力在于可取得环境效益和经济效益的"双赢"，它是实现经济与环境协调发展的根本途径。

（2）清洁生产的目的和意义

清洁生产是将污染预防战略持续地应用于生产全过程，通过不断地改善管理和技术进步，提高资源利用率，减少污染物排放，以降低对环境和人类的危害。

实施清洁生产不仅可以避免重蹈发达国家"先污染，后治理"的覆辙，还可以实现经济效益与环境效益的有机结合，能够调动企业防治工业污染的积极性。国内外污染防治经验表明：清洁生产是工业污染防治的最佳模式，是转变经济增长方式的重要措施，也是实现工业持续发展的必由之路。

（3）清洁生产的基本原则

《中华人民共和国清洁生产促进法》规定：清洁生产是指不断采取改进设计、使用清洁的能源和原料、采用先进的工艺技术与设备、改善管理、综合利用等措施，从源头削减污染，提高资源利用效率，减少或者避免生产、服务和产品使用过程中污染物的产生和排放，以减轻或者消除对人类健康和环境的危害。

清洁生产的基本原则包括：环境影响最小化原则、资源消耗减量化原则、优先使用再生资源原则、循环利用原则、原料和产品无害化原则等（见表 5-2）。

表 5-2 清洁生产的基本原则

基本原则	内　　容
环境影响最小化原则	能耗最少、污染物产生和排放最小
资源消耗减量化原则	节约资源、降低消耗
优先使用再生资源原则	优先使用可再生资源代替石油和煤炭的使用
循环利用原则	对生产和流通中产生的废弃物,作为再生资源充分回收利用
原料和产品无害化原则	尽最大可能减少有害原料的使用以及有害物质的产生和排放

（4）清洁生产的主要实施途径

从清洁生产的概念来看，清洁生产的基本途径为绿色工艺和清洁产品。清洁生产可以通过控制反应途径和深度，使用清洁原料、溶剂、试剂，使用绿色催化技术，对副产品进行深加工和循环利用，寻找环境有害产品的清洁替代产品等方法来实现。化工企业可以从化学反应、分离技术、催化剂替代、溶剂替代、高毒性物料替代、原料质量、中间产品和副产品、工艺条件等方面推行清洁生产。

2. 绿色化工

（1）概念

关于绿色化工的概念表述有多种，比较公认的说法是：绿色化工是指基于清洁生产理念的、从源头上阻止环境污染的化工技术，即原料中的每一原子转化成产品，不产生任何废物和副产品，实现废物的"零排放"，也不采用有毒有害的原料、催化剂和溶剂，并生产环境友好的产品。

（2）绿色化工的发展要点

绿色化工基本理念是围绕"原子经济"反应、提高化学反应的选择性、无毒无害原料、催化剂和溶剂、可再生资源为原料和环境友好产品开展的。目前，主要从以下几个方面开发绿色化工技术：开发"原子经济"反应；采用无毒无害的原料；提高化学反应的选择性；采用无毒无害的催化剂；采用无毒无害的溶剂；采用生物技术从可再生资源合成化学品；生产环境友好产品。

3. 清洁生产、绿色化工与工艺安全联系紧密

根据工艺安全准则，化工工艺与技术路线是生产厂房和设备选择的依据，是保证安全生产、产品质量和减少污染的基本条件，强调应该从化工生产的本质安全技术要求保持工艺技术的先进性，以技术控制实现安全和稳定生产，通过改进生产工艺来提高生产过程的安全性和减少"三废"排放。

而清洁生产或绿色化工指通过改进设计、使用清洁能源和原料、采用先进工艺技术与设备、改善管理和综合利用等措施，从源头上消减污染，提高资源利用效率，减少或者避免生产、服务和产品使用过程中污染物的产生和排放，从而消减对人类健康和环境

不难发现，清洁生产或绿色化工与责任关怀中工艺安全准则分别从不同角度强调源头消减和全过程控制有害物质、事故和污染，以实现预防为主的目标。因此，生产工艺的绿色化、清洁化与责任关怀理念中要求提高工艺的先进性是一致的。

二、典型的绿色工艺

目前，绿色工艺主要开发途径有：使用清洁原料；使用清洁溶剂、试剂；使用绿色催化技术；副产品的深加工和循环利用等方法。

1. 使用清洁原料

一些存在环境污染的传统合成工艺有：以光气为原料生产甲苯二异氰酸酯（TDI）和二苯基甲烷二异氰酸酯（MDI）；以氢氰酸为原料，用丙酮氰醇法生产甲基丙烯酸甲酯；以氯气和丙烯为原料，用氯醇法生产环氧丙烷；以过氧化氢和异丙苯为原料，液体酸硫酸为催化剂分解制取苯酚，这些工艺有望被清洁原料路线所替代。

拜耳材料科技公司（BMS）于 2007 年推出新的节能型 TDI（甲苯二异氰酸酯）生产技术。尽管该法仍是气相光气法，但该技术可在溶剂使用上节约 80％，并可减少用能 40％，尤其在蒸馏阶段节能显著。BMS 称，该工艺过程对于这一规模的生产装置可减少溶剂消耗约 80％，从而可减少能耗高达 60％。因此，该工艺技术可大大减少操作费用，并对保护气候作出重大贡献。与相同规模的常规生产装置相比，二氧化碳排放可减少约 6 万吨/年。新工艺技术也使这类装置的投资费用减少 20％。TDI 的合成研究方面，Eni Chem 开发的基于碳酸二甲酯的新工艺实现了异氰酸酯的非光气合成并成为绿色工艺。但不足之处是反应时间过长且需更多设备，因此投资费用也将高于传统光气法。国外近年来着手研究"直接法"工艺，即硝基化合物与 CO 直接合成异氰酸酯，这是一个不需要光气而又开发利用 CO，无废排放的环境友好工艺。

在甲基丙烯酸甲酯（MMA）生产方面，传统丙酮氰醇法正向对环境无污染的异丁烯两

步法工艺转换。早期的丙酮氰醇路线是以剧毒的氰化钠为原料，经硫酸酸化后制成氢氰酸，然后再与丙酮作用生成丙酮氰醇。该法工艺路线长，环境污染严重，且生产成本高，目前已基本淘汰。现行的丙酮氰醇路线是以生产丙烯腈的副产氢氰酸为原料，该法工艺流程短，原料成本低，既避开了剧毒的氰化钠，又解决了丙烯腈的副产利用问题，减少了氢氰酸对环境的污染，该法技术成熟，稳定简单，是目前国内外普遍采用的方法。

虽然氢氰酸或氰化氢（HCN）可提供氢氰根而被广泛用于制备多种含氰化合物，如丙烯腈、农药中间体和杀虫剂等，但氢氰酸是一种极毒的化学品，由于它对环境和人体的严重毒害，国内外正在开发替代氢氰酸为原料的绿色工艺——异丁烯两步法工艺。异丁烯两步法的主要生产原理为：将异丁烯在钼催化剂存在下经空气氧化制成甲基丙烯酸，然后与甲醇酯化可得产品。该法的特点是催化剂活性高，选择性好，寿命长，甲基丙烯酸的收率高，无污染，原料来源广泛，且成本低于丙酮氰醇法，但工艺过程较复杂。

2. 使用清洁溶剂、试剂

采用环境友好型的溶剂技术是绿色化工另一快速发展领域。有机反应大部分以有机溶剂为介质，挥发性的有机溶剂被认为是大气层氧化容量和酸度变化的一个重要原因，对环境污染严重，也存在燃烧、爆炸、中毒、腐蚀等危险因素，违反了工艺安全准则。已经在研究的解决方法有：采用离子液体为溶剂；改用超临界流体为溶剂；用含水的溶剂代替有机溶剂作为反应介质；开发无溶剂存在下的有机反应。

水制备解聚马来酸酐的传统工艺以有毒且价格昂贵的过氧化苯甲酰为引发剂，在甲苯等有毒的有机溶剂中聚合后再水解。该工艺流程长、引发剂和溶剂的用量很大、反应温度高、反应时间长，需要分离和回收溶剂，生产环境十分恶劣，污染极其严重。北京工业大学以 H_2O_2 替代过氧化苯甲酰（BPO）引发剂，用水替代有机溶剂，通过一釜多步串联反应，可实现 HPMA 的清洁生产，彻底消除传统工艺对环境的污染。

离子液体是指在室温或接近室温下呈现液态的、完全由阴阳离子所组成的盐，也称为低温熔融盐。离子液体无味、不燃，其蒸汽压极低，可用在高真空体系中，可减少因挥发而产生的环境污染问题。离子液体对有机和无机物都有良好的溶解性能，可使反应在均相条件下进行，同时可减少设备体积，离子液体还具有良好的热稳定性和化学稳定性，易与其他物质分离，可以循环利用。这些优点使得离子液体在工业上具有良好的应用前景。例如，日本东京农业和技术大学的研究人员开发了可溶解纤维素而无需加热的新的离子液体，这种离子液体以甲基咪唑啉盐阳离子和甲氧基磷酸亚阴离子为特征。纤维素是作物生产生物燃料的废弃副产物，在新的离子液体存在下，溶解的纤维素可望提高生物燃料产率。

3. 使用绿色催化技术

开发和使用具有高选择性的、清洁的催化剂和催化工艺如生物催化技术、新型的催化反应器等，可以减少污染，提高经济效益。近年来新型分子筛、纳米材料、非晶态合金、离子液体等新催化材料已经逐渐显露其在绿色催化工艺中的作用。

日本大赛璐化学工业公司正在加快开发基于 N-羟基酞酰亚胺（NHPI）的氧化催化剂。该催化剂与少量金属盐（Mn 或 Co）组合一起，可用于环己烷一步法转化为己二酸，产率高达 80%，不产生氮氧化物副产物。常规己二酸生产需要两步，产率只有 3%～7%，同时产生大量温室效应很强的气体 N_2O。大赛璐公司开发出价廉的方法，用己二酸生产的副产物辉绿岩羧酸来制取 N-羟基酞酰亚胺。与以前的研究方法相比，该工艺成功地使制取己二酸所需的 N-羟基酞酰亚胺催化剂数量减少了两个数量级。大赛璐化学工业公司在其日本姬路生产地已建设了能力至少为 30 吨/年的己二酸装置。该项目将在较缓和的条件下加快开发 N-羟基酞酰亚胺催化剂以应用于烷烃氧化。该一步法的无 N_2O 工艺将成为将来生产己二酸的"绿色"路线。

又如，Mobil 公司开发的甲苯歧化工艺使用经焦化预处理的沸石催化剂，从甲苯歧化反应中直接得到浓度高达 90% 的对二甲苯，明显高于各种传统工艺所能得到的平衡浓度 24% 的对二甲苯，选择性大大提高。此后，Mobil 公司又开发了新的 MTPX 工艺，该工艺使用硅改性的 HZSM-5 作催化剂，对二甲苯的选择性高达 98%。

4. 副产品或废物的深加工和循环利用

有些反应会产生大量低价值的副产品或不必要的废物，开发这些副产品或废物的深加工工艺或循环使用工艺可以避免资源的浪费，提高经济效益。

BOC（比欧西）公司开发了生产丙烯腈的 Petrox 工艺，该工艺使反应在较低速率下进行，降低了生成丙烯腈的转化率，提高了烃类选择性，减少了 CO_2 的生成。生产显示，该工艺可提高产率 20%，减少 CO_2 排放 50%，降低投资费用 20%，减少操作费用 10%～20%。现有丙烯腈生产工艺中，要提高转化为丙烯腈的程度就要提高氨氧化反应的转化率，但反应在高转化率下进行，会大量生成 CO_2 和 CO 副产物而降低了选择性。反应物通过反应器并回收产品后，未反应的烃类原料和副产物送去焚烧，导致来自装置的大量 CO_2 和 CO 排放。在 Petrox 工艺中，采用烃类选择性分子筛设施将废弃物料中未反应的烃原料分出，送回反应器。所有 CO_2 和氮气不从循环物流中除去，而是增加氧以平衡气体混合物。该工艺回路使反应在较低速率下进行，从而降低了生成丙烯腈的转化率，但尽可能高地提高了烃类选择性，减少了 CO_2 生成。

再如，乙烯生产中有大量丁二烯副产品产生，世界各地都在寻找丁二烯生产高附加值产品的途径。杜邦和 DSM 公司合作开发了一种以丁二烯和 CO 为原料生产己内酰胺的新工艺，尽管该工艺的投资无明显节省，但是生产成本却降低了很多，另外不产生不易处理的低价值副产品，此工艺对于丁二烯过剩的地区具有很好的应用前景。

第五节　工艺安全案例

本节主要介绍了国内外一些化工企业实施"责任关怀"的案例，并通过博帕尔事故分析化工企业工艺安全管理的重要性。

一、国内外企业实施"责任关怀"的案例

1. 国外（以道康宁公司为例）

（1）公司承诺

2005 年，道康宁制定了以下涉及环境、健康及安全绩效的五年改善目标。

能源效率：通过提高能源使用效率、利用可再生能源及加大碳汇力度，减少温室气体（GHG）平均排放量。

员工及生产工艺安全：切实降低受伤、职业疾病及生产事故的发生。

环境兼容性：降低道康宁生产工艺、产品及技术对环境的影响。

减少废弃物和提高价值回收利用：通过减量、转化、重复使用、再使用及回收利用，争取实现零废料和零排放。

（2）员工健康及安全

道康宁致力于为全体员工营造一个零伤害的工作环境，这构成了道康宁安全价值观的基础。我们的工作重点是，防止出现可导致伤害或疾病的情形。企业已经加强了对个人安全问题的重视程度，职业伤害和疾病发生率逐年下降（见图 5-2）。

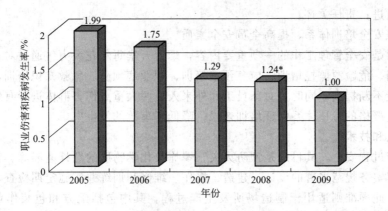

图 5-2 职业伤害和疾病发生率变化图

注：职业伤害和疾病发生率（Occupational Injury and Illness Rate，OIIR）是指每 100 名
员工在工作中发生的需要急救之外的进一步治疗的所有人身伤害和疾病事故的计量指标。

道康宁的安全目标 Safe Work is Our Job（安全工作是我们的职责）注重良好安全操作的五个关键要素，目前已经颇见成效。高度重视这五个关键要素，再加上员工和管理层的身体力行，这对道康宁成功实现安全目标至关重要。

（3）生产工艺安全

道康宁的安全价值观还包括为其工作和生活所在的邻居和社区创造安全的环境。道康宁致力于改善化学生产工艺的安全性。

过去数年来，我们一直高度重视减少事故发生，坚决识别并取缔不安全的做法和程序。由于思想上重视，加上内部安全改善计划的贯彻落实，我们的绩效指标取得了实质性改善，财产事故发生率逐年下降（见图 5-3）。

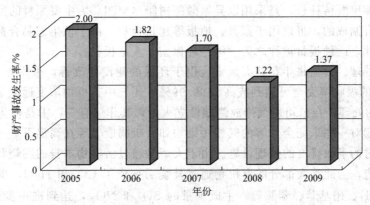

图 5-3 财产事故发生率变化图

注：财产事故发生率（Process Incident Rate，PIR）是指每 100 名员工发生
可记录的财产事故（如溢出、排放、火灾和爆炸）的计量方法。

生产工艺流程事故率在 2009 年依然是令人满意的。各种不同的项目分别展开，以确保重大事故伤害得到有效的控制，同时我们也坚信这些努力会在未来的几年里持续不断地降低生产工艺流程事故率。

2. 国内（以烟台万华聚氨酯有限公司为例）

（1）公司承诺

以客户关注为焦点；零伤害、零事故目标；零废物、零排放目标；管理层与员工的全面参与；持续改进；责任关怀。

（2）加强安全培训体系，提高全员安全素质

安全培训是安全管理工作的一项重要内容，烟台万华每年花大力气通过对在职员工进行业务技能培训、危险源监控培训、应急预案培训、职业病预防、急救知识培训，使员工的安全知识和技能不断提高。同时，对新员工和外来人员两大重点伤害群体进行有效的专项安全培训、并通过严格的考核体系保证培训效果，降低了事故的发生率。

（3）工艺和技术

加强生产过程安全，其目的是预防火灾、爆炸及化学物质的意外泄漏等。它要求工艺设施应依据工程实务规范妥善的设计、建造、操作、维修和训练并实施定期检查，以达到安全的过程管理。此项准则适用于制造场所及生产过程，其中包括配方和包装作业、防火、防爆、防止化学品的误排放，对象包括所有厂内员工和外包商。

改进工艺设备，减少重大危险源，增强本质安全。一是对光气生产装置的改造。取消液态光气储罐，彻底根除储存大量光气带来的隐患；在装置内安装可燃气体浓度检测仪、火焰检测仪和消防管线。设置泄漏监测和连锁报警控制系统，可自动控制系统停车。二是对氯气生产装置的改造。报废老旧氯气储槽，氯气罐区加装氯气报警装置，安装罐区封闭设施。公司的生产装置全部采用密闭生产操作，通过加强设备管理和自动控制水平，降低生产设备运转泄漏，使生产系统跑冒滴漏等无组织排放控制在万分之一以下，工业园内闻不到任何异味。

倡导绿色化工。烟台万华于 2006 年正式启动以 MDI（二苯基甲烷二异氰酸酯）为基础原料的建筑保温市场和零甲醛秸秆板材市场，硬质聚氨酯泡沫具有热导率低、防潮、防水、阻燃、化学性稳能定、抗压强度高等优点，同时与水泥基层有着较好的黏结性。这些特性都使得聚氨酯硬泡这种高效节能保温材料在我国建筑节能领域具有广阔的推广、应用前景。烟台万华生产的零甲醛秸秆板，是采用以异氰酸酯树脂（MDI）为主要原料的生态黏合剂，将农作物秸秆黏合制成的，可以用于家具、地板等建筑板材。由于该生态黏合剂固化后无游离甲醛释放，因此，此种板材被称之为"绿色环保型"人造板材。

加强三废处理。公司每年花费大量资金用于环保的建设与改善，采用先进的设计原理，使光气和 HCl 的吸收率完全可达到或高于 99.99%，尾气中有机物浓度远低于标准，操作非常稳定。尾气的处理，在公司尾气排放终端设立火炬，其作用有三：①是作为气化炉开停车和事故排气；②对一些未完全分解的气相污染物如有机物废气等在高温下进一步分解；③是作为发生事故时的事故排气的处理设施。由于火炬是通过污染物本身的燃烧和添加辅助燃料进行热分解反应，为此绝大部分的有机物通过焚烧后变成了 CO_2 和 H_2O，少量的硫和含氮化合物（如 NH_3、硝基苯、苯胺等）生成少量的 SO_2 和 NO_x，达到进一步无害化的目的。公司废水采用先进的膜生物处理工艺技术进行处理，该工艺技术特别适用于有机浓度高、处理要求高的食品、有机化工、医药及牲畜等行业的废水处理以及中水回用处理，通过活性污泥法去除水中可生物降解的有机污染物，然后采用膜将净化后的水和活性污泥进行固液分离。

（4）建立完备的应急救援体系

为了防范事故的发生，公司在预案方面不断完善，建立完善的应急救援体系：不断完善应急配置，建立了兼职救护员，整个生产装置中配备充足的应急装备和个人安全防护用品；通过各项精良设备，提高应急预警能力；通过专项应急培训、综合安全消防演练、提高人员应急能力。

二、由博帕尔事故分析化工企业工艺安全管理

1. 事故简况

博帕尔农药厂隶属于联合碳化公司在印度的一家合资公司，始建于 1969 年。异氰酸甲酯（MIC）是生产杀虫剂的一种中间产品，该物质是一种挥发性和易燃的剧毒物质，能与水发生放热反应。MIC 只要有极少量短时间停留在空气中，就会使人感到眼睛疼痛，若浓度稍大，就会使人窒息。第二次世界大战期间德国法西斯正是用这种毒气杀害过大批关在集中营的犹太人。在博帕尔农药厂，这种令人毛骨悚然的剧毒化合物被冷却成液态后，储存在一个地下不锈钢储藏罐里，达 45t 之多。美国职业安全与健康管理局（OSHA）规定的 8h 允许暴露极限浓度是 0.02 μmol/mol。考虑到 MIC 的挥发性，设计考虑冷冻储存。MIC 储罐有一套冷却系统，以使储罐罐内 MIC 始终保持在 0.5℃左右。为保证少量泄漏出的气体能够及时吸收，装置设计有水喷淋及洗涤器系统。MIC 储罐罐的工艺流程见图 5-4。

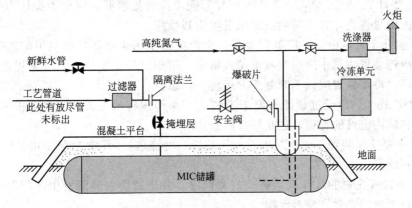

图 5-4　MIC 储罐的工艺流程

1982 年，博帕尔农药厂采取了一系列措施来降低生产成本：停用 MIC 储罐的冷冻系统；减少对工艺设备的维护与维修；聘请廉价承包商；采用便宜的建造材料；缩短员工的培训时间；减少员工数量等。

1984 年 12 月 2 日下午，维修人员试图用水反向冲洗工艺管道上的过滤器。按照规定，在作业前需要关闭管道上的阀门并加装盲板，同时要申请办理作业许可证。但是，在开始作业前维修人员没有申请作业许可证，没有通知操作人员，也没有加装盲板以实现隔离。由于阀门内漏，在冲洗过滤器过程中，冲洗水进入了 MIC 储罐。水进入储罐后，与 MIC 发生放热反应，储罐内的温度和压力升高。由于维护保养不到位，相关温度、压力仪表不能正常工作，室内操作人员没有及时觉察到储罐工况的异常变化。23 时 30 分，操作工发现 MIC 和污水从储槽的下游管道流出。3 日凌晨 0 时 15 分储槽的压力升至 206.84kPa，几分钟后达到379.21 kPa，即最高极限。操作工走近储槽时，听到了隆隆声并且感到储罐的热辐射。0 时45 分，储罐超压、安全阀起跳，液态异氰酸甲酯以气态从出现漏缝的保安阀中溢出，并迅速向四周扩散。约 30t 毒气化作浓重的烟雾以 5km/h 的速度迅速四处弥漫，很快就笼罩了25 平方公里的地区。在短短几天内造成了 5000 多人中毒死亡，5 万多人双目失明，有 20 多万人深受其害。

2. 事故原因分析

根据事后的调查报告，此次事故中有 120～240 加仑水进入 MIC 储罐，水与 MIC 发生放热反应使储罐内温度、压力急剧升高，防爆膜破裂、安全阀起跳，从而导致漏出大量

MIC，水进入 MIC 储罐并与之发生化学反应导致了事故发生。而企业缺乏严格的工艺安全管理和生产中存在大量违规操作则是导致这次事故发生的根本原因。

（1）缺乏严格的隐患排查和治理

1982 年，美国总公司对博帕尔工厂的安全问题曾进行一次检查，并提交了一份批评报告，指出"此工厂具有发生严重事故的隐患，如一旦发生问题，后果将不堪设想"，并劝告厂方为防止泄漏应安装 1 台强力喷水装置以代替现在的装置，可这一建议未被采纳。

另外，另一安全装置——气体洗涤塔（中和塔），其最大设计处理能力仅为这次泄漏量的 $\frac{1}{4}$，根本不足以处理这次事故。第三个安全装置——点火塔（用以燃烧泄漏的气体）在事故发生时，根本没有起作用。但即使没有压力存在，该点火塔也只能处理这次泄漏气体量的 $\frac{1}{4}$。

（2）存在大量违规操作

① 12 月 2 日 23 点 30 分，一工人发现异氰酸甲酯开始泄漏，一位工头认为是漏水，过了几分钟才决定处理它，几小时后储罐内发生强烈反应。

② 事故前几个月，由于工厂电源紧张，企业关闭了用来冷却异氰酸甲酯以防止其发生化学反应的冷却装置，其中冷却剂氟里昂被抽出，用到工厂其他地方。根据规定："为保持储罐正常循环，冷却装置应该不断处于'运转'状态。"

③ 事故前 2h，一位受过训练，但不了解工厂操作规程的工人，冲洗一根和储罐连接、但没有完全和罐内密封的管道，这是规章所禁止的。

④ 三台主要安全装置（喷水装置、点火装置、洗涤塔），其中 1 台在几天前失灵，另 2 台已几周没有维修。

⑤ 该企业没有先进的计算机系统来监测储罐，并迅速警告泄漏发生。厂里主要依赖于工人的眼睛是否流泪来觉察是否泄漏。

⑥ 没有专用的火灾警告装置。

（3）忽视工人培训

由于工厂资金缺乏，管理人员认为赚钱比安全重要，对工人的培训逐渐减少，自 1982 年发生销售赤字以来，该企业失去了许多熟练工人。根据规定，MIC 操作工应具有大学文凭，而这里都是高中毕业生。事故发生时，仅有 20 名操作工熟悉整个 MIC 工厂。

（4）低效率的应急反应

在发现泄漏 2h 后才拉响警报。MIC 的泄漏持续了 45～60min。在此期间，居住在企业周围的许多人因为眼睛和喉咙受到强烈刺激而从睡梦中惊醒，并很快丧失了生命。

3. 博帕尔事故对化工企业的启示

（1）化工企业应该完善工艺安全信息

OSHA 规定，企业应该有书面的、完整的工艺安全信息资料，诸如危险化学品的危害信息、工艺技术和工艺设备相关信息，这些信息可以帮助管理人员和操作人员理解工艺系统如何运行，以及为什么要以这样的方式运行。此事故中，假如有关人员对 MIC 的危害和工艺处理过程所带来的危害等工艺安全信息有足够认识，就不会未经任何评估、未采取任何措施就擅自停掉储罐的冷冻系统。

（2）化工企业应该进行严格的工艺危害分析

工艺危害分析是工艺安全管理的核心要素。化工企业要对危险工艺进行系统的工艺危害分析，辨别出可能出现的偏离正常工况的情形，分析出现偏差的原因及后果，提出消除或控制危害的改进措施。特别是新工艺、新产品的研究开发，新装置、设施的设计阶段等要充分开展 HAZOPS 分析，辨识出可能存在的危害，评估危害可能导致事故的频率及后果。

如果对该企业进行了严格的 HAZOPS 分析，就会对 MIC 的毒性有清楚的认识。另外，这次事故发生前，MIC 储罐曾多次发生少量泄漏，但企业没有认真开展储罐系统的 HAZOPS 分析，认真查找泄漏原因，进而采取相应防范措施，最终导致了这次事故发生。

（3）化工企业应该进行严格的变更管理

为提高生产效率，改善操作条件，企业需要不断改变工艺技术或设施。针对这些变更，企业需要建立必要的程序进行管理，防范变更产生潜在危害和导致安全事故。工艺系统的安全设施之所以存在，必然有其设计意图，绝不能未经评估就擅自取消。装置工艺参数、设备选型、仪表控制系统等实施变更前，一定要组织有关专家进行危害识别和风险评估，落实相应的防范措施。特别是对工艺系统中的安全保障设施，如仪表联锁、安全阀、爆破片等，严禁未经风险评估而随意拆除。

此事故中，企业为了降低生产成本，擅自停掉储罐的冷冻系统，导致 MIC 的储存温度远高于设计值。联合碳化公司的操作手册规定，当储罐温度超过 11℃ 时就应报警。而在停用冷冻系统后，实际温度在 15℃ 左右，为防止频繁报警，随意将报警温度设定为 20℃，较高的温度使 MIC 与水的反应速度加快。

（4）企业应该重视对全方位的培训

企业应该为员工（包括承包商）提供基本的工艺知识培训和相关操作技能的培训，使其了解工艺过程中存在的危害、相关的控制措施。按照博帕尔公司最初的管理制度，要求聘请受过高等教育并获得学位者担任操作工，并为他们提供 6 个月的脱产培训。而为了降低成本，企业不再执行这一制度，操作人员的培训时间由 6 个月降到了 15 天。

（5）企业应该制定应急预案，强化应急反应

应急预案与应急反应的作用是减轻事故后果，防止意外事件或事故升级成为灾难性的事件。一些重大工艺安全事故之所以造成重大人员伤亡、环境污染、巨大经济损失，其中一个很重要的因素就是缺乏有效的应急反应。在此事故中，博帕尔公司缺乏预防事故的应急预案以及相应的演习训练，企业的应急设施也不完善。

企业与社区的应急联动也存在很大问题。企业位于城市近郊，离火车站只有 1km，距企业 3km 的范围内有 2 家医院，贫民区甚至已建到企业围墙外面，但企业与周围社区缺乏应急联动方案。事故发生后，企业没有向居民发出警报。当地医院不知道泄漏的是什么气体，对泄漏气体可能造成的后果及应急措施也毫不了解。

（6）企业应该加强对相关方（如承包商）的安全管理

承包商是指本单位以外的公司或个人。他们根据相应的合同条款为企业提供产品或服务。由于承包商对工艺装置存在的特殊危害缺乏足够的认知，且从事的都是"急难险重"的工作，极易导致事故发生。因此，企业要加强与承包商的沟通协调，并采取必要的管理措施强化现场管理，确保承包商在企业作业期间的安全生产。

此事故中，为降低成本，企业不惜牺牲安全来雇佣廉价的、缺乏相应工作经验的承包商。由于承包商对企业的危害没有认知，不了解化工企业相应管理制度，开始作业前既没有申请作业许可证，没有通知操作人员，也没有加装盲板以实现隔离，从而导致了事故发生。

拓展知识

国际化学品制造商协会（AICM）

国际化学品制造商协会（AICM）是由几家有着共同利益的化学公司在 1988 年自发成

立的一个组织。当时，某政府机构制定了一项对这些化学品制造商们有直接影响的法令。这些公司搜集了对有关此项法令潜在影响的信息，并且与政策决策者们分享此信息，旨在努力确保法规能够体现化学行业的利益，同时，也帮助化学行业本身理解相关政策。

如今，AICM 在世界各地已经拥有 45 家会员公司。这些会员在全球化学品的总销售收入达 1638 亿美元。全球 50 家规模最庞大的化学品制造企业中，已经有 24 家成为本协会会员。

AICM 总部位于中国香港，在北京设有代表处，在中国的上海、北京、香港和其他地区都有 AICM 的会员公司。目前，AICM 下设三个分委会，分别为推广"责任与关怀"委员会、法律委员会和物流委员会。每年，AICM 由会员们做出预算计划，会员们按预算交付会费。协会将在预算的限度之内计划开支。

AICM 是一个非赢利性的行业协会，协会的主要任务如下。

1. 推广以安全清洁的方式制造、使用和分销化学品。这个目标有着重要的意义，因为他们不但要保护雇员和公众，而且要让社区了解化学品加工是可以安全清洁地进行的。

2. 向政府和公众反映会员对相关政策事务的意见。协会认为，行业目标和社会的目标应该是和谐一致的。换言之，合理的公共政策应该反映化学行业的利益，同时，化学行业也有责任维护社会的公共利益。

3. 就科学和化学专题以及健康和安全措施等，向决策者提供国际上的专门技术和知识。AICM 会员公司具备尖端的专业技能，他们能够接触到环境和安全领域方面的世界级专家，此外，他们还可以邀请到世界闻名的化学品方面的科学家，这些是他们极其宝贵的技术资源。

4. 时刻为会员提供有关化学品工业法规的最新资讯，帮助他们规划业务发展，遵守业界守则。AICM 的会员公司非常重视遵守所在国家的法规。因此，了解相关的法规将有助于公司的运行。并且，会员们也非常愿意为制定政策的官员们提供化学行业的信息。

AICM 的会务核心是推广"责任与关怀"的理念，目的是改善化学品工业的健康、安全和环境问题。AICM 要求凡是承诺遵循"责任与关怀"理念的公司应当遵守下列原则：①在公司的生产和运行中，注重公共安全；②提供能够被安全地加工、运输、使用和处理的化学品；③在生产过程中，慎重考虑与健康、安全、环境和能源有关的因素；④提供对健康和环境有危害的信息，并探索寻求保护雇员和公众的措施；⑤为针对有关产品和工艺的安全和环境问题进行培训和研究的机构提供支持；⑥与同业共同解决处理化学品过程中遇到的难题；⑦积极与政府合作，制定维护社区和工作环境的法规和条例；⑧鼓励和帮助其他公司遵守"责任与关怀"的各项原则。

在实践最后一条原则时，AICM 已经赞助或协同赞助了许多研讨化学品安全运输和紧急救援的会议和讲座。

本章小结

本章首先主要介绍了工艺安全准则的基本内容。工艺安全是指在化工生产过程中，所采用的工艺技术、生产装置、安全设施及操作程序等方面都是先进的、严格协调一致的、进行规范化管理的，在工艺上达到本质安全。该准则的目的是规范化工企业推行"责任关怀"而实施的工艺安全管理，防止化学品泄漏、爆炸、火灾，避免发生伤害或对环境产生负面影响。工艺安全准则由 8 个一级要素构成，分别是：领导与承诺、培训、风险管理、工艺和技术、厂房与设备、应急响应管理、检查与绩效考核、管理评审。第二节主要内容是清洁生产和绿色工艺，并通过实例介绍了实现绿色工艺的方法。第三节介绍了国内外工艺安全管理的发展历程及组成要素，其中，工艺危险性分析（PHA）是国外化工企业工艺安全技术管理核心，风险管理是PHA有效组成部分，并介绍了国内外工艺安全管理的实施状况。为了确保工艺安全的要求能真正贯彻每一个岗位，化工企业要强化工艺安全培训教育工作，积极开展多种形式工艺安全培训。在第五节案例分析中，介绍了国内外企业实施"责任关怀"的案例，并从化工企业工艺安全管理角度对博帕尔事故进行了案例分析。

自测题

一、名词解释

工艺安全　　工艺安全管理　　工艺危险性分析

风险管理　　变更管理　　清洁生产

二、简答题

1. 简述工艺安全准则的结构要素。

2. 简述要素"工艺和技术"的主要内容。

3. 何谓风险管理？请简述风险管理的简要步骤。

4. 工艺安全管理是非常复杂的管理工程，请谈谈企业在实施工艺安全准则过程中应抓住的重点工作。

5. 工艺危险性分析（PHA）是国外化工企业工艺安全技术管理核心，请简述工艺危险性分析的流程和步骤。

6. 请查阅文献总结工艺危险性分析中常用的工艺危害分析方法。

7. 请介绍化工企业采用绿色工艺的实例。

三、综述题

1. 以国内外某化工企业为例，根据其发布的责任关怀报告解析该企业实施工艺安全准则过程的优点和不足。

2. 以国内外某个化工安全事故为例，从工艺安全管理的角度对该事故进行事故分析和总结。

复习思考题

1. 什么是工艺安全？请思考化工企业如何才能做到工艺安全。

2. 责任关怀理念中的工艺安全准则主要内容是什么？

3. 国际上有哪些具有代表性的工艺安全管理系统？各包含哪些管理要素？

4. 结合博帕尔事故，谈谈化工企业如何预防安全事故发生？

5. 什么是清洁生产？请谈谈清洁生产和责任关怀理念二者之间的联系？

6. 什么是工艺危险性分析？简述企业进行工艺危险性分析的工作程序。

7. 什么是变更管理？化工企业的变更管理包含哪些内容？

8. 化工企业如何实施工艺安全培训？

9. 请思考化工企业如何推行责任关怀理念。

第六章　职业健康安全准则

职业健康安全是对工作场所内产生或存在的职业性有害因素及其健康损害进行识别、评估、预测和控制（见图6-1），最终达到预防和保护劳动者免受影响和危害，使工作适应劳动者，促进和保障劳动者身心健康和社会福利。为了规范化工企业推行"责任关怀"而实施的职业健康安全管理，制定了相应的职业健康安全准则，其主要包括领导与承诺、风险管理、沟通、法律法规和管理制度及其培训、操作控制、培训意识和能力、承包商和供应商管理、绩效评估及纠正措施、管理评审9个要素。做好风险管理和重大危险源识别是保障职业健康的基础；抓好员工的操作控制，是保障职业健康安全的关键；时时刻刻对职业健康培训工作不放松是从根本上实施本准则的动力。

图6-1　工作场所有害因素进行了现场采样和监测

第一节　准则的基本内容

一、概述

1. 基本概念

（1）整洁规范

指企业针对作业环境进行的清洁整理等一系列工作。在日、韩、台企业中流行的 6S 管理法就与整洁规范有关。

（2）外加工人员

指在外部加工点或者其他企业内为本企业生产产品的人员。我国很多大型化工企业，装置安装检修都会部分或全部外包给专门的建安（检安）公司来完成，这就产生了化工企业主要的外加工人员。

（3）岗前培训

指员工在正式上岗之前进行的培训，包括对工作内容的基本介绍和环境、健康和安全方面的要求等。

新入厂人员（包括新工人、合同工、临时工、外包工和培训、实习、外单位调入企业的人员等），均需经过厂级、车间（科）级、班组（工段）级三级教育。

2. 职业健康安全方面的主要法律、法规

责任关怀实施准则中要求企业建立识别和获取适用的职业健康安全法律法规、标准及其他要求的制度，明确责任部门及获取渠道、方式和时机，并及时进行更新。企业应设定一项程序，确保对所有的变更进行检查、批准、传达和记录，并在必要时实施相应的培训。下列就是我国职业健康安全相关的法律法规。

①《中华人民共和国职业病防治法》（2011.12.31）。
②《中华人民共和国劳动合同法》（2007.6.29）。
③《中华人民共和国妇女权益保障法》（2005.12.01）。
④《中华人民共和国残疾人保障法》（2008.4.24）。
⑤《中华人民共和国母婴保健法》（1995.6.01）。
⑥《中华人民共和国未成年人保护法》（1992.1.01）。
⑦《放射工作人员职业健康管理办法》（2007.11.1）。
⑧《职业病诊断与鉴定管理办法》（2002.5.1）。
⑨《职业病危害事故调查处理办法》（2002.5.1）。
⑩《职业健康监护管理办法》（2002.5.1）。
⑪《职业病危害项目申报管理办法》（2002.5.1）。
⑫《食物中毒事故处理办法》（2000.1.1）。
⑬《使用有毒物品作业场所劳动保护条例》（2002.4.30）。
⑭《危险化学品安全管理条例》（2002.1.26）。

虽然以上这些法律法规和规范标准可以为企业职工健康、安全监管提供明确的依据，但它们不能形成一个完整的体系，实施的效果不尽理想，而责任关怀体系中的职业健康安全准则可以很好的将职业健康安全监管相关的法律法规和规范标准融入到各项工作中，形成完善的体系。

3. 推行职业健康安全准则的目的

本准则的目的是规范化工企业推行"责任关怀"而实施的职业健康安全管理，防止安全事故和职业病发生，保护相关人员的健康和安全。

二、准则的基本内容

职业健康安全准则由目的、范围和管理要素三部分构成。

1. 准则的基本管理要素

基本管理要素由 9 个一级要素和 50 个二级要素构成。9 个一级要素分别是：领导与承诺、风险管理、沟通、法律法规和管理制度及其培训、操作控制、培训意识和能力、承包商和供应商管理、绩效评估及纠正措施、管理评审。

（1）领导与承诺

本要素由 5 个二级要素构成。首先企业要建立职业健康与安全管理机构（具有完善的方针标准、编制人员、管理程序和系统），设立该机构管理的关键目标/关键绩效指标，并提供为持续改进职业健康和安全方面工作所需的资金和人物力资源。明确企业职业健康安全工作的第一责任人是企业的一把手。

（2）风险管理

本要素由 5 个二级要素构成。风险管理就是要建立并实施与风险相称的风险管理程序。采取有效的监测和控制措施；持续改善企业在职业健康与安全方面的表现，将风险降低到最低或控制在可容忍的程度。

风险管理的基本程序分为风险识别、风险估测、风险评价、选择风险管理技术和评估风险管理效果五个环节。要识别其生产经营活动中存在的危险源和危害因素，可参考国家标准《重大危险源辨识》GB 18218—2000，该标准对危险物质的名称及其临界量都有明确规定。依据该标准即可界定重大危险源。企业对本单位的危险源和危害因素都已识别出来了，即可有的放矢的采取监测措施和控制措施，从而防止安全事故和职业病的发生。

（3）沟通

本要素由 3 个二级要素构成。若企业的产品属于危险化学品时，应按照国家标准要求，编制《化学品安全技术说明书》、《化学品安全标签》和《化学事故应急救援预案》；根据国家的要求进行危险化学品登记，建立化学品档案。

要求企业确保领导、员工、承包商、客户、分销商、社区、股东、媒体、相应的政府机构和非政府组织及其他部门等，都能接收到企业运作中上述有关职业健康与安全的相关信息。这里强调要事前沟通、认知、响应。

（4）法律法规和管理制度及其培训

本要素由 4 个二级要素构成。我们国家经过三十多年的改革开放，有关安全生产及其相关的法律法规已经日益健全，但相对法规的制定，监管尚未到位。为此作为一个优秀企业公民的化工企业，应及时获取、更新本企业所适用的职业健康安全法律法规、标准及其他要求的制度。同时对所有的员工、承包商等进行相应的培训，并能随时为他们提供各种法规和标准的最新版本。企业应定期检查员工和承包商的行为是否符合适用的法规、标准及企业的职业健康安全要求。

（5）操作控制

本要素由 12 个二级要素构成。操作控制体现了"预防为主，综合治理"的精神。它从工程控制、操作程序、维修程序、应急程序、个体防护、安全作业许可、整洁规范、健康监护、急救和警示标志等全方位的消除或减少风险的危险程度，从而确保员工的健康与安全。

企业要建立操作程序，确保设备的安全操作和化学品的安全储运。建立维修程序以确保维修人员的安全。建立应急响应程序和急救制度，确保企业员工、承包商、来访者和公众在紧急情况下的安全；在发生事故时能提供有效急救帮助和能及时转诊救治。

企业在工作场所提供适用的个人防护用品，并使员工能正确选择、使用和维护个人防护用品，使员工得到有效防护。

企业应采用安全作业许可制度，如机械作业、动火作业、密闭空间作业、动土作业、高处作业、临时用电作业以及其他相关风险类别的作业许可，以保护工作人员的安全。

企业应建立并保持健康监护体系，定期进行职业健康体检，并建立健康监护档案。

（6）培训意识和能力

本要素由 7 个二级要素构成。企业应建立确保所有员工获得所需工作技能和职业健康安全知识的培训体系。对所有员工和承包商进行与工作相关的职业健康安全培训，应急响应的专门培训和演练。企业应建立员工咨询流程和承包商、外加工人员咨询流程。企业应与承包商、外加工人员保持密切的沟通，对承包企业员工要进行岗前培训。企业应进行职业健康安全制度和程序的文档管理和文档控制，并定期进行审查和升级。

（7）承包商和供应商管理

本要素由 5 个二级要素构成。企业应建立承包商和供应商的管理体系。对承包商的选择、运作、培训和评估的管理，对供应商的资质审查、选择与续用的管理都应制度化。企业应与达到管理制度要求的承包商和供应商签订合同，确保施工、经营等各项活动的安全。身正为范，在本企业做好的基础上，要求承包商和供应商也能同步做到，是"责任关怀"理念得以推广的动力。

（8）绩效评估及纠正措施

本要素由 7 个二级要素构成。企业应建立文件化的程序和流程以衡量其职业健康与安全表现是否符合本准则的要求。应定期对本准则的实施情况进行评估，发现问题应提出纠正措施并实施。企业对工作场所应进行定期的或专业的、季节性的安全检查，发现不安全因素应及时采用消除或控制措施，防止安全事故发生。对工作场所应进行职业卫生监督，对现场的有害因素进行监测，监测结果存入职业卫生档案。发现监测结果超标，应分析产生原因，采取控制措施，防止对健康产生危害。

建立对事不对人的对病伤汇报的文化氛围，鼓励员工汇报没有造成受伤的事件以及侥幸脱险的情况，甚至汇报工作以外发生的受伤事件。对个人事件、事故以及生病状况进行记录，定期进行分析，采取纠正措施，防止安全事件发生。企业应将实施准则所进行的工作内容进行记录，并存档备查。

（9）管理评审

本要素由 2 个二级要素构成。企业应建立职业健康安全评审制度，每年进行一次评审。评审结果形成报告。评审中发现不符合本准则要求的，要采取纠正、预防措施，以使"责任关怀"工作水平持续改进。

2. 准则的实施范围及要点

（1）范围

本准则适用于化工企业及其承包商所从事的生产经营等一切活动。

（2）要点

首先，应该做好风险管理工作。风险管理的首要任务是识别生产经营活动中存在的危险源和危害因素，尤其对重大危险源是否进行识别。企业对本单位的危险源和危害因素都已识别出来了，即可有的放矢的采取监测措施和控制措施，从而防止安全事故和职业病的发生。这是保障职业健康安全的基础。

其次，必须抓好员工的操作控制。操作控制全面体现了"预防为主，综合治理"的安全工作方针和职业卫生工作方针。它从工程控制、操作程序、维修程序、应急程序、个体防护、安全作业许可、整洁规范、健康监护、急救和警示标志等全方位的消除或减少风险的危险程度，这是保障职业健康安全的关键。

最后，加强教育培训。"责任关怀"是一项新工作，要在企业推进这项工作，首先企业的领导和全体员工对"责任关怀"理念和实施"责任关怀"的意义要有所认识。对事物认识的重要渠道是培训教育。对"责任关怀"理念的认识，首先是向领导宣传教育，再是对全体员工进行培训教育。大家都有了"责任关怀"的意识，这是保障职业健康安全的动力。

第二节　职业健康管理

职业健康管理和相关技术研究是世界上各大石油化工公司非常关注的重要领域。西方国家对包括石油化工行业在内的职业健康问题认识较早，北美、西欧和日本于 20 世纪 70 年代就颁布了《职业安全健康法》或《劳动安全法》，其宗旨是保护职业环境符合健康安全环境要求，保障劳动者的身心健康；北欧国家颁布的《职业健康法》或《职业保健法》，更强调提高职业环境健康质量，促进劳动者身心健康。我国也有多部职业健康相关法律保护劳动者的基本权益。这些法规共同的目标都是促进社会经济可持续发展，体现了以人为本的宗旨和现代社会文明，为企业发展树立良好的公众形象提供法律保障。

一、职业健康国家层面的管理

职业卫生健康管理在北美、欧洲、日本等发达国家职业卫生安全大多由劳动行政部门或专门的卫生安全行政部门主管，并由其下属或委任的部门或官员进行监管。我国在《关于国家安全生产监督管理局主要职责内设机构和人员编制调整意见的通知》［中编办（2003）15号］中把作业场所的职业卫生监管职能划归安监系统，这种调整可以说是与发达国家职业卫生安全监管方式的接轨，且符合职业健康安全管理特点。国家安全监管总局按照该文件要求成立了分管该项工作的职业健康司，各省市安全监管部门也相继成立了职业健康处室。国家安全监管总局相继出台了《劳动防护用品监督管理规定》、《作业场所职业健康监督管理暂行规定》、《作业场所职业危害申报管理办法》等相关规定。

2012 实施的《中华人民共和国职业病防治法（修订版）》对 2002 年版的职业病防治法进行了修订，其中就把国家实行职业卫生监督制度中由卫生行政部门统一负责全国职业病防治的监督管理工作修改为国务院安全生产监督管理部门、卫生行政部门、劳动保障行政部门依照本法和国务院确定的职责，负责全国职业病防治的监督管理工作。由一方管理到三方共管。

我国于 2009 年 5 月 4 日发布的国家职业病防治规划（2009～2015 年）要求：

到 2015 年，新发尘肺病（肺尘埃沉着病）病例年均增长率由现在的 8.5% 下降到 5% 以内，基本控制重大急性职业病危害事故的发生，硫化氢、一氧化碳、氯气等主要急性职业中毒事故较 2008 年下降 20%，主要慢性职业中毒得到有效控制，基本消除急性职业性放射性疾病。

到 2015 年，存在职业病危害的用人单位负责人、劳动者职业卫生培训率达到 90% 以上，用人单位职业病危害项目申报率达到 80% 以上，工作场所职业病危害告知率和警示标识设置率达到 90% 以上，工作场所职业病危害因素监测率达到 70% 以上，粉尘、毒物、放射性物质等主要危害因素监测合格率达到 80% 以上。可能产生职业病危害的建设项目预评价率达到 60% 以上，控制效果评价率达到 65% 以上。从事接触职业病危害作业劳动者的职业健康体检率达到 60% 以上，接触放射线工作人员个人剂量监测率达到 85% 以上。

到 2015 年，职业病防治监督覆盖率比 2008 年提高 20% 以上，严重职业病危害案件查处率达到 100%。监管网络不断健全，监管能力不断提高，对中小企业的监管得到加强。

依托现有资源，建立完善与职责任务相适应、规模适度的职业病防治网络，基本职业卫生服务逐步覆盖到社区、乡镇。化学中毒和核辐射医疗救治的能力建设和管理得到加强，职业病防治、应急救援能力不断提高。

到 2015 年，有劳动关系的劳动者工伤保险覆盖率达到 90％以上；职业病患者得到及时救治，各项权益得到有效保障。

二、职业健康企业层面的管理

企业的职业卫生健康管理，一般公司层面建立有 HSE（职业健康/安全/环保）管理委员会，总经理是第一责任人，配备专职职业健康相关主管等管理人员，各工厂设立专职职业健康管理员，各工段主管、班组长为兼职职业健康管理员。对企业而言，职业健康安全是应尽的社会道义和法律责任。英国标准化组织在全球率先制定《职业健康安全管理体系指南》（BS 8800：1996），许多企业将该指南作为纲要来建立职业健康安全管理体系。1999 年，国际上 13 家知名认证组织联合制定发布了《OHSAS 职业健康安全卫生管理体系规范》，许多国家也建立了相应的组织，开展研究并发展这一标准。

在《职业卫生名词术语》（GBZ/T 224—2010）中对职业卫生定义如下：职业卫生是对工作场所内产生或存在的职业性有害因素及其健康损害进行识别、评估、预测和控制的一门科学，其目的是预防和保护劳动者免受职业性有害因素所致的健康影响和危害，使工作适应劳动者，促进和保障劳动者在职业活动中的身心健康和社会福利。从定义中可以看出职业卫生包括两大方面，即身体健康和心理健康。因此，可以将职业病管理分成四个层次：职业病预防、生理性伤害防控、心理性伤害防控和精神健康。

1. 化工行业职业健康危害现状与防控

化工行业职业健康危害因素很多，化工生产过程所用的原材料、中间产品、最终产品大多为有毒有害化学品，常通过呼吸道、食道等途径进入人体，侵犯损害人体的各个器官。如：刺激性毒物常会引起呼吸系统损害，严重时发生肺水肿；窒息性气体、刺激性气体以及亲神经的毒物均可引起中毒性脑水肿；苯的慢性中毒主要损害血液系统，严重时出现再生障碍性贫血；汞、铅、锰等可引起严重的中枢神经损害。生产装置在建设与检维修过程中，必须进行大量的金属焊接，部分焊接也常在相对密闭的空间进行，其所形成的职业危害主要包括粉尘、有毒气体、电弧光辐射、高频电磁场、高温等，其中以电焊烟尘、有毒气体、电弧光辐射最为常见，危害也最广泛。

化学品形成的化学危害因素时常随着生产过程工况条件的非正常波动而变化，如果生产工艺和设备管道现异常，形成原料或过程产品的跑、冒、滴、漏，此时若操作人员采取的处理措施及个人防护措施不合理，易造成事故，重者发生急性中毒事故，造成人员伤亡，轻者长期接触易发生慢性职业中毒。

表 6-1 为一家炼油厂工作场所职业危害因素分布。可以看出，硫化氢和汽油在大部分生产单元都有分布，接触的人数多，特别是硫化氢急性毒性危害大和苯慢性毒性危害大，是防控的重点对象。此外噪声问题也是现场检测中经常超标的项目，虽然在设备选型中采用低噪声的设备，在加热炉火嘴处及部分蒸汽放空处加消声器，对罗茨风机加隔声罩，起到了一定降噪作用，降低了高噪声设备的噪声强度，但各装置基本上都存在噪声超标的作业区域、部位。

表 6-2 是一家北方石化企业职业病体检报告 2009～2011 年异常率的分析，从中可以看出，白细胞减少在近 4 年中呈现上升趋势，其他异常要排除是否为职工个体自身原因所导致的检查结果异常。但由此看出，该企业职业危害重点人群为易直接接触汽油和暴露在噪声环境时间较长的人群，包括：化验室人员、储运车间员工和装置外操人员。

表 6-1　一家炼油厂工作场所职业危害因素

工艺装置名称	主要职业病危害因素名称
常减压	硫化氢、液化石油气、溶剂汽油、噪声、高温等
酸性水汽提	硫化氢、氨、液化石油气、噪声、高温等
溶剂再生	硫化氢、噪声等
硫黄回收	硫化氢、二氧化硫、氨、液化石油气、硫黄粉尘、噪声、高温等
催化裂化	硫化氢、液化石油气、溶剂汽油、一氧化碳、噪声、催化剂粉尘、高温等
气体分馏	液化石油气、噪声等
脱硫、脱硫醇	硫化氢、液化石油气、溶剂汽油、甲硫醇、丙烯、噪声等
MTBE	甲醇、丁烯、MTBE、噪声等
锅炉	噪声等
加氢裂化	硫化氢、液化石油气、溶剂汽油、氨、噪声等
连续重整	苯、甲苯、溶剂汽油、硫化氢、氨、四氯乙烯、氢氧化钠、噪声、γ射线等电离辐射
异构化	溶剂汽油、噪声等
制氢	一氧化碳、硫化氢、液化石油气、氨、噪声等
加氢装置	硫化氢、液化石油气、氨、噪声等
聚丙烯	丙烯、一氧化碳、液化石油气、聚丙烯粉尘、助剂粉尘、噪声、中子等电离辐射
循环水处理	氯气、噪声等
化学水处理	盐酸、氨、氢氧化钠、噪声等
空分空压	噪声
污水处理	硫化氢、溶剂汽油、苯、噪声等
罐区	苯、溶剂汽油、液化石油气、硫化氢、甲醇、MTBE、噪声
火炬	硫化氢、液化石油气、噪声等
实验室	苯、溶剂汽油、液化石油气、硫化氢
码头	溶剂汽油
控制室	苯、溶剂汽油、液化石油气、噪声
变电站	工频电场等

表 6-2　2009～2011 年某炼油企业职业健康监护检查结果异常率表　　　　　单位：%

异常分类	2009 年	2010 年	2011 年	2012 年
肝功能异常	0.33	0.36	0.35	0.34
尿潜血	0.24	0.26	0.27	0.30
胸片异常	0.01	0.01	0.02	0.01
尿蛋白阳性	2.51	2.57	2.59	2.58
听力异常	0.54	0.54	0.53	0.52
白细胞减少	0.78	0.90	4.76	5.02

2. 职业危害因素防控手段

管理手段：国家法规规定化工行业属于职业病危害严重行业，要严格落实建设项目职业卫生"三同时"管理要求，做到项目建设的合法、合规；运行企业如实进行职业病危害项目申报，做好日常的职业病危害因素检测与评价及员工的岗前、岗中和离岗体检工作。企业要依照企业规模，在 HSE 管理部门设置专职职业健康管理人员，加大对公司各级领导职业危害因素的培训力度，加大职业病危害作业场所管理力度；加强对职工的职业卫生防护教育工作，提高疾病高危人群的自我保健意识和自我防护能力；对重点岗位，开展职业卫生隐患专题调查与治理，提出切实可行的整改防护措施，降低职业病发病率；做好体检的善后处理工作，按政策及时协调处理好对职业性损伤与职业病禁忌人员实行职业防护的有关事宜。

另外在厂区设计的平面布置上，应根据风向条件，人员集中的管理区、消防站和对空气质量要求较高设施布置在厂区的上风向，而相对污染较重的硫黄回收、焦化装置、污水处理场等位于厂区的侧风向或下风向。各装置之间，装置内部的设备之间，罐区内储罐之间均留有相应的安全距离。所有的加热炉尽可能集中在装置边缘布置，并在有可能泄漏可燃物料地点的全年最小频率风向的下风向。

技术手段：设备选型装置的仪表自动控制采用集散控制系统（DCS），对装置的关键部位，设置必要的报警、自动控制及自动联锁系统。对装置区中有可能泄漏并积聚易燃易爆气体、有毒气体的场所，按有关规范的要求设置可燃气体检测报警器或有毒气体检测报警仪。硫黄回收装置、污水汽提和气体脱硫是硫化氢集中的区域。将整个处理过程全部密闭进行并在控制上采用联锁保护措施。装置区内对有可能泄放有害气体的部位如成型、造粒厂房设置抽风除尘设备，改善操作环境，并在相关的装置和设施范围内设有硫化氢气体监测报警器。对含有苯物料的加工、储存、输送均以密闭的方式进行，输送含苯物料采用屏蔽泵或双断面密封泵，防止泄漏的发生。苯产品罐和含苯的原料罐采用内浮顶罐，并加氮封。在装置内有毒物质易泄漏区域的明显位置设置风向标志；并在其出人口的醒目位置设置危险标牌，提醒人们注意。使用有毒、腐蚀性物料的装置中设事故淋浴系统和洗眼器，减轻有毒介质对人员造成伤害。

根据各工作环境特点，按《工业企业设计卫生标准》要求配备各种必须的防护用具和用品，包括防静电工作服、防毒面具、自给正压式空气呼吸器、普通隔热服等，同时按需要配备必须的便携式有毒气体检测仪器及便携式辐射剂量仪等。在厂区消防站内设气防站。气防站配备包括：救护车、担架、通讯工具、有毒有害气体检测仪、空气呼吸器、除颤器、空气压缩机、心肺复苏模型以及一定数量的备用气瓶和必要的维护维修器具等。

三、职业健康准则体现以人为本的理念

责任关怀管理理念在职业健康安全准则里面，很多地方都提出了高于国家法律法规的要求，秉着以人为本的精神关心每个员工，每一位与企业有关的人。实施责任关怀管理理念，就是要努力做到准则中提到的很多标杆型举措，如下面列举的六点。这对于国内的企业家，管理者会觉得有点超前、有点过分、甚至有点浪费。但这就是责任关怀。它不是强制性的标准，法规，它是每个有企业文化的石油化工企业努力的方向。

《孟子梁惠王上》中有句：老吾老以及人之老，幼吾幼以及人之幼。现今的"责任关怀"职业健康安全准则短短5页内容里，共11处提及供应商、承包商、外加工人员。西方的人文理念和东方的儒家哲学在这里有相通之处。下面是列举的几条实施责任关怀职业健康安全准则中细节之处见真章。

1. 设立关键目标、关键绩效指标

很多化工、石化企业也许有这样的目标和指标，但大多企业很难做到持续改善，更没见到有多少企业定期把这些数字公示在自己的官网或媒体上的。大多是目标都很高，承诺很好，新闻也很好，但却数年如一日，更没有详实的数字，没有支持这些数字的每年的改善报告更新。如图6-2，这家企业的官方网站只有简单的口号和承诺。以管窥豹，想必该企业的职业安全管理也是流于形式。

2. 建立及时汇报的文化氛围

企业应设立关键目标、关键绩效指标，持续改善并公开。企业应该建立工作场所发生的伤病情况必须进行汇报的文化氛围，这种汇报还应包括汇报工作以外发生的受伤状况和事件。

注意，文化氛围并不是制度。文化氛围有别于企业制度之于人文关怀的柔性有别于制度法规的刚性。特别是对工作以外发生的伤病的汇报，则更能反映出责任关怀以人为本的理念。

3. 建立"不责备"制度

图 6-2　某企业职业健康安全网页

　　对员工汇报之前未认识到的危险或不当的工作方法采取一种"不责备"的制度，并在不谴责过错的情况下确定事件的根源和导致因素。

　　部分企业管理者常常把管理工作和批评教育画等号，但不批评只教育的方法能管好企业吗？责任关怀说可以，这就是不责备制度，只有这样的宽宏的企业文化，才能造就真正的主人翁意识。有问题，有错只要你说出来，大家想办法来解决。因为实施责任关怀的企业知道，出了事故，"螺丝钉"的更换解决不了问题。对与这些问题进行记录，定期进行分析，采取纠正措施，防止以后类似事件再次发生才是最有意义的。

　　4. 建立"量身订制"的职业健康监督标准

　　根据具体的工作环境危害，对员工进行"量身订制"的职业健康监督标准。

　　企业有规范的职业健康监督标准很正常，但在这个词前面用上量身订制这个定语，说明这个标准不是唯一的，而是按具体员工的具体情况、个体差异设定、设计好的，因人因时因事不同，目的就是为了更好的关爱每个员工的职业健康。

　　5. 注意员工个人信息的隐私权的保护

　　政府有关职业卫生健康监督管理部门索要企业员工的健康趋势资料，要注意员工个人信息的隐私权的保护。

　　隐私的理解在东方、西方、不同国家都不相同。但相信国内绝大多数企业都会觉得，隐私是个人的事和企业无关。但在责任关怀的条款里，明确说明要保护个人隐私权，甚至是政府有关管理部门来索要，能做到吗？

　　6. 对员工进行职业健康检查

　　企业应对员工进行职业健康检查，包括：上岗前、在岗期间、离岗时、离岗后的医学随访及应急健康检查，对从事有毒有害作业人员的检查按有关法规要求定期进行。

　　大多企业有岗前检查，多数企业有岗间检查（1年或2年一次），部分企业有离岗检查，国内有多少企业能做到离岗后的医学随访？

　　上述是源自西方的"责任关怀"管理理念在职业健康安全方面做到的以人为本的内涵。我国在很多方面还需要学习，取经。我国石油、化工类企业也有做得相对较好的地方，比如在执行女工劳动保护规定方面给其他行业做出了表率，在大多数人的印象中，石油化工类企业在女工劳动保护的各方面要比其他行业企业做好，比如在避免女职工接触有毒有害工作岗位方面；在女工卫生设施的建设和卫生用品发放方面；在定期进行健康检查方面；以及在产假工资 100％发放等方面。相信他山之石可以攻玉，责任关怀职业健康安全准则中的以人为本的理念，定会在我国的石油、化工企业中发扬拓新。

第三节 职业健康培训

企业应建立职业健康教育培训，确定职业健康安全教育培训主管部门，定期更新职业健康教育培训内容，制定各类人员的职业健康安全培训计划，确保每个员工都熟悉职业健康安全准则内容、所在岗位的职业危害源和设备操作规程，这是保障职业健康安全的关键。

一、个体防护用品使用培训

责任关怀实施准则中规定：工作场所应提供适用的个人防护用品。应正确选择、使用和维护个人防护用品。要达到如图 6-3 中规范使用个人防护用品，就必须加强职工这方面的培训。

① 纺丝车间 耳塞

② 聚合罐区 洗眼器

③ 水处理检验 眼罩

④ 组件清洗 防护耳罩

⑤ 聚合加料 综合防护

⑥ 焚烧炉 防毒口罩

图 6-3 生产各岗位个体劳动防护用品和器具举例

个人使用的职业病防护用品（Personal Protective Equipment，缩写 PPE）指劳动者在职业活动中个人随身穿（佩）戴的特殊用品，这些用品能消除或减轻职业病危害因素对劳动者健康的影响。

从职业卫生角度看，如果以职业危害因素进入人体的途径及其对人体健康影响的器官或部位作为 PPE 分类的依据，个人使用的职业病防护用品主要包括：呼吸器官防护用品、眼面部防护用品、听觉器官防护用品、躯干防护用品、手部防护用护肤用品和其他防护用品等。

① 呼吸器官防护用品主要是防止有害气体经呼吸道吸入，保证员工在毒污染或缺氧环境中正常作业的防护用具。见图 6-3⑤⑥。常用的有过滤式呼吸防护用品（防尘口罩、防毒口罩和过滤式防毒面具）、隔绝式防护用品和空气呼吸器等。

② 眼面部防护用品是预防烟雾、尘料、金属火花和飞屑、热、电磁辐射、激光、化学飞溅等伤害眼睛或面部的个人防护用品，如防护眼罩（见图 6-3③）、防护面屏、防日光紫外线护目镜、焊接护目镜和面罩等。

③ 听觉器官防护用品是防止过量的声能侵入外耳道，避免噪声的过度刺激，减少听力损伤，预防噪声对人体引起不良影响的防护用品，如耳塞（见图 6-3①）、耳罩（见图 6-3④）和防噪声头盔（见图 6-3⑤）等。

④ 躯干防护用品根据防护功能防护服分防寒服、防毒服、防高温服、防电磁辐射服和耐酸碱服等。

⑤ 手部防护用品按照防护功能分为防高温手套、防 X 射线手套、防酸碱手套和绝缘手套。

⑥ 护肤用品用于防止皮肤（主要是面、手等外露部分）免受化学、物理等因素的危害，按照防护功能分为防毒、防射线及其他类。

根据作业场所职业性有害因素的评定，结合职业性暴露人群，针对每种有害因素进入人体的途径（呼吸道、消化道、皮肤和局部器官等），为职工选择不同防护性能和效果的 PPE。噪声作业场所应选择防噪声耳塞、耳罩及头盔等；粉尘作业场所应选择防尘口罩、防尘面罩及防尘披肩等；毒物作业场所应选择防毒口罩、防毒面具及空气呼吸器等；酸碱作业场所应选择保护目镜及防化服等；焊接作业应选择焊接面罩和护目镜；高温作业场所应选择隔热式防护服等。同一类作业不同种类的危害或同一类危害不同危害程度应选择不同防护类别或不同防护级别的防护用品。如作业现场同时有噪声、粉尘及毒物危害时，应分别采取相应的防护措施；针对噪声的不同级别选择适用的耳塞（85～100dB）、耳罩（100～120dB）及防噪声头盔（大于120dB），佩戴护耳器后的噪声值应低于 85dB 为准。PPE 的选择还应该考虑其佩戴的合适性和舒适性，根据个人特点选择适合尺寸的 PPE。

企业应定期开展防护用品使用方法、性能和使用要求等相关知识培训，指导劳动者正确使用职业病防护用品。此外，企业应对接触有害作业职工进行职业危害告知，使其了解所从事作业的危害因素及其危害程度，危害因素存在的形式、暴露途径及危害部位，应采取个体防护措施。

二、警示标志的认知培训

责任关怀实施准则中规定，企业应在易燃易爆、有毒有害场所的明显位置设置警示标志和告知牌，如图 6-4 为我国常见警示标志和告知牌。

注意安全　　当心火灾　　当心爆炸　　当心腐蚀　　当心中毒　　当心感染　　当心泄漏

当心触电　　当心电缆　　当心机械伤人　当心伤手　　当心扎脚　　当心吊物　　当心落水

图 6-4　警示标志和告知牌

工作场所职业病危害警示标识是指在工作场所设置的可以使劳动者对职业病危害产生警觉，并采取相应防护措施的图形标识、警示线、警示语句和文字。GBZ 158—2003《工作场所职业病危害警示标识》，该标准为强制性国家职业卫生标准，适用于可产生职业病危害的工作场所、设备及产品。

该标准规定，根据工作场所实际情况，可以组合使用各类警示标识。图形标识又分为禁止标识、警告标识、指令标识和提示标识。其中禁止标识为禁止不安全行为的图形，如"禁止入内"标识；警告标识为提醒对周围环境需要注意，以避免可能发生危险的图形，如"当心中毒"标识；指令标识为强制做出某种动作或采用防范措施的图形，如"戴防毒面具"标识；提示标识为提供相关安全信息的图形，如"救援电话"标识。图形标识可与相应的警示语句配合使用，图形、警示语句和文字设置在作业场所入口处或作业场所的显著位置。

警示线是界定和分隔危险区域的标识线，分为红色、黄色和绿色 3 种。按照需要，警示线可喷涂在地面或制成色带设置。

凡列入《高毒物品目录》的生产使用岗位，在醒目位置应设置《有毒物品作业岗位职业病危害告知卡》，如图 6-5；在高毒物品作业场所应设置红色警示线；在一般有毒物品作业场所应设置黄色警示线。警示线设在使用有毒作业场所外缘不少于 30cm 处。在高毒物品作业场所应急撤离通道设置紧急出口提示标识。在泄险区启用时，应设置"禁止入内""禁止停留"警示标识，并加注必要的警示语句。

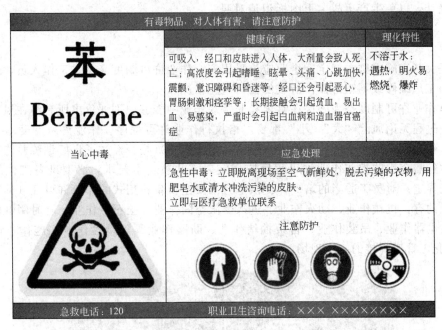

图 6-5　有毒物品作业岗位职业病危害告知卡

可能产生职业病危害的设备发生故障时，或者维修、检修存在有毒物品的生产装置时，根据现场实际情况应设置"禁止启动"或"禁止入内"警示标识，可加注必要的警示语句。

图 6-6　回用水阀选择防差错看板

在产生粉尘的作业场所应设置"注意防尘"警告标识和"戴防尘口罩"指令标识；在可能产生职业性灼伤和腐蚀的作业场所，应设置"当心腐蚀"警告标识和"穿防护服""戴防护手套""穿防护鞋"等指令标识；在产生噪声的作业场所，应设置"噪声有害"警告标识和"戴护耳器"指令标识等等。

有时一些常规的如警示标志还是不够说明问题。图6-6是一家化工企业的防差错看板，形象、具体。看板上标注的字是："注意：关阀门时别使用F扳手使劲关，只需用手关紧即可，以免阀门损坏"。描述：当因某种原因需切换使用回用水时，操作一定要对各阀门认真、反复地确认，以免生产事故、上图标识请对照。

三、安全作业许可的培训

责任关怀实施准则中规定：企业应该采用安全作业许可制度来保护工作人员，使他们免于接触因工厂维修或不正常操作造成的任何危险情况。

安全作业许可制度是为确保在常规和非常规作业中能够识别评价出所有潜在风险而制定的。作业过程无论风险"大""小"都要严格执行作业许可程序。作业许可制度本身不能避免事故，作业安全依赖于所执行的人（包括策划和实施）是否经过了良好训练并能胜任。对程序的执行需全程监控。作业许可程序应规定以下几项基本要求：必要准备工作的详细要求；责任界定；对员工适当的培训；提供适宜的安全设备；正式的作业许可证（见表6-3）。

常见的有：机械作业、动火作业、进入受限空间作业、土石方作业、临时用电作业、高处作业、电器作业、吊装作业、盲板抽堵作业、断路作业等危险性作业实施作业许可。图6-7就是化工管道焊接的施工现场。

图6-7 施工现场各方人员各司其职

化工管道焊接的施工现场作业是动火作业。必须持有动火许可证并与相关人员一道进入施工现场进行操作。作业许可证及其附件的信息必须具体、详细和准确。作业许可证必须指定日期和时间段，并规定许可证过期时的相关处理步骤。不允许做作业许可规定以外的活动。不允许在作业许可以外的其他地方进行作业。作业许可证必须由许可人签署。负责作业的人员应该接受作业许可证并签名，保证遵守所规定的安全预防措施。作业许可证涉及的其他人员也需要在相应位置签字。一份许可证副联交给具体负责实施工作的人，另一份副联由主管部门保留。作业许可证从签发日起至少应保存一年。

表6-3 风险作业许可证范例

有无附加文件或记录表? □是 □否 多少_____ 附文件清单_____

1 工作活动

工厂/单元:… 工作描述… 许可证有效期… 时间/日期 到:_____时间/日期
是否考虑到所有相关部门/人员? □是 □不可用

2 潜在风险的作业

• 承包商实施的作业	是	否	• 接触移动/旋转机械设备	是	否	
• 缺氧或富氧	是	否	• 涉及交通设施(公路,铁路)	是	否	
• 易燃/易爆气体	是	否	• 手工或机械挖掘	是	否	
• 高温/高压作业	是	否	• 使用移动式起重机	是	否	
• 接触危险化学品	是	否	• 临时或永久性的改变、变更、调整的设备或工艺	是	否	
(有毒,活性,酸性,腐蚀性)			• 使用适配器	是	否	
• 进入受限空间	是	否	• 在固定、移动或手提式罐和容器进行产品转化	是	否	
• 绕开或移除/更改的安全设备设施	是	否	• 绝缘或催化处理	是	否	
• 吊装作业	是	否	• 在包含或可能包含风险材料或状况的装置区或	是	否	
• 禁火区动火	是	否	设备或管线处进行保养或维修			
• 许可(动火许可)	是	否	• 其他情况			
• 带电检维修	是	否				

3 安全预防措施

• 排水	是	否	• 除去风险材料	□	□	• 待命人员	是	否
• 降压	是	否	• 通入新鲜空气	□	□	• 高处坠落防护	是	否
• 物理隔离	是	否	• 空气检测			• 承包商培训	是	否
• 绝缘	是	否	• 氧气	□		• 消除点火源	是	否
• 安全标示和上锁	是	否	• 易燃气体	□		• 消防水带	是	否
• 用水/溶剂冲洗	是	否	• 有毒气体	□		• 防火屏障	是	否
• 吹扫	是	否	• 其他气体	□		• 潮湿环境	是	否
• 惰性气体/空气净化	是	否	• 警戒	□		• 听得见/可见的警告	是	否
常温 •	是	否	• 警示	□	□	• 清除周围的可燃物	是	否
• 灭火器	是	否	类型_____ 其他情况_____					

4 个人防护

• 头部	是	否	• 眼睛	是	否	• 手	是	否	• 身体	是	否
• 脸部	是	否	• 耳朵	是	否	• 脚	是	否	• 呼吸	是	否
									• 其他		

特殊要求_____

5 工作授权

<u>签发者</u>:此证明我考虑了各相关部门/人员,讨论了工作范围,检查了准备工作和本次作业许可覆盖的范围。因此,我确认
此项作业可以实施,详见第1款。   姓名: 签名:
<u>作业负责人</u>:讲解了连续的工作步骤,潜在的风险和安全防范措施,并能够理解。   姓名/公司

6 验收

<u>作业负责人</u>:   工作已完成   是□   否□
<u>签发人</u>:我承认,这项作业已经完成,作业许可证要求的各项相关工作已完成。
姓名: 签名: 时间: 日期:

7 其他有关评论

139

安全作业许可涉及两类人员，一是确认所有潜在的危害被识别出来，并已经采取必要预防措施的许可人员。二是理解并接受应遵守的作业要求和预防措施的执行人员。

作业许可人员的主要职责有以下几点。

① 检查作业场所。

② 辨识和评价危害。

③ 制定安全预防措施。

④ 确保现场和设备安全。

⑤ 遵守安全操作规程。

⑥ 提出对作业执行人的要求。

⑦ 签发作业许可。

⑧ 安全技术交底。

作业执行人员的主要职责有以下几点。

① 确保理解作业性质、操作规程和潜在风险，遵守安全预防措施和作业许可中所提出的要求。风险作业许可证范例，见表6-3。

② 确保设备处于可操作状态，进行安全技术交底。

对于许可证执行人员必须接受正规培训，培训方案应针对新员工或新的执业资格，验证培训效果以及个人是否能够胜任作业许可证规定的活动。取得上岗资格后，还需每年或每半年进行资格考试，以确保知识的更新并满足工作的要求。培训的层次和频率将取决于员工的资历、经验及其职责。对于许可批准者：授权批准作业许可证的员工必须是经验丰富并由管理人员任命有资格的高级雇员，须接受与作业许可活动相关的培训。

此外，必须保存培训记录，以证明实施作业的人员具有相应的资格。管理应明确作业许可过程是如何来实施的，相关的指示是否传达、知晓并实施等，相关的过程必须形成记录并予以保存。

四、承包商的管理与培训

责任关怀实施准则中规定：企业应对承包商的选择、运作、培训以及评估进行管理，并对开工前准备、作业过程等进行监督评估。

石油化工企业承包商是指承担石化工程项目建设任务的单位，包括工程总承包单位、施工总承包单位、分包单位，以及设计、物资供应服务商、监理公司等，他们服务于石化企业的项目设计、物资采购、制造、施工、生产（开采）等各个环节，是石化企业生存、发展不可或缺的合作伙伴。某石化企业近五年来的事故统计数据显示，承包商安全生产事故占到该企业事故总数的一半以上。因此实施责任关怀实施准则，对承包商职业健康安全管理已成为石油化工企业职业健康安全工作的重点。

首先，企业应将承包商纳入企业自己的职业健康安全管理体系，统一标准和要求。按照"谁主管、谁负责"、"谁发包、谁负责"原则，明确企业相关管理部门、基层单位以及承包商的职责，统一标准，统一要求，统一管理。

其次，建立完善的承包商准入机制，严把准入关。细化完善承包商资质审查标准，将承包商是否具备与所承担工程项目相应的等级资质，是否具有满足施工要求的技术人员、施工设备设施，是否建立职业健康安全管理体系，是否具有2年以上良好的HSE业绩等作为承包商准入的基本条件。

第三，加强对承包商的教育和培训，提高安全意识。①抓好入厂HSE教育，使进入企业的所有承包商员工了解企业安全生产基本特点、施工作业常见危害因素、施工作业应遵守的 HSE 规定，掌握个体防护用品使用要求，学会应急处置、现场急救与互救技能，提高自我防护意识和能力。同时，把好承包商入厂 HSE 教育关，淘汰不符合要求的承包商员工。②抓好再教育、再培训，对 HSE 绩效考评排名靠后以及发生严重违章行为的承包商的业务负责人和现场负责人进行专题 HSE 培训，促使承包商负责人提高安全意识，加强自主管理。

第四，加强现场管理，控制作业风险。①加强作业前的预防。促使承包商员工了解作业内容、作业环境、作业风险、作业规定，佩戴好防护用品，落实好安全措施，确认自身具备相应技能的情况下实施作业。②加强作业过程的监管。采用表单式检查标准，细化直接作业环节各项施工作业及施工机具的检查标准和检查内容，定期对承包商施工现场安全措施落实情况、施工机具完好状况进行监督检查。③加强高危作业的监管。针对承包商事故多发的作业环节，重点加强高处作业、施工用火、受限空间、临时用电、危险化学品装卸等高危作业管理，升级管理程序，提高标准要求，为现场作业提供可靠的安全保障。④落实特殊作业和特殊时间两种情况的现场带班。即对重大活动期间、节假日等特殊时段必须进行的非常规作业，重大吊装作业，涉及易燃易爆、高温高压或有毒有害介质所必须进行的特殊作业等，由企业负责人、基层单位负责人、承包商负责人进行现场带班，确保施工安全。

最后，要严格考核评价，促进承包商自主管理。①定期召开承包商职业健康安全会议，通报承包商职业健康安全管理体系运行以及现场作业管理情况，督促承包商加强自主管理。②完善承包商职业健康安全信用考评体系和奖惩制度，从队伍资质、职业健康安全业绩、人员素质、现场管理等方面对承包商进行全面评价。③开展承包商职业健康安全业绩评估，实行优胜劣汰。将有严重违章行为的承包商员工列入"黑名单"，对职业健康安全业绩差的承包商实施末位淘汰，促使承包商完善自身 HSE 管理体系，提高自主管理能力和水平。

第四节　职业健康安全案例

一、国际石油化工公司实施情况

国际大石油公司在几乎所有的作业场所订立职业健康规程，详细分析工作流程中的各种危害因素以及可能造成的影响程度，配有经过评估实施效果的防范和应急处理措施。他们已经将职业卫生工作的重点由职业病防治逐步转移到职业健康保护与促进方面来，逐步建立了职业和环境卫生评价体系、病因学分析和预防研究、职业健康标准体系、职业健康测量、诊断标准体系和健康监护技术规范与评价方法、卫生工程技术应用服务体系、劳动社会保障标准体系和职业卫生法规与监督体系等。

1. 壳牌公司

壳牌公司用全部可记录的职业病发生率来衡量员工的健康状况。另外，壳牌公司还制定了一套"最低健康标准"，该标准是对壳牌各操作区健康管理的最低标准，符合所在国的有关法律是健康管理的最基本要求。涵盖的领域有健康影响评价、健康风险评估、健康事故汇报和调查，以及对新项目的人为因素等进行管理。

① HIA（health impact assessment 健康影响评价）：任何项目开始前，企业要组成专家组到工区进行实地调查，对生产活动可能对环境以及对人群的身心健康造成的影响进行评估，并做出书面报告。此项工作可单独进行，也可并入 EIA（environmental impact assessment 环境影响评价）同时进行。

② HRA（health risk assessment 健康风险评估），项目初期，组成职业健康风险评估小

组，包括医生、HSE 官员、相关岗位的专业技术人员等，对所有的健康隐患进行评估、登记、分类，一般分为物理、化学、生物、社会与精神因素、人类工程学 5 大类。同时对不同岗位，所有的生产活动进行细化、分解，并对各种生产活动可能遇到的职业健康风险、预防措施、劳动保护、应急方案等进行评估，最后形成书面报告。

③ MSDS（material safety data sheet 化学品安全数据表）：对生产中使用的所有有毒、有害化学品进行登记造册，形成数据库，包括理化特性，在安全、健康、环境方面的隐患、预防措施、处理方法等内容。MSDS 卡片要在相关工作场所张贴，并对操作人员进行宣讲。

④ 职业健康监测：利用专门的仪器设备对各种有害因素进行监测，包括噪音监测、光照度监测、H_2S 监测等。对高噪音工作岗位人员，除采取严密的防护措施外，还要定期进行听力测试。

⑤ 食堂管理：食堂工作人员要进行上岗前培训、定期体检。医务人员定期审查食堂卫生。所有食品都要登记、采样留存 48h，每周对餐具、餐桌、冰箱等部位进行采样、细菌培养，监测有无致病菌污染。饮用水每月化验一次。

⑥ 员工体检：包括招工体检、餐饮人员和其他特殊岗位人员的定期体检，根据不同岗位，体检内容、周期也不尽相同。体检合格标准参照国际通用的行业标准。另外企业也可以根据实际情况和特殊要求制定自己的标准。

⑦ 职业病调查与报告：对职业病例进行调查、处理、报告。国外的职业病标准与国内有所不同，国内的职业病指法定职业病，即职业病防治法规定的职业病。而国外指所有与工作有关或工作引起的疾病，如疟疾，对从非疫区来的人来说为职业病，而对当地人则不是。对经调查认定的职业病例，要单独建档、报告，并及时采取有效措施，如药物治疗、休息、调离原工作岗位等。对造成不可逆损害的当地员工，依据所在国相关法律赔偿。

⑧ 应急反应预案：建立和完善 4 级医疗急救网络。野外队有卫生所，配备标准的医疗器材和药品，医生、护士、救护车（船）司机 24h 值班。所有车、船，野外班组，车间等部位，都配备急救包，并定期进行检查。在做好医疗服务的同时，还要对员工进行急救知识的培训，确保在工区内任何地方，一旦紧急情况发生，4min 之内，有经过专业培训的急救员进行现场救护；30min 之内，专业的医生、护士到达现场；4h 内，危重病人转到定点医院。

⑨ 人机工程学的应用：比如车座要有头枕和扶手；办公室座椅的高度、靠背的角度必须是可调节的等。

2. BP 公司

BP 公司总结出有效的职业健康管理应涉及三个方面：公司充分利用本单位的健康和卫生体系鉴别和最小化工作场所健康风险、提高员工安全意识、最小化外部健康风险。在 2000 年 6 月开始推广使用 Health MAP 健康管理工具（软件），并将它纳入到企业内部网上运行，对健康需求进行结构化的分析，帮助公司决策。在 2002 年，BP 公司建立了公司级的职业健康国际网站，在这个一站式的服务中心，BP 公司的员工（健康专家或普通员工）能够得到相关的健康信息和自己的健康数据，还可以进行互动式的健康咨询。

3. 道达尔公司

道达尔公司健康安全环境质量章程强调其所有的健康安全环境政策适应每个操作岗位，他们将有关文献翻译成了 9 种语言，要求每一名员工按照这些规则进行操作，以减少影响健康事故的发生。同时通过提供健康的条件、医疗检查与危急情况处理，来保护员工在工作中的健康。具体措施包括：成立医疗建议小组，以协调医学发展的监督过程；按照不同的工种制定相应的特殊医疗预防措施；实施管理体系及其认证；监督检查；员工培训；应急管理；风险评估等。

二、某企业职业健康安全事故案例分析

液氯灌区烧碱烧伤眼睛事故

某企业液氯罐区正在做开车前的最后工艺检查工作。工艺员陈某在检查中发现分解洗涤泵的入口过滤器存在问题，于是联系设备人员进行检查清理工作，现场清理人员拆下过滤器盲法兰，向过滤器通工业水冲洗约 30min，因过滤器滤芯有卡槽卡住，很难拿下来。工业水关小后，将工业水从过滤器取出冲洗地面，设备检修人员用工具将滤芯卸下，当滤芯掉到地面上时，地面上的水渍（可能含有少量烧碱）溅到设备检修外协人员王某的脸部并流到眼部。此时王某迅速将防护眼镜取下，双手用力甩动，想将工作手套脱掉，甩动中将手套上的液体甩到身边的工艺人员陈某的脸和眼。陈某立即用水进行冲洗，后经医疗站清洗处理，确认无碍后返回工作，王某液体进入眼后本能的用手揉眼、后用水冲洗，此人眼睛受伤相对较重，送至医院治疗，休息 2 日后恢复正常，期间企业相关负责人去医院探望。

这个事故案例可以得出：

1. 对于任何检修作业，作业前，应对作业中可能产生的危害进行充分的分析，确定控制措施。检修过程中产生任何有毒有害的物质都要进行收集和清理。严禁物料直接洒落到地面。

阅读"职业健康安全准则 4. 风险管理"，进行讨论。

2. 拆卸阀门、过滤器或管道法兰时，要将管道或设备中的压力或物料排泄干净，确保无压操作。

阅读"职业健康安全准则 7. 操作控制"，进行讨论。

3. 在拆卸可能带有物料或压力的设备或管线时。操作人员必须戴面罩，防止各种物料或冲击力对人的面部造成伤害。

阅读"职业健康安全准则 8. 培训、意识和能力"，进行讨论。

通过这个案例，对照责任关怀职业健康安全准则，我们哪里可以做得更好？

讨论获得的结论可以是：

1. 检修作业前，要对设备、管线内的物料进行充分的清洗置换，确保系统的干净。

2. 非常规作业，要办理工作申请单，开展工作安全分析，充分识别危害，如能量危害，机械危害，现场环境危害，物料泄漏等，确定控制措施。

3. 作业前，要选择并佩戴正确的劳保用品

4. （根据讨论后总结填写）

5. _____

6. _____

7. _____

拓展知识

怎样预防职业中毒？

生产性毒物的种类繁多，影响面大，职业中毒约占职业病总数的一半。降低毒物浓度降低空气中毒物含量使之达到乃至低于最高容许浓度，是预防职业中毒的中心环节。下面是三个预防职业中毒的实施原则。

① 要使毒物不能逸散到空气中，或消除工人接触毒物的机会。

② 对逸出的毒物要设法控制其飞扬、扩散，对散落地面的毒物应及时消除。

③ 缩小毒物接触的范围，以便于控制，并减少受毒物危害人数。

因此根据上述原则，首先利用科学技术和工艺改革，使用无毒或低毒物质代替有毒或高毒的物质。如避免开放式生产，消除毒物逸散的条件；采用远距离程序控制，最大程度地减少工人接触毒物的机会；用无毒或低毒物质代替有毒物质等。如用真空灌装代替热灌法生产水银温度计；用四氯乙烯代替四氯化碳干洗衣物；用静电喷漆化替人工喷漆等。

其次，通风排毒应用局部抽风式通风装置将产生的毒物尽快收集起来，防止毒物逸散。常用的装置有通风柜、排气罩、槽边吸气罩等，排出的毒物要经过净化装置，或回收利用或净化处理后排空。合理布局不同生产工序，不仅要满足生产上的需要，而且要考虑卫生上的要求。有毒的作业应与无毒的作业分开，危害大的毒物要有隔离设施及防范手段。安全管理对生产设备要加强维修和管理，防止跑、冒、滴、漏污染环境。

个人防护方面要做好个人防护与个人卫生，这对于预防职业中毒虽不是根本性的措施，但在许多情况下起着重要作用。除普通工作服外，对某些作业工人尚需供应特殊质地或式样的防护服。如接触强碱、强酸的工人应穿戴耐酸耐碱的工作服，对某些毒物作业要有防毒口罩与防毒面具等。为保持良好的个人卫生状况，减少毒物作用机会，应设置舆洗设备、淋浴室及存衣室，配备个人专用更衣箱等。

严格进行环境监测、生物材料监测与健康检查。要定期监测作业场所空气中毒物浓度，将其控制在最高容许浓度以下。实施就业前健康检查，排除职业禁忌症者参加接触毒物的作业，坚持定期健康检查，尽早发现工人健康情况并及时处理。

增强员工体质，合理实施有毒作业保健待遇制度，因地制宜地开展体育锻炼，注意按排夜班工人的休息，组织青年进行有益身心的业余活动，以及做好季节性多发病的预防等，对提高机体抵抗力有重要意义。

本章小结

职业健康安全准则目的是改善人员作业时的工作环境和防护设备，使工作人员能安全地在工厂内工作，进而确保工作人员的安全与健康。此项准则要求企业不断改善对雇员、访客和合同工作人员的保护，内容包括加强人员的训练并分享相关健康及安全的信息报道、研究调查潜在危害因子并降低其危害及定期追踪员工的健康情况并加以改善。

自测题

一、名词解释
承包商   供应商   个人防护用品   岗前培训   化学品安全技术说明书
二、简答题
1. 简述职业健康安全准则的结构要素。
2. 简述要素"操作控制"的主要内容。
3. 何谓"不责备"制度？请简述不责备制度的内涵。
4. 简述一张有毒物品作业岗位职业病危害告知卡上有哪些信息。
三、综述题
1. 举例化工企业中常见的职业危害因素。
2. 举例化工企业每年职工体检的项目和意义。

复习思考题

1. 网上查找一下化工企业的各种作业票，尝试着填写（例：机械作业、动火作业、密闭空间作业、动土作业、高处作业、临时用电作业等票据）。

2. 认真填写本章最后的那张动火票（表 6-4），并编排一个动火操作现场再现，要求有下列人员参加，参加者请事先准备好自己的角色和简单道具。

① 动火作业负责人：负责办理《作业证》并对动火作业负全面责任；应在动火作业前详细了解作业内容和动火部位及周围情况，参与动火安全措施的制定、落实；向作业人员交代作业任务和防火安全注意事项；作业完成后，组织检查现场，确认无遗留火种后方可离开现场。

② 动火人：应参与风险危害因素辨识和安全措施的制定；应逐项确认相关安全措施的落实情况；应确认动火地点和时间；若发现不具备安全条件时不得进行动火作业；应随身携带《作业证》。

③ 监火人：负责动火现场的监护与检查，发现异常情况应立即通知动火人停止动火作业，及时联系有关人员采取措施；应坚守岗位，不准脱岗；在动火期间，不准兼做其他工作；当发现动火人违章作业时应立即制止；在动火作业完成后，应会同有关人员清理现场，清除残火，确认无遗留火种后方可离开现场。

④ 动火部位负责人：对所属生产系统在动火过程中的安全负责；参与制定、负责落实动火安全措施，负责生产与动火作业的衔接；检查、确认《作业证》审批手续，对手续不完备的《作业证》应及时制止动火作业；在动火作业中，生产系统如有紧急或异常情况，应立即通知停止动火作业。

⑤ 动火分析人：对动火分析方法和分析结果负责；应根据动火点所在车间的要求，到现场取样分析，在《作业证》上填写取样时间和分析数据并签字；不得用合格等字样代替分析数据。

⑥ 动火作业的审批人：动火作业安全措施落实情况的最终确认人，对自己的批准签字负责；审查《作业证》的办理是否符合要求；到现场了解动火部位及周围情况，检查、完善防火安全措施。

3. 若企业的产品属于危险化学品时，应按照国家标准要求，编制《化学品安全技术说明书》、《化学品安全标签》和《化学事故应急救援预案》；根据国家的要求进行危险化学品登记，建立化学品档案。我国 2006 年发布《GB 20576—20599、20601、20602 化学品分类、警示标签和警示性说明安全规范》等 26 个国家标准，以后陆续发布了《化学品安全技术说明书 内容和项目顺序》（GB 16483）、《化学品安全标签编写规定》（GB 15258），国家安全生产监督管理总局也正在对《危险化学品名录》（2002 年版）和《剧毒化学品目录》（2002年版）进行修订。请参考上述国标，编写一则化学品技术说明书，该化学品需在本教材中出现过。编写框架可参考如下。

化学品安全技术说明书（MSDS）

1. 化学品及企业标识

1.1　产品中文名称：

　　　产品英文名称：

1.2　产品注册商标：

1.3　生产企业名称：

企业英文名称：

1.4 企业地址：

1.5 邮编：

1.6 电话： 应急电话：

1.7 传真：

1.8 技术说明书编码：

2. 成分/组成信息

3. 危险性概述

4. 急救措施

5. 消防措施

6. 泄漏应急处理

7. 理化特性

8. 稳定性和反应性

9. 毒理学资料

10. 生态学资料

11. 废弃处理

12. 产品信息

13. 运输信息

14. 法规信息

15. 其他信息

表 6-4　动火作业票

申请栏	用火单位			
	用火目的		用火地点	
	用火种类		用火等级	一级　二级　特殊
	用火作业单位		用火单位负责人	
			用火人员	
	用火时间	自	年 月 日 时	
		至	年 月 日 时	

分析

分析时间		
氧气浓度		
有毒气体浓度		
可燃气体浓度		
采样人		
分析人		
分析结果	年 月 日	

风险识别及削减风险措施		风险识别	削减风险措施	确认
生产工艺风险	1	管道容器危险气体串入	将用火处与管道连接处用盲板隔断	
	2	管道容器内有可燃介质	用蒸汽、N₂或水彻底处理干净	
	3	用火点周围排污井有可燃介质	用火点周围半径15m内污水井地漏封死盖严	
	4	用火点周围环境有可燃介质	清除可燃物	
	5	用火作业时有可燃物排放	作业时50m内不准有放空或脱水操作	
	6	附近设备泄漏可燃物料	将泄漏点封死挡严,与用火点隔离	
	7	设备、管道、沟内有可燃物料	加强通风,必须分析检验合格	
	8	发生意外着火	用火现场配备消防蒸汽胶管　　根	
			用火现场配备10kg干粉灭火器 2 台	
			用火现场配备轮载干粉灭火机　台	
			用火时需要消防水枪洒水掩护	
	9	补充安全措施	附近的固定灭火设施应全好用	

生产工艺确认人签字:

措施落实人员意见:
签字:

监护人意见:
生产车间人员签字:
作业人员签字:

用火作业人员意见:
签字:　　　　　年　　月　　日

相关单位意见:
签字:　　　　　年　　月　　日

装置安全监督意见:
签字:

厂安全监督意见:
签字:　　　　　年　　月　　日

厂领导意见:
签字:　　　　　年　　月　　日

147

续表

申请栏	用火单位					
	用火目的					
	用火种类					
	用火作业单位					
	用火地点					
	用火等级	一级	二级	特殊		
	用火单位负责人					
	用火人员					
	用火时间	自 年 月 日 时				
		至 年 月 日 时				

分析	分析时间		
	氧气浓度		
	有毒气体浓度		
	可燃气体浓度		
	采样人		
	分析人		
分析结果			

	施工作业风险	风险识别及削减风险措施	
1	用火点火花飞溅	在用火点处设置隔离屏	
2	火花高处飞溅到设备、阀门上	用石棉布隔离，防止火花飞溅	
3	动火点易发生坠落	在动火点搭设临时作业平台	
4	作业场所发生意外泄漏	立即停止动火，消灭火源	
5	动火点上方有坠落物坠落	清除坠落物或转移焊接地点	
6	电焊作业触电	电焊工穿戴使用防护用品	
7	补充安全措施		

批准人意见：

批准人签字：

年 月 日 时 分

施工作业确认人签字：

注：风险评估及削减措施确认人在需确认项画"√"，在不需确认项画"×"。

148

第七章 产品安全监管准则

产品安全监管准则旨在帮助实施责任关怀的化工企业将产品安全监管纳入其商业管理实践当中。产品安全监管准则通过管理实践以指导企业提高其在健康、安全及环保（以下简称HSE）方面的绩效。这些管理实践的共同目标就是不断减少风险，并帮助成员企业开发安全的产品，使得正确使用时能够对产品的安全充满信心。

产品安全监管是化工行业发展的一个必然结果。在产品监管的发展历程中，曾经有过不同的提法，如产品安全、产品整合、产品责任等等。加强产品安全监管的主要内容包括：关于顾客如何正确使用产品的互动和对话，产品的回收利用和处理。这是一个关于健康、安全、环境的全面整合。同时考虑了顾客操作的各个方面，从设计和最初生产到配送、销售以及最终的处理。

产品安全监管贯穿于设计、研发、小试和中试、工业化生产和储存、运输和配送、销售、使用、回收处理等过程。在化学品生命周期的所有阶段（图7-1）中，优先考虑健康、安全和环境等问题。这主要要求每个化学品的生产企业有一个正式的管理系统以确保对整个产品周期内潜在的健康、安全和环境风险的正确识别和管理。

图 7-1　化学品生命周期的各个阶段

第一节　准则的基本内容

一、概述

1. 基本概念

（1）化工产品

是指化工企业通过生产活动，对各种原材料进行一系列的加工后而生产出的成品。常见的化工产品主要包括化学肥料、农药、高分子聚合物、涂料及无机颜料、染料及有机颜料、信息用化学品、化学试剂、食品和饲料添加剂、合成药品、日用化学品、胶黏剂、橡胶制品、催化剂及化学助剂、火工产品、煤炭化学产品、林产化学品等十几大类。

（2）产品生命周期

产品生命周期（product life cycle）的观念，是把一个产品的整个历史比作人的生命周期，要经历出生、成长、成熟、老化、死亡等阶段。就产品而言，也就是要经历一个开发、引进、成长、成熟、衰退的阶段。

①产品开发期：从开发产品的设想到产品制造成功的时期。此期间该产品销售额为零，公司投资不断增加。

②引进期：新产品新上市，销售缓慢。由于引进产品的费用太高，初期通常利润偏低或为负数，但此时没有或只有极少的竞争者。

③成长期：产品经过一段时间销售已有相当知名度，销售快速增长，利润也显著增加。但由于市场及利润增长较快，容易吸引更多的竞争者。

④成熟期：此时市场成长趋势减缓或饱和，产品已被大多数潜在购买者所接受，利润在达到顶点后逐渐走下坡路。此时市场竞争激烈，公司为保持产品地位需投入大量的营销费用。

⑤衰退期：这期间产品销售量显著衰退，利润也大幅度滑落。优胜劣汰，市场竞争者也越来越少。

（3）产品风险特征

产品风险特征有以下三方面内容：①产品危险性类别划分；②产品的危险特性；③产品的危害性。

将这三方面结合起来便可得出产品的综合风险特征。根据风险特征，采取相应行动与安全措施，以确保产品操作的安全。化学物质本身内在的危害信息被编入化学品安全技术说明书（MSDS）与产品安全标签，随产品的包装提供给所有的用户。

（4）合同制造商

合同制造商是指企业所需的原料，由合同形式固定下来的长期供给的制造厂（公司）。

2. 推行产品安全监管准则的目的

本准则的目的是规范化工企业推行"责任关怀"而实施的产品安全监督管理，使健康、安全以及环保成为企业产品生命周期（包括设计、研发、生产、经营、储运、使用、回收处置）中不可分割的一部分，保证企业与产品相关的 HSE 各个环节上将人员伤害、财产损失、环境污染各方面造成的伤害、损失和污染降至最低程度。

3. 产品安全监管准则的适用范围

本准则适用于产品生命周期的所有阶段。产品生命周期中所涉及的每一个人和企业都有承担起有效管理人身健康和环境风险的责任。各个企业应采取独立和合理的判断，将准则应用于其产品、客户与业务之中。

4. 我国产品安全监管相关的主要法律法规和规范标准

20 世纪 80 年代开始，随着我国化学工业的蓬勃发展，由危险化学品所引发的安全和环保事故层出不穷，国家也对危险化学品的安全监管工作越来越重视。自 1989 年《中华人民共和国环境保护法》颁布实施以来，我国已陆续颁布实施了十几项与产品安全监管相关的法律法规和规范标准。我国产品安全监管相关的主要法律法规和规范标准如下。

①《中华人民共和国安全生产法》（国家主席令第七十号，2002 年 11 月 1 日起施行）。

②《中华人民共和国消防法》（国家主席令第六号，2009 年 5 月 1 日起施行）。

③《中华人民共和国环境保护法》（国家主席令第二十二号，1989 年 12 月 26 日起施行）。

④《危险化学品安全管理条例》（国务院令第 591 号，2011 年 12 月 1 日起施行）。

⑤《危险化学品建设项目安全许可实施办法》（国家安监总局令第 8 号，2006 年 10 月 1 日起施行）。

⑥《生产安全事故应急预案管理办法》（国家安监总局令第 17 号，2009 年 5 月 1 日起施行）。

⑦《作业场所职业危害申报管理办法》（国家安监总局令第 27 号，2009 年 11 月 1 日）。

⑧《危险化学品登记管理办法》（国家安监总局第 53 号，2012 年 8 月 1 日起施行）。

⑨《危险化学品事故应急救援预案编制导则（单位版）》（安监管危化字［2004］43 号，2004 年 4 月 8 日起施行）。

⑩《危险化学品名录》（国家安监总局公告，2003 第 1 号，2003 年 3 月 3 日起施行）。

⑪《剧毒化学品目录》（国家安监总局公告，2003 第 2 号，2003 年 6 月 24 日起施行）。

⑫《关于开展重大危险源监督管理工作的指导意见》（安监管协调字［2004］56 号，2004 年 4 月 27 日起施行）。

⑬《化学品安全技术说明书编写规范》（GB 16483）。

⑭《重大危险源辨识》（GB 18218）。

⑮《常用化学危险品贮存通则》（GB 15603）。

虽然以上这些法律法规和规范标准可以为企业产品安全监管提供明确的依据，但它们不能形成一个完整的体系，实施的效果不尽理想，而责任关怀体系中的产品安全准则可以很好的将与产品安全监管相关的法律法规和规范标准融入到各项工作中，形成完善的体系。

二、产品安全监管准则的基本内容

许多化工产品在其生命周期中的各个环节，都具有一定的毒性和危害性，只有采取先进的技术手段、严密的组织措施和严格的控制措施、进行规范化管理，才能实现产品的安全。

产品安全监管准则由目的、范围和管理要素三部分构成。管理要素由 9 个一级要素和 15 个二级要素构成。9 个一级要素分别是：领导与承诺、法律法规、风险管理、沟通、培训与教育、合同制造商、供应商、分销商与客户、检查与绩效考核。

1. 领导与承诺

（1）领导

企业的最高管理者是企业产品安全监管工作的第一责任人，应明确提出加强产品安全监管的承诺，通过提供适当资源（例如时间、财务与人力资源），支持与维护产品安全监管计划并持续改进。企业应制定相关方针、标准和产品安全监管计划及管理制度，确保满足法规要求以及产品安全监管的更高要求，并及时与相关方沟通交流。

（2）职责

企业应配备相应的工作人员负责产品安全监管。其职责和权限应包括：组织识别和评价产品风险；制定并实施产品安全监管措施；制定产品安全监管应急措施；建立有效的产品安全监管制度并持续改进。

2. 法律法规

（1）法律法规

企业应建立识别、获取和更新适用的产品安全监管法律法规、标准及其他要求的制度，明确责任部门及获取渠道、方式和时机，并对从业人员进行宣传和培训。

（2）符合性评价

企业应根据相关的产品监管法律法规、标准和其他要求定期进行符合性评价，及时取消不适用的文件。

3. 风险管理

（1）产品风险特征

企业应根据健康安全及环境信息对新产品和现有产品可预见的风险特征加以描述；建立定期评估危害因素和暴露状况的体系；与公众分享其产品风险特征的确定过程；并公开已确定的产品风险特征。

（2）产品危害因素和暴露状况识别

企业应制定相关体系，对产品存在的危害因素和暴露状况进行识别、记录和管理。这些识别应涉及产品生命周期的全过程。同时，依据产品的变化，必要时进行产品危害因素和暴露状况的再识别。

（3）产品危害因素和暴露状况评价

企业应对已识别的产品危害因素和暴露状况做出评价。评价应对产品可能的危害因素和暴露状况做出分析并确定其风险，以便采取相应措施。

（4）应急响应

企业应建立产品危害应急响应系统，制定响应措施，消除或减少产品危害。

4. 沟通

企业应获取并及时更新有关现有产品和新产品的健康安全及环境危害信息以及此类产品在生命周期中可预见的风险信息。企业应建立与产品使用者及相关方就产品危害性进行沟通的程序。

产品均应附有《化学品安全技术说明书》及安全标签。此类文件应满足适用的法律法规。当出现新的危害信息或法律法规发生变化时，企业应及时审核并修改此类文件。

5. 培训与教育

企业应建立产品安全培训制度，制订培训计划，根据不同岗位为员工提供有关产品安全的教育与培训。培训对象应特别包括产品的分销商以及与客户接触的员工。通过培训提高相关人员对产品使用与处理的安全意识，提高企业的产品安全监管水平。各公司应鼓励员工报告产品的新用途、产品的滥用情况及其他负面效应的信息，以改进产品风险管理。

6. 合同制造商

企业应根据健康安全及环保要求选择合适的合同制造商，并提供适用于产品和流程的风险信息和指导方针，以保证对产品的安全监管。对于达不到要求的合同制造商，应与其通力合作，帮助其提高健康安全及环境管理水平，并对其绩效进行定期审核。

7. 供应商

企业应要求供应商提供相关产品及制造过程的健康、安全及环境信息和指导方针，并以此作为选择供应商的重要依据。企业还应对供应商的绩效进行定期审核。

8. 分销商与客户

企业应为分销商及客户提供健康安全及环保信息，针对产品风险，提供相应指导，使产品得以正确使用、处理、回收和处置。当企业发现对产品使用不当时，应与分销商和客户合作，采取措施予以改善。如改善情况不明显，企业应采取进一步措施，直至终止产品的销售。企业应提供产品安全监管支持，并针对产品风险定期审核分销商绩效。

9. 检查与绩效考核

企业应对可能具有的产品风险进行例行监控和检查并形成报告。建立绩效考核制度，定期对本准则实施情况进行综合考核，纠正存在的问题，不断提高绩效。

第二节　产品安全监管

产品安全监管是很复杂的系统工程。企业在实施产品安全监管准则过程中，应重点抓好风险管理和分阶段实施产品安全监管两个环节。

一、风险管理

（一）产品风险管理的阶段要求

产品安全监管过程中，首先应将产品危害因素和暴露状况全部识别出来，并对其进行评价。根据评价结果采取相应的措施进行监控。企业建立产品危害应急响应系统，制定响应措施，保证产品危害能降低至最小程度。抓住这一关键要素，产品的危害就能得以控制。对化学品的安全监管的要求可以分为 4 个阶段，这 4 个阶段的工作可遵循持续改进的 PDCA 循环模式（见图 7-2）来开展。

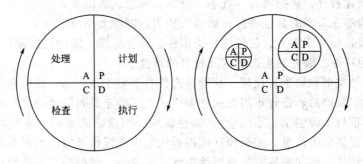

图 7-2　化学品安全监管的 PDCA 循环模式图

1. 策划阶段的要求

企业应按其产品的风险特征，并按其根源和现状进行具体的识别和描述。要求对环境因素和危险源及其暴露状况进行评价。将评价结果进行内、外部的沟通与交流。

2. 实施阶段的要求

企业应按其产品的风险特征，并按其根源和现状进行具体的识别和描述。定期对环境因素和危险源进行检查与评估并对暴露状况进行评价。将评价结果进行内、外部的沟通与交流。

3. 检查阶段的要求

企业应按其产品的风险特征，并按其根源和现状不断进行识别和描述。对环境因素和危险源及其暴露状况进行检查评价。将评价结果进行内、外部的沟通与交流。

4. 改进阶段的要求

在此阶段要进一步完善、改进控制措施并纳入相关程序中。企业应建立并保持产品危害应急预案并对预案进行培训，定期进行演练等。

（二）产品安全风险管理的主要内容

我国对于化学品的管理正在从以往的以化学品危害为基础的管理方式向科学的基于化学品风险程度的管理方式转化。化学品的风险实际上是由两个因素决定的，即化学品固有的危害和化学品可预见的暴露程度。综合化学品的危害和可能的暴露程度，从而可以了解化学品的风险，并进一步对风险进行管理。产品安全的风险管理主要包括以下 3 项内容。

1. 产品信息的收集

健康、安全和环保信息是产品安全风险管理的基础，企业应当建立、健全并保存所有产品在健康、安全和环境危害以及可预见的产品暴露方面的信息。这种产品安全、健康和环保信息的收集并非一次性的工作。随着对产品认识的加深，企业应持续收集产品更新的相关信息，并对产品健康、安全和环保信息进行审查，以确定其准确性、最新性和完整性。这些信息的来源可能包括出版的、未出版的、企业内部拥有的关于健康、安全和环境影响以及暴露报告。一般来说，信息的类型可能涵盖对动物或人类的毒性、生物毒性、暴露信息、对环境的影响以及产品本身的化学或物理属性。在许多情况下，暴露信息不一定能直接得到，但是可以从产品使用信息进行估计。产品在研发、制造、运输、储存、包装和处置阶段的操作、使用和预计的暴露信息可通过许多的途径获得。其中包括对顾客和其他产品接受方的调查、技术审查或访问顾客，以及销售人员的观察报告。

(1) 化学品的危害信息

危害评估主要考虑对健康安全环保及剂量响应关系存在潜在不利影响方面的信息，这些信息有助于理解产品对人体健康或环境可能带来的危险。危害信息可以包括以下内容。

① 材料的物理特性，包括状态（气态、液态、固态、灰尘等）。

② 可能影响潜在暴露的其他特性，如蒸气压力，颗粒大小或密度。

③ 化学性质，如反应能力、易燃性、稳定性、是否易爆、腐蚀性以及是否可能分解。

④ 生态行为特性、潜在的生态影响及材料的毒性。

可以将产品与类似物质进行比较，获得补充信息。对于新产品，或信息不足的产品，可能需要进行测试。从产品轨迹评审潜在的接触方式，是确定是否需要测试的最好方法。

化学品危害信息来源包括（不限于）：毒性试验、阅读临床案例、流行病研究、生态毒性试验、供应商提供危害信息。如果预计可能再次发生或慢性暴露，可能有必要进行补充研究，对影响进行评估。例如靶器官的亚慢性毒性，致癌性，致敏性，生殖发育毒性。是否需要补充研究，以及补充研究的优先顺序根据不同情况确定。

(2) 典型的危害评估问题

不同产品及潜在暴露的危险评估也应不同。以下问题有助于将通用原则变成对每种产品或产品系列的评估。

① 物理危险可从以下几方面考虑。

a. 评估易燃性、易爆性、反应能力和不相容性。

b. 评估对暴露的影响（如刺激性、腐蚀性）。

② 人体健康危险可从以下几方面考虑。

a. 对哺乳动物的毒性（急性毒性、对眼睛和皮肤的刺激性、致敏性、亚慢性、慢性、致癌性、致畸性、生育能力、诱变、神经毒性等）。

b. 人体暴露路径（例如消化，呼吸，皮肤等）。

c. 人体暴露于产品可能的靶器官（例如肺、肾、肝脏、皮肤、眼睛等）。

d. 有没有人体资料（例如毒性、健康评估、流行病学等）。

e. 对于产品的影响有没有法规或其他分类方法。

③ 资源优化可从以下几方面考虑。

a. 生产效率如何？

b. 顾客的使用效率如何？

c. 如何处理产品包装？

④ 产品特性可从以下几方面考虑。

a. 是否已经描述了产品特性、物理性质与化学性质？

b. 是否已经识别了所有重要成分或杂质？

c. 描述产品特性所用的信息依据是不是能代表商业产品的样品？

（3）化学品潜在的暴露

暴露评估考虑的是潜在的人体暴露与环境暴露的量度、频度、持续时间和暴露途径。还考虑潜在暴露人群的类型、规模和构成。描述潜在暴露特征的重要因素，包括包装条件、运输条件、储存条件、使用条件、再使用条件和处置条件。要认识材料构成的风险，必须了解该材料怎样与人类或环境接触以及何时开始接触。暴露评估的作用如下。

① 通过完成暴露评估来鉴定由于产品使用、处理运输或销毁而致的可接受的人体或环境暴露水平。

② 通过完成暴露评估来鉴定由于产品使用、处理运输或销毁而致的潜在的人体或环境暴露水平。

③ 评估现有的风险管理措施，以判定由于这些措施是否能够将识别出来的暴露或危害减小或消除。

④ 对潜在的超出可接受水平的暴露的可能性进行比较。

如果新产品或新用途的背景资料或供审查用的历史数据很少，则难以进行暴露评估。但是，可对使用方式相类似的产品或由相似化学材料（结构相似）制成的产品进行审查并将其用于暴露评估。

一般来说，暴露评估从识别暴露的可能途径开始，对产品的全部用途进行追踪分析的说明是很有用的。产品全过程包括对员工、合同制造商、供应商、销售商及顾客的暴露可能性评估。人类暴露可在产品全过程的多个点上发生，并可通过多种途径发生。工人可在研究与开发活动中暴露，还可在制造、运输、处理及销毁时暴露。

用户可在使用过程中暴露。化学品泄漏可发生于产品全过程的任何环节，并可使任何数量的生物发生暴露。人体暴露有可能通过空气、食物、水或土壤在内的任何渠道发生。

（4）暴露评估的典型问题

人体暴露的可能性问题包括下列方面。

① 使用者为工业用户，还是消费者？还是二者都是？

② 产品全过程是什么？

③ 用户所使用的产品的量一般有多大？

④ 如何使用产品？（是将其仅仅用作通过化学反应转变为其他物质的中间品，还是"游离"于顾客或工业用途？）

⑤ 潜在的暴露途径是什么？

⑥ 其使用和销毁中是否引起人体暴露或向环境排放化合物或副产物？

⑦ 员工暴露的可能性有哪些（一般工作条件下）？

⑧ 要考虑到加热或装涂过程中释放的烟气或气体（如加热高分子材料或喷漆）。

⑨ 销售及顾客联络反馈系统是否对暴露境况都保持警惕？

环境暴露的可能性问题包括以下各方面。

① 产品全过程是什么？

② 就正常操作和数量而言，在运输和储存过程中环境暴露的可能因素有哪些？

③ 用户使用或处理产品时是否有排放物产生？

④ 将排放物排放到何处？是排放水中（溪流、现场废水处理设施、现场外之理系统或其他）？还是排入大气（长时排放或短时排放）？是送进掩埋场还是送进规定的废物处理设施？

⑤ 产品是否需要污染治理和处理设备？是否需要废物处理设备？

⑥ 产品是否需要排放许可证？

⑦ 自上次审查以来，产品有没有发生过无意泄漏、溢出或排放？

⑧ 有无关于产品排放而致的环境影响方面的指控或报告？

⑨ 有无因疏忽而造成泄漏？

⑩ 信息的收集是一个持续的过程。危害或暴露信息，以及使用或使用条件信息可以随时间变化，企业需要对信息和管理实践进行定期评审，以保证适当的风险管理是最新的，并得到完全实施。

2. 产品风险表征

通过收集到的产品健康、安全、环保和预计的暴露信息，对现有产品和新产品的风险进行正确的表征，从而建立起定期或不定期的产品风险评估制度，目的如下。

第一，将收集到的产品的信息整理形成一份完整的产品风险表征描述的文件，风险表征描述既可以是定量的也可以是定性的。

第二，建立起一套含有定期和触发产品风险评估的机制。例如，每当收集到新的产品应用方面的信息，或者根据企业的实际情况确定重新评估产品风险的周期。

产品风险表征可以是单个产品逐一进行风险特征描述，也可以是一组或族，根据其类似的用途、组成成分或物理化学属性进行风险特征描述。即使是同产品或产品组，其确定的产品风险也可能因为产品的用途或暴露情况不同而不同。

定期对产品进行风险评估十分必要，但间隔多少时间为宜，则根据产品和应用而定。不同的产品重新进行风险评估的时限可能各不相同。引发重新评估的原因也有可能各不相同。例如，新认识到的重要的产品危害，或收集到新的暴露数据，产品开发出全新的用途或新了解到的误用和滥用产品的信息，当产品销售量大幅增加或者产品即将进入一个全新市场时，都需要考虑重新评估产品的风险。

风险特征分析可以为制定正确的风险管理措施和方案提供信息。它涉及对人和环境造成不利影响的可能性做出评价。这种不利影响可发生于产品全过程的任何阶段。它将来自危害评估、暴露评估及现有的风险管理措施等信息进行综合考虑和评估。

通过风险特征分析过程，使企业管理者能够识别产品全过程中的危害条件或暴露条件，这些条件也许会成为风险管理活动的关键点。风险特征分析考虑的是暴露浓度或持续时间超过某种特定化学品被认可的浓度或持续时间条件下的境况。

风险特征分析通常是定性而不是定量的。

(1) 评估当前风险管理措施

对当前风险管理措施进行的审查从鉴定已有的措施开始，这些措施有助于保护人体健康及环境免受一种或一组产品的危害。审查人员还应当对基于风险管理工具、材料安全数据表和标签及其分销配送系统进行审查。此外，还应对专门的警告说明、制造质量管理、包装物处理、运输或销售规范进行审查，这样做的目的在于降低风险。因此，审查人员要知道并领会当前风险管理活动的内容。

风险管理应该随产品的用途、顾客及分销方式而定。大多数情况下，最有效的风险管理措施是关于产品的安全数据表和安全标签，其目的是将产品的危害告知员工和使用者，并提供避免可能的过度暴露的方法。管理同类产品风险的方法不只有一种。另一种方法也可进行风险管理，那就是给产品分销商提供装卸技术方面的单独的指导或培训。这种指导或培训是针对易燃性危害的风险。

新研发的产品的风险管理最初常包括有限的分销和认真检查这两项措施，以避免暴露，直到测定出产品危害性为止。随着产品进一步商业化及其危害得到更明确的认识，可采用适当的用于更广泛销售和使用的风险管理方法。总之，这些活动都用于限制暴露或减小危害。

对于现有产品，企业往往着眼于产品本身，以评估现有质量管理或质量保证计划是否足以控制产品对健康、安全和环境的影响。此外，还对市场上已知的用法和使用条件进行审查。其他具体的风险管理活动的作用是说明公众关心的问题或具体的法规要求。

经过这些审查之后，企业将有一套风险特征分析，对健康或环境不利影响的性质、程度及可能性有所认识。这种认识将暴露和危害评估结果及各自的不确定性结合起来。当风险已被特征化并为人们所了解之后，必须对当前风险管理活动进行评估，以判定当前管理活动能否足以避免过度暴露，并防止对人或环境的不利影响。其目的是确定控制风险所必需的附加措施。

（2）附加风险管理活动

风险管理工作的类型和力度随产品潜在风险的性质和水平而定。可考虑用于化学品的风险管理的产品全过程中一系列活动：产品设计与制造；运输及装卸；销售活动。

应将具体的风险管理活动及其选择原理形成文件，以备将来参考和审查。

3. 产品风险管理制度

企业根据产品的风险，应当建立起识别、记录（文件化的）和管理产品健康、安全和环境风险的管理措施和制度。

化学品生产和使用的相关风险可由以下途径进行管理和控制：企业收集关于此产品的基本信息，对产品的风险进行表征，然后制订出一系列的风险管理措施和方案。这些风险管理措施和方案是对产品相关技术、道德、社会和业务事宜进行综合权衡得出的结果。所制订的风险管理措施和方案包括：提供产品安全数据表和产品安全标签，新配方产品或再包装、从市场召回旧产品。

企业应建立和记录开发关键阶段评审与评价产品与工艺设计的流程。此评审可通过由适当人员、部门专家和商务代表组成的小组完成。该小组应该研究与产品生命周期每个阶段有关的安全、健康和环保方面的问题，并寻找出解决这些问题的措施和方案。然后评估每项措施或方案的优点，以及它所产生的任何新问题和关注点。这是一个连续过程，随着产品在生命周期的不同阶段，要求的信息和评估的详细程度会逐步提高。通过重复评估，目标是得到一套完整的可以综合平衡产品性能、优点、危害和风险的管理措施和方案。

如果产品投入市场，那么风险管理措施和方案应当包括能监测产品使用的程序，并且报告有关新用途、滥用或有害影响的信息。这些信息将引发风险重新评价，以及产品或者流程的潜在重新设计。

（三）化学品管理

企业应对生产过程中所使用的原料和中间体及制造出的化学品（产品）逐一进行识别、登记。并建立化学品档案。对化学品进行登记、造册。建档时，应对其类别、形态、风险程度、涉及 HSE 方面的基本特性进行完整、规范性描述。

企业应对识别出的危险化学品，按《化学品安全技术说明书编写规定》和《化学品安全标签编写规定》的规定，编制符合要求的化学品安全技术说明书（MSDS）和安全标签，并向顾客和销售商及其他相关方提供。企业在采购危险化学品时，应向该供应商索取化学品安全技术说明书（MSDS）和安全标签。当上述资料不完整或不符合相关要求时，该危险化学品不得采购。

使用和生产危险化学品的生产企业应设立 24h 开通的咨询服务固定电话。电话值班人员应具有专业能力和水平。不具备条件的企业应委托国家化学品应急响应中心作为应急代理行使职责和权限，并提供化学品安全技术说明书（MSDS）。企业应采取有效的方式、方法，针对化学品的基本特性、危害程度有针对性地对企业内部的相关人员和相关方（如社区、顾客、承包商等）进行告知。包括预防及应急处理措施等内容。

（四）员工培训和产品应用反馈

产品安全监管的一项很重要的工作就是对企业内部员工进行培训和教育，使得企业的员工能够充分了解与产品监管有关的信息，正确认识到企业产品和目标应用。对员工的培训和教育可以根据工作岗位的不同要求。从产品安全监管所涉及的产品正确使用、产品的回收、循环利用和处置，以及已知的产品应用进行教育和培训。企业应当建立并实行鼓励员工及时报告和反馈产品新用途、经确认的产品误用或负面影响的制度，以便这些宝贵的信息能够在产品风险特征描述或产品风险表征中得以利用。

首先，企业要确保所有与产品相关的员工都进行必要的培训和教育，帮助他们理解产品（或包装）的危害，如何正确使用、操作，重新使用，循环利用和处置产品及相关的程序。其次，企业要确保任何可能改变现有风险管理措施和方案的新信息都能及时收集到，并准确反映到产品风险特征描述或者产品的风险表征中。

企业对员工的培训和教育不能流于形式，应当根据部门或者岗位不同对培训和教育的内容进行调整。例如，营销人员应当了解、知道顾客将如何使用产品。必须对产品的危害、可预见的暴露、适合的应用及产品正确的操作程序有所了解。他们应能够识别到产品偏差及认识到对健康和环境的负面影响。这些人员应对客户及公众的意见或感觉保持应有的敏感度，并且能够及时把关于安全、健康或环境的信息进行反馈，并将这些信息、或关注反映到风险描述的程序当中，这些反馈信息将可能改变风险管理措施和方案。

此外，企业还应对分销商与客户接触产品的人员进行安全教育，使他们都具有安全意识。他们能正确使用、处理和处置产品非常重要。

（五）与相关方的沟通

企业与产品的相关方，如合同制造商、供应商、分销商与客户进行沟通，将产品的危害信息及时提供给他们，并获取原料的风险信息。所有的产品都应附有化学品安全技术说明书（MSDS）和安全标签。对相关方的产品安全监管绩效进行定期审核，达不到要求的，要帮助和指导其提高健康安全及环保的管理水平，从而达到产品安全监管准则的各项要求。

1. 与制造承包商的沟通

企业不是个独立的个体。在商业和经营管理中，企业应当优先选择与那些在合同执行中为健康、安全和环保采取合适措施的制造承包商；或与制造承包商一起合作，与他们分享经验并帮助他们实施措施。提供适用于相关产品和工艺风险的信息和指导，以实现正确操作、使用、回收和处置。定期对制造承包商的产品安全监管的绩效进行审查。目的是鼓励在商业合作中，能够与在合同所规定的具体业务中健康、安全和环保的管理体系比较健全的制造承包商合作。

企业有责任对每一家制造承包商的能力进行评估，并通过足够的指导培养其正确的操作（包括储存）、使用和处置产品的能力，以弥补企业在专业上的不足。如果制造承包商不愿意执行合理的产品安全管理措施，那么企业应当认真考虑是否需要中止与该承包商正进行的业务或合作。当企业承诺与制造承包商一起合作，帮助其改善健康、安全和环保表现时，应该在规定时间内，敦促制造承包商改进并且达到健康、安全和环保的标准。

企业产品的参与和审查水平将根据产品风险大小的不同而不同。"与之合作"可以包括提供详细的产品健康、安全和环保信息，在产品操作技术、浪费最小化及废弃物管理上提供技术支持，需要对制造承包商的工厂进行拜访。这些行动将根据制造承包商及业务的不同而有所区分。由于企业需要进行更多的管理，与分销商和客户相比较，企业与制造承包商的合作应当更加密切。应对所有的制造承包商进行定期的绩效考核。

2. 与供应商的沟通

企业采购原料时，应当要求原料供应商提供其产品的化学品安全技术说明书（MSDS）和供应商的健康、安全及环保指导方针。这些信息通常可以在企业的产品安全数据表里面得到。企业应把供应商对健康、安全和环保原则的遵循情况作为采购的决策因素之一。

通过与原料供应商的沟通，企业可以把产品安全监管的做法延伸至供应商。只要适用，健康、安全和环保要素就要成为采购环节（包括产品交换）不可缺少的组成部分。对于有些企业，这便意味着在企业内部采购、制造、安全、环保及消防部门等职能密切合作，以确认原料供应商可以为环境保护做出更大的贡献。有的企业则倾向于把这些健康、安全和环保方面的考虑作为供应商资质审查的一部分，或者把它们作为签订合同的要素之一。供应商应编制健康、安全和环保方案及目标。

3. 与分销商/配送商沟通

分销是产品得以配送到最终用户的重要步骤和环节。企业应为分销商或配送商提供其分销或配送产品的健康、安全及环保信息。根据产品风险，选择与分销商或配送商共同合作，并定期对配送商进行评估，确保产品得以正确操作、使用、回收和处置，并向下游用户传达合适的信息。如果企业一旦发现分销商或配送商的做法欠妥当，应与其一起努力，进行整改。如整改情况不明显，企业应采取进一步措施，必要时需要终止业务关系。这样做的目的是鼓励分销商或配送商对企业的产品能执行正确的健康、安全和环保做法。这种沟通可以和产品配送准则结合实施。配送准则重点讨论配送商的入库和储存方面的做法。产品安全监管准则的重点在于与配送商合作，帮助他们在其作业的其他方面实现合适的管理。如循环、操作、储存、使用、处置、浪费的最小化管理，以及向下游用户传达信息。与顾客和其他直接产品接受方一样，如果有人不愿意执行那些有利于减小风险，进而实现产品安全监管的健康、安全和环保目标的措施，企业可以中止与其的业务关系。与分销商或配送商的合作程度根据产品风险的不同而不同。产品的风险大小也决定配送准则所规定的定期绩效审查的频率。

分销商或配送商涉及的岗位很广，从原始产品的包装到重新配方形成一个拥有新的健康、安全和环保特征的新产品。"合适信息的传递"确认：当期望分销商/配送商准确传递健康、安全、环保信息时，分销商或配送商所做的产品变更意味着原产品的信息不再适用。此时，配送商需要发布并向产品用户提供更新的产品健康、安全和环保信息。

4. 与顾客和其他直接产品受众沟通

企业或者分销商及配送商，都应当向直接产品受众提供健康、安全及环保信息。根据产品风险，与其进行合作，确保产品得以正确使用、处理、回收和处置，并向下游用户传达合适的信息。当发现产品受众的做法欠妥当时，应与其一起努力，纠正不正确的做法。如改善情况不明显，应采取进一步措施，必要时需要终止产品销售。目的是鼓励顾客使用产品时建立起健康、安全和环保的正确做法。当产品风险大时，除了重点向顾客提供信息，还可以提供其他技术支持和协助。

根据产品风险的不同，参与管理的程序也不同。工作可能包括，对先前提供的健康、安全和环境信息进行强化、增加培训等。至少双方应分享对健康、安全和环保有提高所积累的知识和经验。

二、分阶段实施产品安全监管

依据产品的生产过程，可将产品的安全监管分为以下四个阶段：

1. 研究开发阶段的"产品监管"

（1）进行危害性评价

在新产品及关联的新工艺的研究开发阶段，要通过评估用文件形式明确产品性状以及产品在其生命周期每一个阶段可能具有的对健康、安全、环境的危害性，并提出相关的防范措施。从事此项评估工作的人员必须具备相应的知识与技能，评估结果也必须有文字记载。

（2）在研究开发装置的场所制定并实施有效的 HSE 计划，针对试验品的性质、规模、装置活动的频度确认危险性，防范措施应特别注意保护在试验以及测试时可能暴露于试验品危害中的人员与环境。

① 试验开始前须按 HSE 计划对相关人员进行培训。

② 计划与实施步骤应根据实际情况适时修订。

③ 所有这些活动应作记载并有高级管理人员签字。

（3）对测试样品要妥为包装、加贴标签，并附上临时性化学品安全技术说明书（MSDS）。对包装、加贴标签的步骤与要求以及样品的提供与召回，应有管理文件加以规范。临时性化学品安全技术说明书（MSDS）应参照有关规定进行编写。样品的运输应严格遵守国家的相关法规（分为道路、铁路、水运等）。应正式指定责任人承担样品测试过程中 HSE 监管责任，并在其"岗位职责"中加以明确。

2. 项目建设阶段的"产品监管"

① 在用于新产品的新建设施或改建设施的设计期间，要评估在设施建设及试运行期间潜在的健康、安全与环境危害性，提出防范措施，并以文件形式记录在案。

② 在设施建设及试运行期间，工厂的设施现场应制定并实施有效的 HSE 计划，要特别注意对人员与环境的保护。

a. 公司与设施建设承包商之间的合同应明确在现场要实施的 HSE 计划。

b. 对施工和试车人员的培训、再培训应作为 HSE 计划的重要内容，并作好相应的记录。

③ 要按文件规定对 HSE 计划及实施步骤进行定期的检查与复评，并作出必要的修订。所有复评以及为把危险性降至最低而推荐的措施都应予以记录。

3. 产品生产阶段的"产品监管"

① 对每一种产品，均要制订一份相关的健康安全与环境方面综合性的、不断更新的产品信息单。产品信息除了品名、化学和物理性能、毒理学数据、生态和环境特性暴露极限、健康安全与环境建议之外，还应包括该产品价值链中所有其他物质以及它们关于健康安全与环境的数据。上述信息应不断更新和完善。

② 要按照法规，对每一种危险物质制定化学品技术安全说明书（MSDS），并有适当的程序对化学品技术安全说明书（MSDS）进行复评和更新。

③ 要建立有效的"产品信息系统"，应有明确的责任收集、复核、批准、更新及控制上述信息。

④ 应按相关法规要求，以诸如标签、小册子、化学品技术安全说明书（MSDS）和应急

卡等形式向用户（例如经销商、再包装者以及消费者）与有关人士提供本企业化工产品安全管理的信息。

⑤ 所有已包装产品必须贴有标签，标签的编制要符合规定的程序，内容应包括相关的健康安全与环境风险的信息以及为防止风险的发生而采取必要措施的建议。标签上除了文字信息，还可采用象形图。标签上的联系电话要由受过良好训练的工作人员（人工）接听，他应能作出反应并提供有关产品处置的帮助。

⑥ 要识别产品价值链中的其他"成员"，建立适当的沟通渠道形成"信息链"。沟通内容除了各方对于产品的健康安全环境方面风险管理情况之外，还应包括有关法规和国际上的要求。有相应的规定确保这些信息能够定期得以复评与更新。

⑦ 对每一种需运输或配送的危险物品都建有运输应急卡，其内容和格式应符合国家的相关法规，并根据情况进行更新。运输应急卡应提供给该产品价值链中所有的运输点或配送点。

4. 市场销售阶段的"产品监管"

① 要建立一个体系，确保与产品有关的健康安全环境信息切实传递至客户中每一位真正使用和处理该产品的个人以及任何下游用户。公司人员和客户共同努力来形成正确使用处置、回收和废弃其产品的做法，并充分利用包装材料。

② 要知晓关于应该让客户获知产品信息的相关法律与国际上的统一要求，并与客户达成关于由供应方提供 HSE 信息程度的协定。

③ 供应方必须确保已建立关于产品安全处置规定的培训计划，并随时可以为任何下游用户提供；与客户的合同中应有条款规定要对客户与产品相关的活动及设施进行审核和视察。

④ 市场和销售人员，包括销售机构的人员，应接受关于产品安全管理的初始培训和定期的复习性培训，要用文件规定他们在向所有相关人士介绍产品安全管理信息方面的职责。

⑤ 市场与销售人员应定期访问客户，并尽可能观察客户对产品的实际使用与处理情况，将观察结果进行汇总、分析，必要时提出改进建议。

⑥ 针对客户 HSE 方面的投诉以及在客户场所发生的涉及公司产品的 HSE 事故或事件，应有一个有效的体系进行调查、记录、分析和提出纠正措施，要有明确的责任人。

⑦ 通过由接受过培训具备足够能力的人员轮流接听的 24h 应急电话，任何人都可以方便地了解到产品 HSE 方面的信息。应急电话接听者还要能随时与可以提供进一步帮助的责任人取得联络。

⑧ 建立客户产品存货管理程序，跟踪向客户提供产品的数量与频次，帮助客户保持最佳库存水平，努力使客户把不必要的和已废弃产品的存量降至最低，并帮助他们以最经济的和对环境负责任的方式处置过剩库存。

⑨ 关于公司产品的包装，应该制定一项计划，既要满足法规对包装的要求，又要尽量减少很难以安全方式处置的包装材料的使用。要掌握对包装材料适宜的处置技术，并为客户在其场所安全处置包装物提供信息、培训等帮助。

⑩ 在产品广告和市场推销环节应坚持科学态度，确保不作出无技术支撑的或不符合法规、政策要求的承诺和保证。有关的产品广告/推销资料应有专人负责审查，并有相应文件规定其职责。

第三节　产品安全相关培训

产品安全监管的一项很重要的工作就是对企业内部员工进行培训和教育，使得企业的员工能够充分了解与产品监管有关的信息，正确认识到企业产品和预期的应用。通过培训可提高相关人员对产品使用与处理的安全意识，进而提高企业的产品安全监管水平。

一、培训的重要性和必要性

通过与产品有关的安全培训可以使接触产品的研发人员、生产一线的员工、管理人员、分销商以及客户充分了解产品的危害性和预防及应急处理措施，接受与产品有关的安全培训，掌握相关的知识对与产品全生命周期内涉及人员的身体健康和人身安全都是非常重要的。对于企业来说，开展与产品有关的安全培训可以体现对企业内外接触产品的人员健康和安全的关怀，在降低了企业安全风险的同时，也树立了良好的企业社会形象。从长期效益来看，企业开展与产品有关的安全培训是非常必要的。

二、培训的对象

培训对象除与产品有关的员工之外，还应特别包括产品的分销商以及与客户接触的员工。

三、培训的内容

对员工的培训和教育可以根据工作岗位的不同要求，从产品安全监管所涉及的产品正确使用、产品的回收、循环利用和处置以及已知的产品应用进行教育和培训。

四、培训的要求

企业要确保所有与产品相关的员工都进行必要的培训和教育，帮助他们理解产品（或包装）的危害，了解如何正确使用、操作、重新使用、循环利用和处置产品及相关的程序。对员工的培训和教育不能流于形式，应当根据部门或者岗位不同对培训和教育的内容进行调整。例如，营销人员应当了解、知道顾客将如何使用产品。必须对产品的危害、可预见的暴露、适合的应用及产品正确的操作程序有所了解。

对员工的产品安全培训应有详细的计划、规范的监管和严格的考核。

第四节 《危险化学品安全管理条例》重点摘录

《危险化学品安全管理条例》（中华人民共和国国务院令第 591 号）我国在化学品安全监管方面的主要法规。该法规分别对生产和储存安全管理、使用安全管理、经营安全管理、运输安全管理以及危险化学品登记与事故应急救援五个方面的内容做出了规定，为我国对化学品的安全管理工作提供了明确的法律依据。以下是对《危险化学品安全管理条例》重点条款的介绍。

一、生产、储存安全管理

1. 我国《危险化学品安全管理条例》（中华人民共和国国务院令第 591 号）明确规定：对危险化学品的生产、储存实行统筹规划、合理布局。

2. 新建、改建、扩建生产、储存危险化学品的建设项目（以下简称建设项目），应当由安全生产监督管理部门进行安全条件审查。

3. 生产、储存危险化学品的单位，应当对其铺设的危险化学品管道设置明显标志，并对危险化学品管道定期检查、检测。

4. 危险化学品生产企业进行生产前，应当依照《安全生产许可证条例》的规定，取得危险化学品安全生产许可证。

5. 危险化学品生产企业应当提供与其生产的危险化学品相符的化学品安全技术说明书（MSDS），并在危险化学品包装（包括外包装件）上粘贴或者拴挂与包装内危险化学品相符的化学品安全标签。化学品安全技术说明书（MSDS）和化学品安全标签所载明的内容应当符合国家标准的要求。

6. 生产实施重点环境管理的危险化学品的企业，应当按照国务院环境保护主管部门的规定，将该危险化学品向环境中释放等相关信息向环境保护主管部门报告。环境保护主管部门可以根据情况采取相应的环境风险控制措施。

7. 危险化学品的包装应当符合法律、行政法规、规章的规定以及国家标准、行业标准的要求。

8. 生产列入国家实行生产许可证制度的工业产品目录的危险化学品包装物、容器的企业，应当依照《中华人民共和国工业产品生产许可证管理条例》的规定，取得工业产品生产许可证；其生产的危险化学品包装物、容器经国务院质量监督检验检疫部门认定的检验机构检验合格，方可出厂销售。

9. 危险化学品生产装置或者储存数量构成重大危险源的危险化学品储存设施（运输工具加油站、加气站除外），与重要场所、设施、区域的距离应当符合国家有关规定。

10. 生产、储存危险化学品的单位，应当根据其生产、储存的危险化学品的种类和危险特性，在作业场所设置相应的监测、监控、通风、防晒、调温、防火、灭火、防爆、泄压、防毒、中和、防潮、防雷、防静电、防腐、防泄漏以及防护围堤或者隔离操作等安全设施、设备，并按照国家标准、行业标准或者国家有关规定对安全设施、设备进行经常性维护、保养，保证安全设施、设备的正常使用。

11. 生产、储存危险化学品的单位，应当在其作业场所设置通信、报警装置，并保证处于适用状态。

12. 生产、储存危险化学品的企业，应当委托具备国家规定的资质条件的机构，对本企业的安全生产条件每3年进行一次安全评价，提出安全评价报告。安全评价报告的内容应当包括对安全生产条件存在的问题进行整改的方案。

13. 生产、储存剧毒化学品或者国务院公安部门规定的可用于制造爆炸物品的危险化学品（以下简称易制爆危险化学品）的单位，应当如实记录其生产、储存的剧毒化学品、易制爆危险化学品的数量、流向，并采取必要的安全防范措施，防止剧毒化学品、易制爆危险化学品丢失或者被盗；发现剧毒化学品、易制爆危险化学品丢失或者被盗的，应当立即向当地公安机关报告。

14. 危险化学品应当储存在专用仓库、专用场地或者专用储存室（以下统称专用仓库）内，并由专人负责管理；剧毒化学品以及储存数量构成重大危险源的其他危险化学品，应当在专用仓库内单独存放，并实行双人收发、双人保管制度。

15. 储存危险化学品的单位应当建立危险化学品出入库核查、登记制度。

16. 危险化学品专用仓库应当符合国家标准、行业标准的要求，并设置明显的标志。储存剧毒化学品、易制爆危险化学品的专用仓库，应当按照国家有关规定设置相应的技术防范设施。

17. 生产、储存危险化学品的单位转产、停产、停业或者解散的，应当采取有效措施，及时、妥善处置其危险化学品生产装置、储存设施以及库存的危险化学品，不得丢弃危险化学品；处置方案应当报所在地县级人民政府安全生产监督管理部门、工业和信息化主管部门、环境保护主管部门和公安机关备案。安全生产监督管理部门应当会同环境保护主管部门和公安机关对处置情况进行监督检查，发现未依照规定处置的，应当责令其立即处置。

二、使用安全管理

1. 使用危险化学品的单位，其使用条件（包括工艺）应当符合法律、行政法规的规定和国家标准、行业标准的要求，并根据所使用的危险化学品的种类、危险特性以及使用量和使用方式，建立、健全使用危险化学品的安全管理规章制度和安全操作规程，保证危险化学品的安全使用。

2. 使用危险化学品从事生产并且使用量达到规定数量的化工企业（属于危险化学品生产企业的除外，下同），应当依照《危险化学品安全管理条例》的规定取得危险化学品安全使用许可证。

3. 申请危险化学品安全使用许可证的化工企业，应当向所在地设区的市级人民政府安全生产监督管理部门提出申请，并提交其符合《危险化学品安全管理条例》第三十条规定条件的证明材料。设区的市级人民政府安全生产监督管理部门应当依法进行审查，自收到证明材料之日起45日内作出批准或者不予批准的决定。予以批准的，颁发危险化学品安全使用许可证；不予批准的，书面通知申请人并说明理由。

4.《危险化学品安全管理条例》第十六条关于生产实施重点环境管理的危险化学品的企业的规定，适用于使用实施重点环境管理的危险化学品从事生产的企业；第二十条、第二十一条、第二十三条第一款、第二十七条关于生产、储存危险化学品的单位的规定，适用于使用危险化学品的单位；第二十二条关于生产、储存危险化学品的企业的规定，适用于使用危险化学品从事生产的企业。

三、经营安全管理

1. 国家对危险化学品经营（包括仓储经营，下同）实行许可制度。未经许可，任何单位和个人不得经营危险化学品。

2. 从事危险化学品经营的企业应当具备下列条件。

（1）有符合国家标准、行业标准的经营场所，储存危险化学品的，还应当有符合国家标准、行业标准的储存设施。

（2）从业人员经过专业技术培训并经考核合格。

（3）有健全的安全管理规章制度。

（4）有专职安全管理人员。

（5）有符合国家规定的危险化学品事故应急预案和必要的应急救援器材、设备。

（6）法律、法规规定的其他条件。

3. 从事剧毒化学品、易制爆危险化学品经营的企业，应当向所在地设区的市级人民政府安全生产监督管理部门提出申请，从事其他危险化学品经营的企业，应当向所在地县级人民政府安全生产监督管理部门提出申请（有储存设施的，应当向所在地设区的市级人民政府安全生产监督管理部门提出申请）。

4. 危险化学品经营企业储存危险化学品的，应当遵守《危险化学品安全管理条例》第二章关于储存危险化学品的规定。危险化学品商店内只能存放民用小包装的危险化学品。

5. 危险化学品经营企业不得向未经许可从事危险化学品生产、经营活动的企业采购危险化学品，不得经营没有化学品安全技术说明书（MSDS）或者化学品安全标签的危险化学品。

6. 依法取得危险化学品安全生产许可证、危险化学品安全使用许可证、危险化学品经营许可证的企业，凭相应的许可证件购买剧毒化学品、易制爆危险化学品。民用爆炸物品生产企业凭民用爆炸物品生产许可证购买易制爆危险化学品。

7. 申请取得剧毒化学品购买许可证，申请人应当向所在地县级人民政府公安机关提交下列材料：

(1) 营业执照或者法人证书（登记证书）的复印件；

(2) 拟购买的剧毒化学品品种、数量的说明；

(3) 购买剧毒化学品用途的说明；

(4) 经办人的身份证明。

8. 危险化学品生产企业、经营企业销售剧毒化学品、易制爆危险化学品，应当查验《危险化学品安全管理条例》第三十八条第一款、第二款规定的相关许可证件或者证明文件，不得向不具有相关许可证件或者证明文件的单位销售剧毒化学品、易制爆危险化学品。对持剧毒化学品购买许可证购买剧毒化学品的，应当按照许可证载明的品种、数量销售。

9. 危险化学品生产企业、经营企业销售剧毒化学品、易制爆危险化学品，应当如实记录购买单位的名称、地址、经办人的姓名、身份证号码以及所购买的剧毒化学品、易制爆危险化学品的品种、数量、用途。销售记录以及经办人的身份证明复印件、相关许可证件复印件或者证明文件的保存期限不得少于1年。

10. 使用剧毒化学品、易制爆危险化学品的单位不得出借、转让其购买的剧毒化学品、易制爆危险化学品；因转产、停产、搬迁、关闭等确需转让的，应当向具有《危险化学品安全管理条例》第三十八条第一款、第二款规定的相关许可证件或者证明文件的单位转让，并在转让后将有关情况及时向所在地县级人民政府公安机关报告。

四、运输安全管理

1. 从事危险化学品道路运输、水路运输的，应当分别依照有关道路运输、水路运输的法律、行政法规的规定，取得危险货物道路运输许可、危险货物水路运输许可，并向工商行政管理部门办理登记手续。

2. 危险化学品道路运输企业、水路运输企业的驾驶人员、船员、装卸管理人员、押运人员、申报人员、集装箱装箱现场检查员应当经交通运输主管部门考核合格，取得从业资格。具体办法由国务院交通运输主管部门制定。

3. 运输危险化学品，应当根据危险化学品的危险特性采取相应的安全防护措施，并配备必要的防护用品和应急救援器材。

4. 通过道路运输危险化学品的，托运人应当委托依法取得危险货物道路运输许可的企业承运。

5. 通过道路运输危险化学品的，应当按照运输车辆的核定载质量装载危险化学品，不得超载。

6. 通过道路运输危险化学品的，应当配备押运人员，并保证所运输的危险化学品处于押运人员的监控之下。

7. 未经公安机关批准，运输危险化学品的车辆不得进入危险化学品运输车辆限制通行的区域。危险化学品运输车辆限制通行的区域由县级人民政府公安机关划定，并设置明显的标志。

8. 通过道路运输剧毒化学品的，托运人应当向运输始发地或者目的地县级人民政府公安机关申请剧毒化学品道路运输通行证。

9. 剧毒化学品、易制爆危险化学品在道路运输途中丢失、被盗、被抢或者出现流散、泄漏等情况的，驾驶人员、押运人员应当立即采取相应的警示措施和安全措施，并向当地公安机关报告。公安机关接到报告后，应当根据实际情况立即向安全生产监督管理部门、环境保护主管部门、卫生主管部门通报。有关部门应当采取必要的应急处置措施。

10. 通过水路运输危险化学品的，应当遵守法律、行政法规以及国务院交通运输主管部门关于危险货物水路运输安全的规定。

11. 海事管理机构应当根据危险化学品的种类和危险特性，确定船舶运输危险化学品的相关安全运输条件。

12. 禁止通过内河封闭水域运输剧毒化学品以及国家规定禁止通过内河运输的其他危险化学品。

13. 国务院交通运输主管部门应当根据危险化学品的危险特性，对通过内河运输《危险化学品安全管理条例》第五十四条规定以外的危险化学品（以下简称通过内河运输危险化学品）实行分类管理，对各类危险化学品的运输方式、包装规范和安全防护措施等分别作出规定并监督实施。

14. 通过内河运输危险化学品，应当由依法取得危险货物水路运输许可的水路运输企业承运，其他单位和个人不得承运。

15. 通过内河运输危险化学品，应当使用依法取得危险货物适装证书的运输船舶。水路运输企业应当针对所运输的危险化学品的危险特性，制定运输船舶危险化学品事故应急救援预案，并为运输船舶配备充足、有效的应急救援器材和设备。

16. 通过内河运输危险化学品，危险化学品包装物的材质、型式、强度以及包装方法应当符合水路运输危险化学品包装规范的要求。国务院交通运输主管部门对单船运输的危险化学品数量有限制性规定的，承运人应当按照规定安排运输数量。

17. 用于危险化学品运输作业的内河码头、泊位应当符合国家有关安全规范，与饮用水取水口保持国家规定的距离。有关管理单位应当制定码头、泊位危险化学品事故应急预案，并为码头、泊位配备充足、有效的应急救援器材和设备。

18. 船舶载运危险化学品进出内河港口，应当将危险化学品的名称、危险特性、包装以及进出港时间等事项，事先报告海事管理机构。海事管理机构接到报告后，应当在国务院交通运输主管部门规定的时间内作出是否同意的决定，通知报告人，同时通报港口行政管理部门。定船舶、定航线、定货种的船舶可以定期报告。

19. 载运危险化学品的船舶在内河航行、装卸或者停泊，应当悬挂专用的警示标志，按照规定显示专用信号。

20. 载运危险化学品的船舶在内河航行，应当遵守法律、行政法规和国家其他有关饮用水水源保护的规定。内河航道发展规划应当与依法经批准的饮用水水源保护区划定方案相协调。

21. 托运危险化学品的，托运人应当向承运人说明所托运的危险化学品的种类、数量、危险特性以及发生危险情况的应急处置措施，并按照国家有关规定对所托运的危险化学品妥善包装，在外包装上设置相应的标志。

22. 托运人不得在托运的普通货物中夹带危险化学品，不得将危险化学品匿报或者谎报为普通货物托运。

23. 通过铁路、航空运输危险化学品的安全管理，依照有关铁路、航空运输的法律、行政法规、规章的规定执行。

五、危险化学品登记与事故应急救援

1. 国家实行危险化学品登记制度，为危险化学品安全管理以及危险化学品事故预防和应急救援提供技术、信息支持。

2. 危险化学品生产企业、进口企业，应当向国务院安全生产监督管理部门负责危险化学品登记的机构（以下简称危险化学品登记机构）办理危险化学品登记。

3. 危险化学品登记机构应当定期向工业和信息化、环境保护、公安、卫生、交通运输、铁路、质量监督检验检疫等部门提供危险化学品登记的有关信息和资料。

4. 县级以上地方人民政府安全生产监督管理部门应当会同工业和信息化、环境保护、公安、卫生、交通运输、铁路、质量监督检验检疫等部门，根据本地区实际情况，制定危险化学品事故应急预案，报本级人民政府批准。

5. 危险化学品单位应当制定本单位危险化学品事故应急预案，配备应急救援人员和必要的应急救援器材、设备，并定期组织应急救援演练。

6. 发生危险化学品事故，事故单位主要负责人应当立即按照本单位危险化学品应急预案组织救援，并向当地安全生产监督管理部门和环境保护、公安、卫生主管部门报告；道路运输、水路运输过程中发生危险化学品事故的，驾驶人员、船员或者押运人员还应当向事故发生地交通运输主管部门报告。

7. 发生危险化学品事故，有关地方人民政府应当立即组织安全生产监督管理、环境保护、公安、卫生、交通运输等有关部门，按照本地区危险化学品事故应急预案组织实施救援，不得拖延、推诿。

8. 有关危险化学品单位应当为危险化学品事故应急救援提供技术指导和必要的协助。

9. 危险化学品事故造成环境污染的，由设区的市级以上人民政府环境保护主管部门统一发布有关信息。

第五节　国内外实施产品安全监管的情况

一、国外实施产品安全监管的情况

1. 美国产品安全监管

20 世纪 60 年代后期，美国处在一个动荡时期，人权、妇女权利、越南战争和环境污染等问题困扰着美国。同时，化学事故、职业伤害和职业病，无论在人数方面，还是在危害性方面，都迅速增长，每年造成的直接或间接损失达数十亿甚至上百亿美元。在此背景下，美国总统于 1970 年签署了"职业安全卫生法"，其后随着化学事故的多次出现，美国逐渐完善了化学品的立法机制。早在 1988 年，美国化学品制造商协会（CMA）的成员企业就已经通过了责任关怀的倡议，并显著地改进了它们的环境、健康和安全业绩。

美国化工企业在开展责任关怀方面的主要特点是贯彻责任关怀安全法则，即每家企业在其化工价值链中必须采用一个以风险为基础的针对人身、财产、产品、工艺、信息及信息系统的安全管理系统，这个化工价值链涉及产品的设计、采购、制造、销售、运输、服务支持、应用、回收、处理等相关的生产活动。到目前为止，已形成了一个比较完善的法规体系，做到了化学品从"摇篮"到"坟墓"的全生命周期的安全监控。

美国主要的化学品安全监管法规体系主要包括职业安全卫生法（Occupational Safety & Health Act，缩写 OSHA）、联邦有害物质管理法（Federal Hazardous Substances Act，缩

写 FHSA)、有毒物质控制法 (Toxic Substances Controls Act，缩写 TSCA)、危险物品运输法 (Hazardous Materials Transportation Act，缩写 HMTA)、有害物质包装危害预防法 (Poisonous Packaging Prevention Act，缩写 PPA)、联邦杀虫剂、杀菌剂和杀鼠剂法 (Federal Insecticide Fungicide & Redenticide Act，缩写 FIFRA)、食品、药物和化妆品法 (Food Drug & Cosmetric Act，缩写 FDCA)、消费产品安全法 (Consumer Product Safety Act，缩写 CPSA)、空气净化法 (Clean Air，缩写 CAA)、联邦水污染控制法 (Federal Water Pollution Control Act，缩写 FWPCA)、联邦环境污染控制法 (Federal Environmental Pollution Control Act，缩写 FEPCA) 等法规。

2. 加拿大产品安全监管

根据加拿大政府统计，每 4 个加拿大人中就有 1 人接触过危险化学品，每年因工作场所接触危险品造成的经济损失达 6 亿加元之多。严重的安全卫生问题引起了加拿大政府的高度重视，如何预防和监控化学品对人类产生的危害已成为加拿大政府十分关注的问题。1979 年 1 月，联邦、省和地方劳工立法委员会根据为使工人、雇主遵守有关危险物品的法规，需要从供货商获得统一信息这一前提，提出了需要标准化的危险物品信息系统。经过近十年的工作，1987 年由工业、劳工和联邦三方起草了联邦工作场所有害物质信息法 (Workplace Hazardous Material Information System，缩写 WHMIS)。为实施 WHMIS 法，加拿大修订了危险产品法，(Hazardous Product Act，缩写 HPA) 和其他法规。同时，省和地方政府也修订了本地的"职业安全卫生法"，使 WHMIS 法能在工作场所实施。1988 年 10 月 31 日开始在全国实施 WHMIS 法。

总的来讲，加拿大的化学品安全监管法规体系主要包括工作场所有害物质信息法 (WHMIS)、危险产品法 (HPA)、受控产品管理法 (CPR)、成分申报条例 (IDL)、危险物品资料审核法 (HMIRA)、危险物品资料审核条例 (HMIRR) 等法规。另外，各省还有职业安全卫生法等地方法规。

在加拿大，每个企业会员都必须在加入加拿大化学品生产者协会 (CCPA) 的三年内全面执行责任关怀，企业的最高执行官每季度都要与企业的领导层共同研究发现的问题。加拿大实施责任关怀遵循的主要原则是：加强对产品及服务在整个生命周期中的管理，来减少其对人类及环境的影响。

3. 欧共体产品安全监管

欧共体对能够危及人的身体健康、安全和能造成环境污染的产品一直比较重视。1967 年，欧共体制定了第一部欧共体指令 67/548/EEC，随着化学品工业的发展和重大事故的增多，为使欧盟各国在化学品管理上保持一致，欧共体制定了一系列安全管理制度和法规，整个法规体系比较复杂，但大体可分为以下几个方面。

(1) 分类、包装和标签指令——67/548/EEC

主要内容是危险货物危险性的分类、包装及标注方法，到目前为止，已进行了 25 次修订，最新版为欧共体指令 96/56/EC。

(2) 销售和使用指令——76/769/EEC

指令 76/769/EEC 规定了禁止销售和使用的危险化学品及制品名单，经过多次修改，目前最新版为 99/77/EC。

(3) 重大事故危害指令——82/501/EEC

指令 82/501/EEC 是防止化学事故的塞维索指令，该指令关心特别的重大事故，如火灾、爆炸或重大排放危害，要求采取措施防止和控制这些事故及其后果要求对工厂的重大危险源进行辨识和评价。1996 年 12 月 9 日制定了重大化学危害控制指令 96/82/EC，用之代替 82/501/EEC。

（4）作业人员安全指令——80/1107/EEC

该指令目的在于保护作业人员免于化学、物理和生物制剂的侵害。随后对某些条款又做了具体规定，如指令 82/605/EEC 增加了金属铅及其离子化合物的防护方法；指令 96/94/EC 建立了作业人员防护中的另一份接触限值表，是对 80/1107/EEC 的进一步完善。

（5）实验室安全操作指令——87/18/EEC

目前最新版为 99/11/EC。

（6）混合物分类、包装与标注指令——1999/45/EC

99/45/EC 规定了混合物的分类、包装与标注方法。

（7）现有物质指令——793/93/EEC

指令 793/93/EEC 用于对现有物质的危险性进行评价和控制，在随后的指令中，对 793/93/EEC 有关条款进行了细化。

（8）进出口指令——89/428/EEC

指令 89/428/EEC 对某些化学品的进口做了规定。

（9）危险货物运输指令——93/75/EEC

指令 93/75/EEC 规定了危险货物运输的最低要求，94/55/EC 是有关道路运输的有关规定，96/49/EC 是铁路运输的有关规定。

此外，欧共体还要求各成员国在本国内采取立法措施，进一步加强对化学品的安全监管；一些认证机构也参与进来，制定了严格的标准，从而对企业进行有效的约束和监管。

4. 日本产品安全监管

日本在责任关怀方面强调的是全面的安全管理，包括建立关于安全和环境的管理原则和目标，建立相应的组织，制订执行计划等。日本方面提出，化工企业在进行商业活动的同时要确保安全，在研发过程和进行新的商业活动中要确保安全，在进行海外商业活动中也要注意安全。

目前日本指定的关于产品安全监管的法规体系包括化学物质控制法、劳动安全卫生法、有毒有害物质控制法、高压气体控制法、爆炸物品控制法、消费产品安全法、废弃物法、环境基本法、危险货物船舶运输及储存规则等法规。

5. 印度产品安全监管

印度化工制造商协会（ICMA）在责任关怀方面制定了 4 大准则，其中之一是生产过程的安全准则。其中，每一项准则都有详细的要求。生产过程的安全准则要求：完善工艺设计、操作参数及程序；明确物质及生产工艺的危害性；对生产工艺进行定期评定，并减少化学品生产过程可能导致的危害及人工失误；做好化工生产中变化过程的监管工作，以保持或提高生产设备的安全性；着重考虑并减少扩建、改造及新建设施对公众、环境及雇员的潜在安全影响；设备的设计、建设及维护都应遵守与准则相呼应的工程规范；在使用新设备，或使用改造后的设备之前，要对其进行安全评估；制订关于设备的维护和检查制度，并确保制度的完整性；做好对生产和设备在受到由自然灾害或其他外界因素而导致紧急情况下的防备工作；制订安全生产规章制度和各岗位安全操作规程；加强员工基本操作技能培训，保证员工熟练掌握岗位基本操作技能。

6. 瑞士产品安全监管

瑞士化学工业学会（SSCI）的成员企业非常明白他们的生产对环境造成了影响，因此它们相当重视安全、健康、环保。瑞士化工企业在责任关怀方面的承诺是：

① 在涉及我们的产品、工艺、装置的领域，人类和环境的安全是至高无上的；

② 我们致力于研究和制造能够安全地运输、使用和处理的产品，并且保证在高度安全、健康、环保的情况下生产；

③ 我们愿意与公众对话，尊重异议；我们愿意以合适的方法提供产品、工艺和设备的信息，说明它们对人类和环境的影响及预防保护措施；

④ 我们建议我们的顾客安全运输、操作、使用、处理我们的产品，并且做到不污染环境；在技术转移方面，我们坚决承担我们对人类和环境的责任；

⑤ 我们会加强对工艺、产品和垃圾对人类和环境潜在影响的认识和研究；

⑥ 我们会尽力与政府机构合作，制定保护员工、公众和环境的法规，以及突发事件计划和其他措施；

⑦ 我们通过与瑞士化学工业学会的其他成员企业交流经验，推进责任关怀计划，并且制定评估瑞士化学工业是否安全、健康、环保的标准。

7. 国外产品安全监管相关机构

（1）化学品安全产品提供机构

此类机构包括提供各类安全设备、通讯器材、防护用品和净化消毒用品的公司。

（2）信息服务中介组织

信息服务中介组织在化学品安全管理中占据着相当重要的位置，并拥有诸多优势。国外化学品安全管理专家普遍认为，应以民间中介组织的形式来提供化学品安全管理需要的有关技术和信息服务，其主要原因如下。

① 民间中介组织可提供更多更新的化学品安全管理信息资料。这些大量的资料是政府及其他机构无力搜集整理和仔细研究的。目前世界上大约有 4000 万已知的化学物质，在技术发达的国家，用于日常商业用途的大约有 6 万种。随着新技术、新材料、新产品、新装置的出现以及生产规模的扩大、开发周期的缩短，往往使人们面临着新的更大的潜在的危险。对于这些激增的危险化学品的性质和特性的信息，急需迅速和准确的了解，并且在生产及其以外的各个环节普及。这一工作仅靠政府的努力难以办到，只有走中介组织的专业化服务的道路，才能满足现实的需要。例如在美国，信息资源来自公共和私有服务，而且提供信息服务的私有公司的经营范围正在世界领域内增加。美国的 CHEMTREC 和英国的 NCEC 就可以说是提供化学事故应急响应信息服务的成功典范。

② 中介组织可建立更广泛的信息共享服务网，即为各类制造商、运输商和使用者提供有关法律和技术支持的广范围的信息平台。通过网站、呼叫中心和应急咨询网络等其他的形式，中介组织可以为相关的公司提供更广泛的信息和制定更详细的计划，从而提高整体安全管理水平。

（3）研究机构和公益性机构

此类机构包括各类研究所、学校、红十字会等。

西方发达国家非常重视研究所、大学等机构在这方面的研究与技术开发工作，有关化学应急等职业安全管理的研究与培训工作成绩十分突出。例如：在著名的哈佛大学里，就有美国国立职业安全与卫生研究所派驻的培训教育研究中心。此外，在多所大学里都有这样的研究中心。研究机构和大学在化学品安全管理体系中的作用有如下几个方面。

① 从事基础性、前瞻性的科学研究工作。

② 检验检测咨询服务。

③ 科普宣传培训作用。

④ 其他有关的管理研究。

二、国内实施产品安全监管的情况

目前，我国政府在产品的安全监管方面所开展的工作包括以下几个方面。

1. 建立了登记注册制度

凡在国内生产和向我国进口的化学品均要进行登记，以加强国家的宏观控制。在不同时期，我国开展了系列注册工作：危险化学品登记注册；农药登记；国外医药品的登记；毒物登记。

2. 建立了生产许可证制度

自1984年，我国即根据有关国家规定建立了生产许可证制度，需要取得生产许可证的化学品有：工业化学品、医药品、麻醉品、兽药、农药等。

3. 建立了储存、运输管理制度

针对化学品的储存和运输，我国建立了一系列管理制度《常用危险化学品储存通则》，铁路、公路、水路危险货物运输规则等。

4. 建立了进、出口管理制度

针对农药、化妆品、一般化学品的进口实行进出口许可证制度，进口货物经登记评审许可后方可进入我国。

5. 建立了我国化学事故应急救援体系

1996年，我国着手建立化学事故应急救援抢救系统，依托国内科研机构的力量，建立了八大化救中心。目前已开通24小时应急咨询电话，随着化学品登记注册工作的发展，我国将要建立起0～Ⅲ级的化学事故应急服务体系。

6. 安全卫生的监督监察工作

我国已建立了监督监察体系，各省、地市均聘有安全监察员。

此外，相关的行业协会和大型石化企业十分重视产品的安全监管工作，都在积极地践行责任关怀体系。"十一五"期间，我国石化行业通过多种方式推行责任关怀，大大提升了行业的整体形象。5年间，责任关怀从小到大，从外企为主到国企担纲，从大型企业走向中小企业，从被动实施到主动参与，目前在行业内已成燎原之势。责任关怀这一理念已被公众熟悉，形成了良好的社会舆论氛围，为化学工业的可持续发展提供了强有力的保障。

随着石化产业的园区化发展，在责任关怀的推广方面，园区的贡献不可小觑。宁波化工区周边有9个自然村（社区）3万多位居民，由于人们对化工生产企业存有安全与环保方面的担忧，因而极易产生与园区的对立情绪，影响园区与社区的和谐关系。该园区管委会在考虑化工区招商引资和建设发展的同时，将推广责任关怀作为最重要的工作，力促区内企业与周边居民区定点结对。区内的镇洋化工发展有限公司是一家氯碱企业，距离附近的瀣浦镇有2000m。结对几年来，经常走访镇政府和所属社区，听取居民对企业安全和环保的看法和意见，并与瀣浦镇政府和社区开展经常性的文体活动，增进双方的感情。每年的九九重阳节，镇洋化工都到镇里慰问老年人，参加社区老年协会举办的各类活动。企业每年举办的"镇洋杯"篮球赛也邀请社区居民参加。另外，企业还不定期地请居民到企业和园区参观，了解化工生产的装置和运行情况，以及安全环保措施等。互动活动让群众加深了对化工企业的了解，从而减轻了对化工企业的对立情绪。

近年来，通过政府、协会和企业的共同努力，我国的责任关怀推进工作已取得了一定的成效，产品的安全监管工作作为核心要素也得到了大力提升。

三、国内外产品安全监管的比较

我国的化学品安全监管起步较晚，但因为政府重视程度高，所以发展比较迅速。同时，由基础薄、相关产业和服务相对滞后等客观国情决定了采用中央集中管理的方式更为适宜。因为，中央集中管理，有利于更快、更系统地借鉴国外化学品安全监管的先进发展经验和管理经验，并将先进的经验和成果本土化。同时，有利于克服在以往的借鉴和引进过程中存在的重复引进和重复建设等弊端。尤其需要注意的是在中央集中管理中，应适当地引入更多的竞争机制，促进相关产业的市场化进程。例如，在投资、行业政策、教育、人员组织、科学技术开发等方面，政府既要适当引导和扶植，又要适当地优胜劣汰。

1. 国内外产品安全监管的差异

通过比较分析，可以看出，国内外在化学品安全监管领域存在以下几个显著差异。

（1）法律法规建设

国外从 20 世纪 60 年代后期起，就开始持续致力于化学品安全法律法规的建设，目前已形成科学完善的法规体系。我国在此方面起步较晚，虽然发展迅速，但当前的法规体系同经济发展状况之间存在着较大的差距，法规体系仍然需要进一步完善，并更好地切合实际发展。

（2）管理模式

国外的中央政府的职能以更多的形式分配给地方各级州、市政府。这种不同是由我国和外国处于不同的发展阶段产生的必然结果。例如，美国的化学安全管理已经发展到很高的水平，而且国家的管理体制、教育水平等基础好，所以，中央政府的职能以适当地组织和协调为主。相比之下，我国的化学品安全管理受限于起步晚、基础薄等客观条件，要在今后的发展中克服不利因素、迎头赶上，采用中央集中管理的方式更为适宜。

（3）相关产业发展

国外经过数十年的发展，目前已经形成了化学品安全管理相关产业良好的生态环境，无论是安全产品的提供机构，信息服务中介，还是研究机构、公益机构，都已经形成相当的规模，在高度市场化的运作下，为化学品安全提供着有力的支持。相对而言，我国的相关产业发展严重滞后，迫切需要形成有力的相关产业支持。

（4）化学品安全教育

由于工业化进程较早，化学品安全事故在国外从 20 世纪 60 年代开始就已经广泛引起政府、企业、机构和公众的关注。在此背景下，国外的化学品安全教育基础很好，无论是政府、企业、机构和公众都非常明确化学品安全的重要性。反观我国，目前正经历着国外早期相似的情况，政府非常重视安全管理，而企业与公众的安全意识则非常薄弱。

2. 国外化学品安全监管发展的借鉴意义

通过对国内外安全管理的比较可知，在我国借鉴国际上化学品安全管理先进经验的过程中，主要应注意以下几点。

（1）历史背景

国外的化学品安全管理无论在立法、管理模式上，还是在安全教育、支持产业的发展上都走过了数十年的历程，当前所呈现的科学完善的管理体系，并非一朝一夕之功。对我国而言，相关的借鉴需要充分考虑我国当前的化学工业、安全管理的现实状况，而不能照搬照抄。

（2）立法

我国当前的安全立法是参照国外的科学体系而建立的，其标准与现实发展状况存在着较大差异。如何一方面健全立法，形成科学完善的法规体系，另一方面又保证不会造成标准虚高，不切实际，是一个需要慎重考虑的问题。

（3）管理模式

国情的发展决定了我国不可能直接套用国外当前的分散管理、市场化运作的办法，而应当采用集中管理，政府指导，扶持相关产业，适当引进竞争机制，逐步过渡到市场化运作。

（4）投资与行业政策

化学品安全监管体系的建立，需要相关机构、中介组织等产业的支持，这些产业的滞后发展，已经成为化学品安全管理中的一个迫切需要解决的问题。需要明确的是，在化学品安全管理体系中，哪些产业是解决问题的关键点，需要政府进行启动性投资与行业扶持。

四、企业实施产品安全监管案例

化学品生产和经营公司，在化学品的安全管理体系中占据着非常重要的位置。而其中最具代表性的，则是化学品的生产公司。纵观全球，任何一家成功的跨国化学工业公司同时也是环境、安全和职业健康管理的领导者。在这里以巴斯夫公司为例，简要介绍这家公司在环境、安全与健康方面所做的承诺和所采取的策略。

1. 全面的承诺

巴斯夫是全球最大的化学工业公司，在全球 170 多个国家和地区拥有生产设施。所有这些生产厂家除了遵循当地的环保、安全和健康法规外，还须做出以下关于安全、健康和环境的承诺。

① 坚持可持续发展，并以此指导公司的所有行为。

② 作为可持续发展的重要部分，参与全球化工行业的"责任关怀"，并将此贯彻到全公司的所有生产与服务之中。

③ 经济上的考虑不能高于安全、健康和环保。

④ 产品的生产者、使用者和清理者都应该是安全的。

⑤ 要求在产品生产、储存、运输、出售和使用过程中所产生的对人类和环境的影响是最小的。

⑥ 协助用户安全环保地使用产品。

⑦ 对安全、健康和环保措施进行持续的改进。

⑧ 鼓励员工关心安全、健康和环境。

⑨ 利用现代科技改善安全状况和进行环境保护。

⑩ 通过与科学家和社会进行对话，仔细评价新发现所带来的潜在利益和危害，然后决定怎样做。

⑪ 寻求与社会上相关舆论的领袖进行公开对话，促进和加强相互之间的理解，加强公众对公司所作所为的信任。

公司的所有成员都必须接受安全、健康和环保方面的培训。公司内部的环境、安全和健康审查组负责对"责任关怀"的实施进行检查。

2. 共同的特点

以巴斯夫为代表的各大成功的跨国化学工业公司，在环保、安全和健康方面具有以下共同的特点。

① 对环保、安全与健康有明确的承诺和方针，并将之贯穿于公司业务的所有环节。

② 在实际中遵循化工行业的"责任关怀"原则，坚持可持续发展。

③ 全员参与。

④ 自觉寻求公众的监督。

拓展知识

——危险化学品安全事故案例

一、事故概况

一场普通的车祸却最终导致了一出 27 人死亡的人间惨剧。2005 年 3 月 29 日晚，京沪高速公路淮安段上行线 103km＋300m 处，发生一起交通事故，一辆由山东开往上海方向的载有约 30t 液氯的山东槽罐车鲁 H00099 与山东货车鲁 QA0398 相撞，导致槽罐车液氯大面积泄漏，周边村镇 27 人中毒死亡。由于肇事的槽罐车驾驶员逃逸，货车驾驶员死亡，延误了最佳抢险救援时机，造成了公路旁 3 个乡镇村民重人伤亡。到 3 月 30 日下午 5 时，中毒死亡者达 27 人，送医院治疗 285 人，组织疏散与事故发生地相距 300m 的一个村庄中约 1 万名村民，造成京沪高速公路宿迁至宝应段关闭 20h。

从调查结果来看，这原本是一起可以避免的事故，但却酿成了"惊大大祸"。人们不禁要问，这究竟是车祸，还是"人祸"？

二、事故原因

事故发生后，有关部门从事故现场勘察发现，导致车辆爆胎的原因很可能是超载所致。据肇事司机说，这辆车标示吨位为 15t，但实际装载 29.44t，属严重超载。但令人不解的是，这辆车从山东济宁到江苏淮安事发地点，全程数百公里，沿途至少有 3 个收费站，其中在京沪高速公路苏鲁两省交界处有 1 个计重收费站。这些收费站本应发现这辆超载车，将其截住。但肇事司机说，他们没有受到任何盘问检查就进入江苏境内。

按照国家有关规定，对运输危险化学品车辆的安全要求比一般货运车辆要严格得多。对车辆的性能、行驶时的状况、槽罐稳固性等都有明确规定，特别是对驾乘人员有严格的专业知识要求。有关规定还特别强调超载的危险品运输车辆绝对禁止上路。但是，出事的超载车不仅上路了，而且未受任何限制地开上了高速公路。事发后，一些专家指出，假如有关管理部门按照最基本的监管要求办事，就会堵住这辆存在严重安全隐患的肇事车。专家认为，液氯等剧毒危险品本身就够危险了，再放到超负荷、高速行驶的车体上，这简直就是移动的"定时炸弹"。

这起事故更加令人痛心的是肇事司机的逃逸。作为危险品运输专业人员，他们在发生事故后理应以最快速度向有关部门报告车上所载为何种危险品，以赢得宝贵的抢救和处置时效，但他们没有这样做。准确地说，这起车祸简直就是"人祸"。危险品行业从业人员的素质直接关系到安全防范问题。但据这个行业内的有关人员介绍，相对于生产和使用环节，目前运输环节人员素质最令人担忧。由于运输企业竞争激烈，一些企业只重视经济效益，忽视对从业人员的安全知识教育。甚至有一些不符合安全条件的企业规避监管，低门槛招聘有关人员投入到运输工作中，这就为安全生产造成了极大隐患。

三、引发的思考

根据对这起事故情况的了解，请归纳出导致这起事故严重后果的直接原因、间接原因。同时，请思考一下：透过这起事故，我们能够看出产品安全监管在哪些方面容易出现问题？产品安全监管的工作重点有哪些？

本章小结

本章第一节主要介绍了产品安全监管准则中的相关术语、此准则推行的目的、适用范围、国内关于产品安全监管的相关法律法规和标准规范；第二节介绍了准则的基本内容，在介绍准则领导与承诺、法律法规、风险管理、沟通、培训与教育等9个一级要素的基础上，对如何分阶段实施产品安全监管进行了阐述；第三节介绍了国内外开展产品安全监管的情况，对国内外产品安全监管工作做了详细的比较，并以巴斯夫为例，介绍了企业实施产品安全监管的成功案例。

"产品监管"是责任关怀计划中重要组成部分，它有别于计划中"工艺导向"的、仅限于公司内部的管理体系，它是"产品导向"的，而且因其"外延性"而涉及产品链的整个生命周期。对我国化工及相关企业而言，"产品监管"是一种具有革新意义的管理理念和模式，并有着十分重要的现实意义。

自测题

一、选择题

1.《危险化学品安全管理条例》所称重大危险源，是指生产、运输、使用、储存危险化学品或者处置废弃危险化学品，且危险化学品的数量等于或者超过（   ）的单元（包括场所和设施）。

A. 安全量　　　　　B. 储存量　　　　　C. 危险量　　　　　D. 临界量

2. 危险化学品安全技术说明书（   ）更换一次。

A. 每三年　　　　　B. 每二年　　　　　C. 每五年　　　　　D. 每年

3. 生产、储存、使用剧毒化学品的单位，应当对本单位的生产、储存装置（   ）进行一次安全评价。

A. 一年　　　　　　B. 二年　　　　　　C. 三年　　　　　　D. 四年

4. 危险化学品的生产、储存、使用单位，应当在生产、储存和使用场所设置通讯、报警装置，并保证在（   ）下处于正常适用状态。

A. 生产情况　　　　B. 任何情况　　　　C. 使用情况　　　　D. 检测情况

5. 危险化学品单位从事生产、经营、储存、运输、使用危险化学品或者处置废弃危险化学品活动的人员，必须接受有关法律、法规、规章和安全知识、专业技术、职业卫生防护和应急救援知识的培训，并经（   ），方可上岗作业。

A. 培训　　　　　　B. 教育　　　　　　C. 考核合格　　　　D. 评议

6. 爆炸品仓库库房内部照明应采用（   ）灯具，开关应设在库房外面。

A. 防爆型　　　　　B. 普通型　　　　　C. 节能型　　　　　D. 白炽型

7. 危险化学品必须储存在专用仓库、专用场地或者专用储存室内，储存方式、方法与储存数量必须符合（   ），并由专人管理。危险化学品出入库，必须进行核查登记。库存危险化学品应当定期检查。

A. 企业或行业标准　　B. 国际或企业标准　　C. 国家标准　　　　D. 企业标准

8.《危险化学品安全管理条例》所称危险化学品，包括（   ）类危险物品。

A. 6　　　　　　　　B. 7　　　　　　　　C. 8　　　　　　　　D. 9

9. 危险化学品必须储存在（   ）或者专用的储存室内。

A. 专用仓库、专用场所　　　　　　　B. 专用仓库、专用场地

C. 专用仓库、专用库区　　　　　　　D. 专用库区、专用场地

10. 国家对危险化学品生产、储存实行（　　）制度。

A. 审查　　　　　　B. 备案　　　　　　C. 核准　　　　　　D. 审批

二、判断题

1. 危险化学品生产单位危险化学品的生产能力、年需要量、最大储量不需要进行登记。

（　　）

2. 危险化学品生产单位销售危险化学品，不再办理经营许可证。　（　　）

3. 储存危险化学品的建筑物可以是地上建筑、地下室或其他地下建筑。　（　　）

4. 申请危险化学品经营许可证之前必须经具有资质的安全评价机构，对申请许可证单位的经营条件进行安全评价。　（　　）

5. 互为禁忌物料只要隔开就可以装在同一车、船内运输。　（　　）

6. 新建的危险化学品生产单位应在投产前办理危险化学品登记手续。　（　　）

复习思考题

1. 产品的生命周期和产品风险特征的概念？

2. 产品安全监管准则的结构要素有哪些？

3. 产品生产阶段的监管的内容有哪些？

4. 要素"法律法规"和"风险管理"的内容有哪些？

5. 市场销售阶段的"产品监管"内容有哪些？

6. 实施"产品监管"的重点是什么？

7. 结合危险化学品安全事故案例，通过查阅相关资料查到事故原因，分析此案例在"产品监管"的 9 个一级要素中的哪些要素方面存在问题？

8. 以国内发生过的危险化学品事故为例，分析其在产品的哪个阶段存在问题，并通过查阅相关的法律法规、标准规范，指出其违反了哪些规定？

第八章　国际石化行业认可的环境、健康与安全的标准体系

对于中国石油化工行业而言，加入 WTO 对各企业提出了新的挑战，新的市场竞争将是企业在世界格局中进行资本、技术和管理等全方位的较量。因石油化工行业产品和服务的特殊性以及野外作业等特点，用户除了要求企业对产品和服务承担质量保证外，产品生产、使用过程中对环保、安全、健康的影响，也是用户衡量一个企业综合素质的主要标准。

目前，我国在企业管理方面与世界发达工业国家还存在一定差距，主要表现在：

第一，法规体系不够健全，并存在有法不依或无章可循的现象，弱化了管理；

第二，管理体系不够完善，非标准化、文件化的管理缺乏连续性，影响了管理的持续改进。

因此，提高管理水平，在管理模式上与国际惯例接轨，在企业的综合素质上向国际先进水平看齐，从而提高企业市场竞争力，已经势在必行。贯彻国际先进标准，取得国际认可的管理体系认证，是企业迅速提升管理综合竞争实力、融入全球经济一体化的一条捷径。

目前，世界上比较流行的适用于石油化工行业的环境、健康、安全管理体系主要有 ISO14001、HSE、OHSAS 18001 和责任关怀制度。

第一节　ISO 14001 环境管理体系简介

一、环境管理体系标准的产生和发展

随着农业革命，特别是工业革命的进程，人类对环境造成了巨大的破坏，如地球变暖、臭氧层被破坏、冰川面积缩减、海洋污染、淡水危机、土地沙化、酸雨频频、热带雨林面积的锐减、动植物物种的逐步消亡等。这些环境问题迅速或缓慢地影响人类健康，危及城市和乡村，污染还会经大气、河流、地下水循环跨越国界转移，从而使得全球的环境质量日趋恶化；另外一方面，人类大量对资源的索取，越来越多地破坏着生态环境，从而导致全球气候、水文等大环境的变化，更加严重地威胁到生物生存环境问题已经成为影响整个人类社会发展的最重要因素之一。1972 年 6 月 5 日，联合国在斯德哥尔摩召开了第一次环境大会，通过了《人类环境宣言》和《人类环境行动计划》，成立了联合国环境规划署，并把每年的 6 月 5 日定为"世界环境日"。这次会议不仅标志着全世界对环境问题的认识已达成共识，而且意味着实际行动的开始。

20 世纪 70 年代和 80 年代初，在欧洲，人类的最初努力集中在制定法律法规并通过环境许可证制度来强制执行环境保护。企业的反应大体是被动的，为了达到日益增长的法律法规的要求及运行许可证的需求，工业界采用了"末端治理"，投入大量人力、物力，建立环保工程、再生工程和工业污染防治工程，对废物排放、污水排放及固体废物等的处理工程进行改造，取得

了很好的效果，大气、水、土地等污染程度得到了不同程度的缓解。但是人们逐步认识到，单纯靠这种类似产品出厂检验和试验的末端治理方式来减少环境污染的做法，只能控制废物中的有害物质含量，不能减少污染物的产生，而且这种污染物治理需投入大量资金和技术，是进行一项永无终止的工作，于是，很多新的环境保护的理论和实践浮出水面。

1992年在巴西里约热内卢召开"环境与发展"大会，183个国家和70多个国际组织出席会议，通过了"21世纪议程"等文件。这次大会的召开，标志着全球谋求可持续发展的时代开始了。各国政府领导、科学家和公众认识到在实现可持续发展的目标，就必须改变工业污染控制战略，从加强环境管理入手，建立污染预防（清洁生产）的新观念。通过企业的"自我决策、自我控制、自我管理"方式，把环境管理融于企业全面管理之中。

受清洁生产的影响和启发，许多人把目光从污染物处理转向减少污染物的产生，从而达到降低污染的目的。这种做法既经济又有效，能大量减少用于污染物处理的资金、降低生产成本，又能非常有效地控制污染物的产生，因而受到世界许多国家的重视，一些企业更是开展了各种形式的环境审核和环境评审，探索实现环境保护的有效方法。环境管理体系（EMS）就是其中比较成功的一种。环境管理体系着眼于生产管理过程，根据对标准和法规要求的分析，制定切实可行的目标方案和计划，在生产经营过程中，配备必要的人力、物力和财力，实现其制定的目标，并通过对目标的不断修改，达到持续改进的目的。

英国的认证机构国家认可委员会（NACCB）是环境管理体系认证的先驱。它首先于1992年发布了环境管理体系标准BS7750，后经过试验、修改，于1994年再版。从1994年6月起，NACCB公布了《环境认可准则》，规定了环境管理领域认证机构必须达到的要求、评价的必备条件及评价方法。1995年3月8日，英国商业部长迈克·赫塞尔廷将第一批认可证书授予了8个实施BS7750环境管理体系认证的机构，同时有20家公司得到了认证。BS7750是"一种环境管理体系的规范，旨在保证企业的环境行为符合其所确定的环境方针与环境目标"。企业在所制定的环境方针中要保证改善自身的环境行为，环境目标要符合相关法规的要求。BS7750的目的是实施环境管理体系应能使企业的环境行为得到改善。

与此同时，欧共体也于1993年7月正式通过了一个名为"环境管理与审核计划（EMAS）"的规定，并于1995年4月生效。EMAS的主要目标是改善企业的环境行为，并向社会提供其环境行为的证明。这样，好的环境行为就可以帮助企业在市场竞争中获得更多优势。EMAS要求公司制定环境方针，在方针中保证致力于改进环境行为，进行环境评审，制定环境计划和管理体系，实施计划，并以环境报告的形式向公众提供信息。在注册前，需接受被认可的机构审核。

此外，法国、爱尔兰、西班牙、澳大利亚、新西兰以及南非等国家也相继颁布了自己的环境管理体系标准。

虽然许多国家和地区都制定了自己的环境管理体系标准，但企业和社会要求有一个比较统一的国际标准。成功制定了ISO 9000质量管理体系系列标准的国际标准化组织（ISO）早就开始酝酿环境管理体系的国际标准。1991年6月，ISO和国际电工委员会（IEC）成立了"环境管理问题特别咨询组（ISO/SAGE）"。1992年12月，SAGE向ISO技术委员会提出以下建议：制定一个与质量管理方法相类似的环境管理方法，以帮助企业改善环境行为，并消除贸易壁垒，促进贸易发展。ISO技术管理委员会于1993年6月在SAGE的基础上成立了ISO/TC207环境管理技术委员会，专门负责有关环境管理体系国际标准的起草工作。到目前为止，它已经正式发布了10余项有关环境管理的国际标准，包括ISO 14001、14004、14010、14011、14012等。这是第一套广泛适用的环境管理体系国际标准，现已为包括中国在内的世界许多国家采用。而许多观察家乐观地认为，ISO 14001产生的影响要远大于咨询，ISO 14001 前景到底如何，全世界人们都在密切关注着它的发展动向。

二、ISO 14001 标准的内涵和特点

1. ISO 14001 标准的内涵

ISO 14001 标准作为整个 ISO 14000 系列标准中唯一可以进行认证的标准，于 1996 年 9 月 1 日正式颁布，是 ISO 14000 系列标准的核心，其他标准是对它的补充、解释和应用。

ISO 14001 标准包括 ISO 前言、引言、第一部分范围、第二部分引用标准、第三部分定义、第四部分环境管理体系要求和三个附录。标准的引言部分阐述了 ISO 14001 标准的制定背景、标准的运用方式和应用基础以及该标准的环境管理体系模式，反映了 ISO/TC207 制定这一标准的基本原则和标准的重要地位，是全面认识本标准的基础。

标准的第一部分规定了该标准所适用的组织及应用范围，表明了该标准的广泛适用性。第二部分对所引用的标准进行了说明。第三部分对该标准中使用的十三个术语进行了定义与说明，明确界定了它们在标准中具体内涵。

标准的第四部分是该标准的核心内容，包括十八个条款，除"4.1 总要求"其余十七个条款分为"环境方针、规划（策划）、实施与运行、检查与纠正措施、管理评审"五部分，构成了对环境管理体系的完整要求，通常也被称为十七个环境管理体系要素。它们严格规范了各类组织实施 ISO 14001 的标准，建立和保持环境管理体系所应遵循的原则与要求，是各类组织获得 ISO 14001 认证的必要条件，也是进行认证的基本依据。主要内容解释如下：

环境方针：企业对其环境活动的意向和行动原则所作的公开声明，表达了最高管理者对切实可行的环境管理的承诺；

环境方案：将企业的环境方针转化为目标和指标并制定了实现该目标指标的措施，明确了职工的职责并调配实施方案所需的人力、财力、资源；

运行控制：对于运行、活动、产品、服务的程序和准则；

风险评估和应急响应计划：确定潜在事故并防止灾难发生；

纠正和预防措施：消除实际存在的不符合目标、指标、标准和规范的情况；

环境管理体系审核：评估体系是否得到正确的实施和保持，是否取得了一定效果；

管理评审：最高管理者根据不断变化的情况对环境管理体系的持续适用性、充分性和有效性所作的正规评价。

ISO 14001 作为一个管理体系标准，是针对组织的环境管理系统（体系）提出一系列具体要求的国际化标准。这样的一个系统的、全面的、标准化的环境管理体系，要求组织在自己的环境方针中明确规定自己环境行为的宗旨和方向，主动地承担起对社会和人类环境责任，从比法律要求更宽广的范围和更大的深度上约束自己的行为，并且持续不断地加以改进。与此相对地，零散的、被动适应法规要求的环境管理机制和体系不足以确保一个组织的环境行为不仅现在满足，将来也一直能满足法律和方针所提出的要求，企业没有持续改进的动力。

2. ISO 14001 标准的特点

（1）具有广泛的适用性

该标准规定了环境管理体系的要求，而该体系拟适用于任何类型与规模的组织，并适用于各种地理、文化和社会条件。在管理对象上，它适用于那些可为组织所控制，以及可能希望组织对其施加影响的因素。

（2）以市场驱动为前提

各国政府往往是根据科学研究成果和环境质量的变化，制定相应的强制性法规、标准，

用法律的手段来迫使企业进行环境保护工作。但随着环境意识的不断提高，人们逐渐认识到环境问题的最终根源在于不合理的生产方式和生活方式。近年来，各国政府的环境管理也逐渐由对污染源的控制延伸到对产品的指导，由末端治理到转向对生产的全过程控制；由产品的环境标志进而采用生命周期评估方法，实施清洁生产，推广绿色产品。目前环境保护已逐渐由政府的强制手段转化为社会的需求、相关方的要求及市场的压力。

（3）以预防为主

ISO 14000 系列标准为各类组织提供的是完整的管理体系，强调管理，这正是预防环境问题的重要手段和措施。现有环境污染中有相当大的一部分是由于管理不善造成的。环境管理体系强调的是加强企业生产现场的环境因素管理，建立严格的操作控制程序，保证企业环境目标的实现。生命周期分析和环境行为评价则将产品的设计及企业的决策也纳入环境管理之中，在产品最初的设计阶段和企业活动策划过程中，比较评价不同方案的环境特性，为决策提供支持。这种预防措施更彻底，更有效，更能发挥产品影响力，从而带动相关产品和行业的改进提高。

（4）具有较强的可操作性

标准提供了一整套环境管理方法，具有较强的可操作性。这套标准将近年来发展起来的可持续发展战略思想融入其中，使一个组织拿到标准就可以开展相应的工作。另外，标准中没有绝对量的要求，使各类组织在实施体系中可以就需要解决的问题有选择地适度解决，而不要求一次性完成，便于组织具体操作。

（5）自愿性原则

标准的应用都是基于自愿的原则。国际标准只能转化为各国国家标准，而不等同于各国所定的法律法规，不可能要求组织强制实行，因而也不会增加或改变一个组织的法律责任。组织可根据自己的经济、技术等条件选择采用，如实力雄厚的组织认为自己原有的环境管理体系有效，那么它可以在此基础上通过第三方认证向外宣传，也可以不采用标准、不申请认证，采用适当方式来证明自己环境行为的良好表现。这样的选择都是由组织自己确定的。总之，一个组织是否采用标准，完全取决于组织自己的发展战略，取决于自身的意愿。

（6）顺应世界经济的主流，符合可持续发展的战略思想

当前，为协调环境保护与发展的关系，可持续发展战略已成为各国发展的总体方向。根据世界环境与发展委员会（WCED）的具体定义，可持续发展是"满足当代人的需要，又不对后代人满足其需要的能力构成危害的发展"，旨在保证满足现代人类社会、经济和科技发展需要的同时，合理使用环境资源，以免造成下一代所需资源不可挽回的枯竭。可持续发展逐步成为指导世界各国经济社会发展的总体战略。它将环保纳入经济社会发展的过程之中，将自然资源、环境生态保护同社会生活的各个领域，包括政治、经济、社会、法律等更加密切地联系起来，实现环境与经济的可持续发展。

3. 建立 ISO 14001 环境管理体系的目的和作用

ISO 14001 系列标准制订的目的和作用主要是顺应市场要求，减少非关税贸易壁垒。但同时，ISO 14001 认证正在成为国际贸易中新的基本要求，称为"绿色通行证"，部分发达国家对发展中国家的企业提出了必须取得环境管理体系认证的要求。当然标准的应用遵从自愿性原则。企业寻求 ISO 14001 认证的作用主要包括以下几种：

（1）提高市场竞争力

通过 ISO 14000 认证的企业向顾客提供这样的信息："一个能对环境负责的企业，它的产品和服务一定能对用户负责，让用户满意"；"企业的关注点，已不仅仅是质量，而是对人类的责任"。同时在实施 ISO 14000 过程中，企业通过改进产品的环境性能提高了市场份额。

海尔和科龙在实施 ISO 14000 过程中，着重开发无氟、节能型的环保冰箱，并取得了巨大成功。

（2）加强管理，降低成本

实施 ISO 14000 认证，除了要符合法律法规要求之外，污染预防、节约能源和资源是环境管理同样重要的两个方面。飞利浦电视机通过对包装纸箱的多次重复使用，节省费用 100 万元。北京松下彩管每百万元产值的废弃物量从建立体系前的 1.21 吨下降为 0.76 吨，降低 37％；通过工艺改进，降低了排气温度，每年节省 130 万度电。松下洗衣机公司更新原有的活塞式空压机，使效率提高了 20％，每年节省用电 2 万度。新飞冰箱公司建立体系过程中改造了成型冷却水系统，实现每年节水 18 万吨。山东淄博毛巾厂通过改变染料配比，使每 200kg 的匹布耗水量降低 7.2t，染料减少 54.7％。

（3）减少环境责任事故

通过认证的大多数企业均已实现达标排放，因而免收了超标排污费，使企业直接从中获得了经济效益。例如新飞冰箱公司，原由于污水超标每月需交纳超标排污费 4.28 万元，实现环境管理体系后治理了污水超标问题，使其每年节省 51.3 万元。

（4）提高企业环境管理水平

建立环境管理体系的过程也是企业对全体员工进行教育的过程。这个过程会大大提高员工的环境意识，从自身做起，爱护环境、保护环境。ISO 14000 是一种非常科学的管理体系，它运用 P-D-C-A 的管理模式，对企业进行有效管理。企业通过实施 ISO 14000 变粗放型管理为集约型管理，使自身的管理水平得到明显提高，并全面优化各方面的管理，做到最小环境影响控制，最低物耗能耗的控制，最低成本的控制，以及最低环境风险的控制。

第二节　HSE 管理体系简介

一、HSE 管理体系产生和发展

"HSE" 是一个安全管理体系的英文缩写，H 是健康 Health，S 是安全 Safety，E 是环境 Environment。HSE 是国际石油现行通用的一种管理标准。工业发展初期由于生产技术落后，人类只考虑对自然资源的盲目索取和破坏性开采，而没有从深层次意识到这种生产方式对人类所造成的负面影响。国际上的重大事故对安全工作的深化发展与完善起到了巨大的推动作用，引起了工业界的普遍关注，人们深深认识到石油、石化、化工行业是高风险的行业，必须更进一步采取有效措施和建立完善的安全、环境与健康管理系统，以减少或避免重大事故和重大环境污染事件的发生。

1988 年英国北海油田的帕玻尔·阿尔法平台火灾爆炸和 1989 年埃克森石油公司瓦尔兹油轮触礁漏油等惊心动魄的恶性事故，震惊了世界，也引起了国际石油界的极大关注和深刻反思。1990 年，负责调查阿尔法平台火灾爆炸事故的卡伦博士在提交的报告中推荐了安全管理体系和安全状况分析报告，并建议安全管理体系应该建立在质量管理原则基础上。由于对安全、环境与健康的管理在原则和效果上彼此相似，在实际过程中，三者之间又有着密不可分的联系，因此有必要把安全、环境和健康纳入一个完整的管理体系。健康、安全与环境体系的形成和发展是石油勘探开发多年管理工作经验积累成果，它体现了完整的一体管理思想。

随着石油勘探与开发市场的进一步国际化，各大石油公司都在积极探索建立有效的健康安全环境（HSE）管理体系。国际石油勘探与开发论坛（E&P FORUM）也从 1991 年开始定期组织召开油气勘探与开发 HSE 专题会议。如 1991 年，壳牌公司颁布健康、安全、环境（HSE）方针指南。同年，在荷兰海牙召开了第一届油气勘探、开发的健康、安全、环境（HSE）国际会议。1994 年在印度尼西亚的雅加达召开了油气开发专业的安全、环境与健康国际会议，HSE 活动在全球范围内迅速展开。之后，HSE 管理体系越来越被各大石油公司所接受，并逐渐成为石油公司进入国际市场的前提条件。国际标准化组织（ISO）的 TC67 技术委员会也在一些成员国的推动下着手这项工作，1996 年 1 月，ISO/TC67 的 SC6 分委会发布了 ISO/CD14690 "石油和天然气工业健康、安全与环境管理体系"（标准草案），并得到了世界上各主要石油公司的认可。

HSE 标准是美国壳牌石油公司将石油作业安全管理体系与危害管理技术融为一体，采用与 ISO 9000 标准和英国标准（BS）5750 质量保证体系相一致的原则，根据石油化工行业的特点，充实了健康、安全、环境三项内容而形成的一套管理体系。OHS18001《职业、安全、卫生管理体系规范》标准，是由英、美等 13 个国家在综合了各国自 1996 年以来颁布的职业、安全、卫生管理体系标准的基础上，于 1999 年提出的统一标准。采用 HSE 和 OHS18001 两个标准，建立职业、安全、卫生体系，统称为 HSE 管理体系。HSE 管理体系是石油石化工业发展到一定阶段的必然产物，它的形成和发展是石油石化工业多年工作经验积累的成果。HSE 作为一个新型的安全、环境与健康管理体系，得到了世界上大多数石油石化公司的共同认可，从而成为石油石化公司共同遵守的行为准则。

1997 年，HSE 标准正式进入中国，引起我国石油化工界的高度重视，目前已成为考核石油化工企业（特别是涉及石油勘探、测试队伍的企业）在国内外招投标中竞争实力的一项重要指标。

中石化集团于 2001 年 2 月在消化吸收先进的国际标准的基础上，颁布了 Q/SHS 0001.1—2001（HSE 管理体系）、Q/SHS 0001.2—2001（HSE 管理标准）、Q/SHS 0001.6—2001（HSE 实施程序编写指南）等三项石化行业 HSE 标准。

二、HSE 管理体系的内涵和特点

1. HSE 管理体系的内涵

HSE 管理体系是实施安全、环境与健康管理的组织机构、职责、做法、程序、过程和资源等而构成的整体。它由许多要素构成，这些要素通过先进、科学的运行模式有机地融合在一起，相互关联相互作用，形成一套结构化动态管理系统。从其功能上讲，它是一种事前进行风险分析，确定其自身活动可能发生的危害和后果，从而采取有效的防范手段和控制措施防止其发生，以便减少可能引起的人员伤害、财产损失和环境污染的有效管理模式。它突出强调了事前预防和持续改进，具有高度自我约束、自我完善、自我激励机制，因此是一种现代化的管理模式，是现代企业制度之一。

HSE 管理体系主要用于指导企业通过经常和规范化的管理活动，实现健康、安全与环境管理目标，建立一个符合要求的健康、安全与环境管理体系，再通过不断的评价、管理评审和体系审核活动，推动这个体系的有效运行，达到健康、安全与环境管理水平不断提高的目的。与以往单纯生产安全管理不同，HSE 管理模式是把生产安全与员工健康、生存环境融合成为一个整体，实行对健康、安全与环境的全过程管理。

通常，HSE 管理体系由几大要素组成，如领导承诺、方针目标和责任、组织机构、职责、资源和文件、风险评价和隐患治理、人员、培训和行为、装置设计和安装、承包商和供应商管理、危机和应急管理、检查、考核和监督、审核、评审、改进和保障体系等。在参考国外大型石油化工企业开展 HSE 一体化管理经验的基础上，中石化集团公司结合自身的实际情况，编制出中石化集团公司 HSE 管理体系。该体系包括"一个标准、四个规范和五个指南"。

一个标准：HSE 管理体系标准，它包括十大要素。

① 领导承诺与方针目标。石化集团公司 HSE 的方针是：安全第一、预防为主，全员动手、综合治理，改善环境、保护健康，科学管理、持续发展。HSE 的目标是：努力实现无事故、无污染、无人身伤害，创国际一流的 HSE 业绩。HSE 的承诺是：集团公司在世界任何地方，遵守所在国家和地区的法律、法规，尊重他们的风俗习惯和宗教信仰，在所有的业务领域对 HSE 的态度始终如一。我们的最终目的，就是追求最大限度地不发生事故、不损害员工健康、不破坏自然环境。

② 组织机构、职责、资源文件控制。要求企业为了保证体系的有效运行，必须合理配置人力、物力和财力资源，明确各部门、人员的 HSE 管理职责，定期开展培训以提高全体员工的素质，遵章守纪、规范行为，确保员工履行自己的 HSE 职责。

③ 风险评价和隐患治理。实行风险评价是建立和实施 HSE 管理体系的核心。要求企业经常对危害和隐患进行评价和分析，以便采取有效或适当的控制和防范措施，把风险降到最低限度。

④ 承包商和供应商管理。要求从承包商和供应商的资格预审、承包商和供应商的选择、开工前的准备、作业过程监督、承包商和供应商表现评价等方面对承包商和供应商进行管理。

⑤ 装置（设施）的设计与建设。要求新建改建扩建装置（设施）时，要按照"三同时"的原则，按照有关标准、规范进行设计、设备采购、安装和试车，以确保装置（设施）保持良好的运行状态。

⑥ 运行与维护。要求对生产装置、设施、设备、危险物料、特殊工艺过程和危险作业环境进行有效控制，提高设施设备运行的安全性和可靠性，结合现有的、行之有效的管理方法和制度，对生产的各个环节进行管理。

⑦ 变更管理和应急管理。变更管理是指对人员、工作过程、工作程序、技术、设施等永久性或暂时性的变化进行有计划地控制，以避免或减轻对安全、环境与健康方面的危害和影响。应急管理是指对生产系统进行全面、系统、细致地分析和研究，确定可能发生的突发性事故，制定防范措施和应急计划。

⑧ 检查、考核和监督。要求定期对已建立的 HSE 管理体系的运行情况进行检查与监督，建立定期检查和监督制度，以保证 HSE 管理方针目标的实现。

⑨ 事故处理和预防。建立事故处理和预防管理程序，及时调查、确认事故或未遂事件发生的根本原因，制定相应的纠正和预防措施，确保事故不会再次发生。

⑩ 审核、评审和持续改进要求企业定期对 HSE 管理体系进行审核、评审，以确保体系的适应性和有效性，使其不断完善，达到持续改进的目的。

四个规范：油田、炼化、销售、施工企业 HSE 管理规范。

HSE 管理规范是在 HSE 管理体系的基础上，依据集团公司已颁发的各种制度、标准、规范，对完成十大要素的具体要求。根据各专业特点，编制了油田企业 HSE 管理规范、炼油化工企业 HSE 管理规范、销售企业 HSE 管理规范、施工企业 HSE 管理规范。集团公司的各设计、科研单位按相应专业 HSE 管理规范实施。

五个指南：油田、炼化、销售、施工企业 HSE 实施程序编制指南、职能部门 HSE 实施计划编制指南。

HSE 管理体系实施的最终落脚点是作业实体，如生产装置、基层队等，因此在开展

HSE管理过程中，重点是抓好作业实体（生产装置、基层队等）的HSE管理的实施。作业实体（生产装置、基层队等）根据集团公司的HSE管理体系的要求编写自己的HSE实施程序（集团公司已分专业编制了HSE实施程序编制指南）。油田企业编制基层队、炼化企业编制关键生产装置、销售企业编制油库和加油站、施工企业编制施工项目部实施程序。

2. HSE管理体系的特点

① 按戴明模式建立。HSE管理体系是一个持续循环和不断改进的结构，即"计划—实施—检查—持续改进"的结构。

② 由若干个要素组成。关键要素有：领导和承诺，方针和战略目标，组织机构、资源和文件，风险评估和管理，规划，实施和监测，评审和审核等。

③ 各要素不是孤立的。这些要素中，领导和承诺是核心；方针和战略目标是方向；组织机构、资源和文件作为支持；规划、实施、检查、改进是循环链过程。

④ 在实践过程中，管理体系的要素和机构可以根据实际情况作适当调整。

3. 建立和实施HSE管理体系的目的和作用

建立HSE管理体系是国际石油、石化行业安全管理的现代模式，也是当前进入国际市场竞争的通行证。结合国家经贸委安全卫生管理体系认证的要求，建立起石化集团公司安全、环境与健康管理体系，实施HSE管理具有十分重要的意义。

① 建立HSE管理体系是贯彻国家可持续发展战略的要求。

② 实施HSE管理体系对石油石化企业进入国际市场将起到良好的促进作用。

③ 实施HSE管理可减少企业的成本，节约能源和资源。

④ 实施HSE管理可减少各类事故的发生。

⑤ 实施HSE管理可提高企业安全、环境与健康管理水平。

⑥ 实施HSE管理可改善企业形象，提高经济效益。

第三节　OHSAS 18001职业健康安全管理体系简介

一、职业健康安全管理体系标准的产生和发展

OHSAS 18000（Occupational Health and Safety Assessment Series 18000）系列标准是针对组织职业健康安全管理的国际性标准。在全球经济综合的背景下，环境保护、劳工状况也被涂上浓浓的商业色彩。美、欧等工业化比较早的国家认为，由于各个国家在职业健康安全投入的差异使得发达国家在成本价格和贸易竞争中处于不利的地位，发展中国家在劳动条件改善方面投入不够所造成产品社会成本相对较低，发达国家开始意识到这种"不公平竞争"，并采取行动对发展中国家施加压力，甚至采取限制行为，将职业健康安全、人权和劳动条件等纳入国际贸易范畴，与经济贸易问题挂钩，比如北美和欧洲都已在自由贸易区协议中做出规定，只有采用同一职业健康安全标准的国家和地区才能参与贸易区的国际贸易活动。目前，西方国家努力采取协调一致的行为，尽力争取得到国际劳工组织（ILO）等国际组织的合作以推行这一战略。

英国于1996年颁布了BS 8800《职业安全卫生管理体系指南》国家标准；美国工业卫生协会制定了关于《职业健康安全管理体系》的指导性文件；1997年澳大利亚/新西兰提出了《职业健康安全管理体系原则、体系和支持技术通用指南》草案；日本工业健康安全协会（JISHA）提出了《职业健康安全管理体系导则》；挪威船级社（DNV）制订了《职业健康安全管理体系认证标准》；亚太职业健康安全组织（APOSHO）在最近的几次年会上，都对

OHSAS 标准化问题进行研讨。1999 年英日标准协会（BSI）、挪威船级社（DNV）等 13 个组织总结各个国家的经验提出了职业安全卫生评价系列（OHSAS）标准，即 OHSAS 18001：《职业健康安全管理体系—规范》、OHSAS 18002：《职业健康安全管理体系—OHSAS 18001 实施指南》，目前得到不少国家的关注或认可。

国际标准化组织（ISO），作为世界上最大的国际性标准化机构，近年来，由其下属技术委员会 ISO/TCI 76 和 ISO/TC 207 分别推出的两套系列管理体系标准 ISO 9000 质量管理体系系列标准和 ISO 14000 环境管理体系系列标准。自公布以来，取得了极大的成功，迅速被世界各国采用，吸引数以万计的企业和组织积极开展质量体系实施和认证。国际社会因而认识到制订一套规范的、能够为各个世界经济体共同接受的统一的管理体系对于推动组织管理活动的规范化及其持续改进具有重大意义。从发展的趋势来看，ISO 在管理体系标准方面，很有可能扩展到职业健康安全管理领域。考虑到质量管理、环境管理与职业健康安全管理的相关性，20 世纪 90 年代中后期 ISO 一直在努力使职业安全卫生标准化管理体系（Occupational Safety and Health Standard Management System，缩写 OHSMS）发展成为继 ISO 9000 和 ISO 14000 系列标准之后的国际标准，不过由于各个国家、经济组织看法的差异，ISO 在 1997 年 1 月召开的技术工作委员会（TMB）会议上决定暂不颁布该类标准。但许多国家和国际组织继续在本国或本地区研究发展这一标准，根据本国的具体情况采用合适的国际性或国家标准，并取得了良好的效果。1999 年 4 月在巴西召开的第 15 届世界职业安全卫生大会上，国际劳工组织（ILO）的一位负责人提出：国际劳工组织将如贯彻 ISO 9000 和 ISO 14000 一样，依照 ILO 的 155 号公约和 161 号公约等推行企业健康安全评价和规范化的管理体系，并按照制定的质询表，逐一评估企业健康安全状况。这表明职业安全卫生管理标准化将成为继质量管理、环境管理标准之后世界各国关注的又一管理标准。

对中国经济界而言，加入 WTO 后遇到的最基本问题就是"公平竞争"，而达到"公平竞争"就难免涉及环境保护和职业安全卫生问题。中国的安全生产状况比工业发达国家明显落后，就是与韩国、新加坡、泰国这些亚洲的发展中国家相比较也有较大差距，与我国的香港和台湾地区相比也存在差距。若长期不能解决这些问题，必然要影响到国际经济活动。

为了有效改善这种状况，我国在职业安全卫生标准化问题提出之初就十分重视。原国家技术监督局和劳动保护部门先后开展了技术研讨和推动工作，为 OHSAS 的实施作了大量实质性的技术准备。1995 年 4 月，派代表参加了 ISO/OHS 特别工作组，1996 年 3 月，我国成立了由原国家技术监督局和原劳动部组成的"职业安全卫生管理标准化协调小组"，对开展贸易较多的组织，开始推行 OHSMS 方面的工作。随后，中国劳动保护科学技术学会、原劳动部劳动保护科学研究所（现改建为国家经贸委安全科学技术研究中心）等单位通过对国际上职业安全卫生管理体系标准发展的研究，吸收采用 OHSAS 18000 系列标准的要求，提出了《职业安全卫生管理体系规范及使用指南》（CSSTLP 1001：1998）《职业安全卫生管理体系试行标准》和《关于开展职业安全卫生管理体系认证工作的通知》。2000 年 7 月，在国家经贸委成立了全国职业安全卫生管理体系认证指导委员会，指导委员会下设全国职业安全卫生管理体系认可委员会和全国职业安全卫生管理体系审核员注册委员会，统一组织和指导全国职业安全卫生管理体系培训、咨询、认证工作，在推行 OHSAS 标准方面已经具备了较好的基础和内外部环境。2001 年 11 月，我国正式公布了中国版本的 OHSAS 18001 标准——GB/T 28001，并要求企业在健全、完善、规范职业健康安全管理体系中实施该标准。

在职业健康安全管理方面，我国已从法规和管理经验方面打下了良好的基础。许多企业多年来积累的极其宝贵的安全生产管理经验与 OHSAS 的要求在很大程度上原理一致，并且方法相近。我国一些企业按照"安全第一、预防为主"的方针，根据企业的实际情况确定适当的安全生产管理制度和标准，实行目标责任制，岗位负责制，实行计划、实施、检查、改进的规范化管理过程，通过风险评价（安全评价），确定企业健康安全水平，发现事故隐患和潜在职业危害，提出改善措施，以各种形式（如安全标准化作业和安全标准化班组活动）实行职工群众参与和监督等等。这些措施都符合 OHSMS 的基本原则，并与工业发达国家的管理内容相似。同时，国内不少组织已经认可了国际化的标准管理给经济发展所带来的益处，推广职业健康安全标准势在必行。

二、OHSAS 18001 标准的内涵和特点

1. OHSAS 18001 标准的内涵

职业健康及安全管理体系（OHSAS 18001）是一项管理体系标准，目的是通过管理减少及防止因意外而导致生命、财产、时间的损失，以及对环境的破坏。OHSAS 18001 为组织提供一套控制风险的管理方法：通过专业性的调查评估和相关法规要求的符合性鉴定，找出存在于企业的产品、服务、活动、工作环境中的危险源，针对不可容许的危险源和风险制定适宜的控制计划，执行控制计划，定期检查评估职业健康安全规定与计划，建立包含组织结构、职责、培训、信息沟通、应急准备与响应等要素的管理体系，持续改进职业健康安全绩效。

目前，较多国家采用的是 OHSAS 18001/2 系列标准，其中前者是管理体系的要求，是核心标准，后者是实施指南，是前者的补充和说明。OHSAS 18001 标准引用了 ISO 14001 标准的结构框架，分为"安全卫生方针、策划、实施、检查和纠正措施、管理评审"五个方面 17 要素。该标准主要内容如下。

（1）安全卫生方针

组织对其安全卫生的意图和原则声明，表达了最高管理者组织对切实可行的安全卫生管理的承诺。

（2）策划

策划包括：

① 危险因素识别、风险评估，确定不可接受风险并策划控制措施；

② 确定适用的安全卫生法律；

③ 综合考虑组织管理状况，建立符合方针的目标；

④ 为实施目标进行行动方案的策划。

（3）实施

实施包括：

① 为管理体系的实施建立组织机构、分配职责、资源；

② 通过分层次培训提高安全生产意识；

③ 进行体系的咨询和交流，确保安全卫生管理的方式为内外人员接受和了解；

④ 建立管理体系文件；

⑤ 对相关管理文件进行有效控制，确保文件能起到指导作用；

⑥ 对于与不可接受风险有关的运行、活动、产品、服务和场所建立并保持操作程序和准则；

⑦ 策划紧急及事故状态下的处理。

（4）检查和纠正措施

检查和纠正措施包括：

① 对体系有关环节进行日常监测、测量；

② 对监控过程中出现的或潜在的事件、事故、不符合规定之处进行纠正或预防处理；

③ 对相关记录进行营理；

④ 内部管理体系审核：评估体系是否得到正确的实施和保持，是否有效。

（5）管理评审

最高管理者根据不断变化的情况对健康安全管理体系的持续适用性、充分性和有效性所作的正规评价。

2. OHSAS 18001 标准的特点

OHSAS 18001 作为一个管理体系标准，具有和 ISO 14001 标准相同特点，也是自愿采用的、普遍使用的、预防性思想的标准，具有良好的兼容性，建立体系时，可以考虑建立综合的管理体系。

3. 建立 OHSAS 18001 职业健康安全管理体系的目的和作用

OHSAS 18001 系列标准制订的目的同样是顺应市场要求，减少非关税贸易壁垒。部分发达国家和大型的跨国企业对发展中国家的企业提出了必须取得职业健康安全管理体系认证的要求。当然，该标准的应用同样也遵从自愿性原则。企业寻求 OHSAS 18001 认证的作用主要包括以下几种：

① 提升公司的企业形象；

② 增强公司凝聚力；

③ 减少企业经营的职业安全卫生风险，达到企业永续经营；

④ 进行内部管理改善；

⑤ 避免职业安全卫生问题所造成的直接/间接损失；

⑥ 善尽企业的国际/社会责任；

⑦ 因应国际贸易的新潮流。

第四节　责任关怀（RC）制度简介

一、责任关怀制度的产生与发展

责任关怀最早起源于加拿大的化工业。20 世纪 80 年代中后期，发生在美国等西方工业国家的一系列化工行业事故灾难，使化工界认识到自身在健康卫生、劳动安全和环境保护方面普遍缺乏良好的管理。行业领导者也认识到公众由于对化学工业缺乏信心而心存恐惧，而公众的怀疑和恐惧是由于化学工业对产品和操作的保密和防护引起的。那些由事故引起的公众愤怒不断加剧，直接导致了政府加速制定对化工工业的惩罚性和强制性的法规，责任关怀就是在这样的背景下，作为能引人注目地改进化工工业表现的有效办法被提出继而发展起来，在发展过程中，让公众了解实情并取信于公众。国外大公司数十年的经验证明了责任关怀中所包含的职业道德标准及其在改进健康卫生、增强职业安全、健全环境保护方面的效力，能使全球的化工业保持和谐。

责任关怀目前已经成为西方化工界经营管理战略及理念的一个不可分割的重要组成部分，与现行管理体系相关联，涉及企业生产经营活动的各个环节。它作为国际化工界广泛采用的一种行业自律性管理体系，受到各国政府的大力支持与鼓励，并使企业受益。国际劳工组织评价：作为一种自愿行动，责任关怀反映了企业在职业安全、健康卫生和环境保护方面所取得的进步。企业的自愿行动正在被视为一种新的政策手段和有助于处理安全生产、健康卫生和环境保护问题的管理工具。目前，不仅工业界自身，政府也在推动自愿行动。在亚洲地区，日本、新加坡、马来西亚、泰国以及我国台湾地区的化工协会已经采纳承诺责任关怀。

2002年7月，中国石油和化学工业协会宣传推广"责任关怀"。与会者对"责任关怀"计划，对提高企业在健康、安全和环境保护等方面的水平，从而全面提高国内企业的国际竞争力，普遍表现出积极欢迎的态度。并且表示愿意成立"责任关怀"推动小组，以便开展进一步的工作。中国石油和化学工业协会自2007年开始每两年举办1届责任关怀推进大会，至今已经举办了4届，大会得到了国家领导和很多大型企业的大力支持，但参会的中小企业数量较少，而在中国的石化行业中，中小企业却占有较大的比例，这也是责任关怀推进进展缓慢的重要原因之一。

20多年来，"责任关怀"在全球50多个国家和地区得到推广，几乎所有跻身世界500强的化工企业都践行了这一理念。"责任关怀"不只是一系列规则和口号，而是通过信息分享、严格的检测体系、运行指标和认证程序，向世人展示化工企业在健康、安全和环境质量方面所作的努力。全球化学工业通过实施"责任关怀"，其生产过程更为安全有效，从而创造了更大的经济效益，并且极大程度地取得了公众信任，实现了全行业的可持续发展。

二、责任关怀制度的关键要素

1. 指导原则

指导原则是企业承诺对健康、安全和环境质量持续改进的声明。它包括十大指导原则：

① 为我们的产品和运作寻求公众的支持；

② 提供在制造和运输，使用和处理上都能保证安全的化学品；

③ 所有产品的制造过程均考虑保健、安全、无害于环境和节省资源的问题；

④ 提供有关保健及环保信息，对雇员、公众和权威人士提供保护措施；

⑤ 与客户、搬运人员、供应人员、配售人员和施工人员一起工作以确保化学品的安全使用、运输和废弃处理；

⑥ 以能够保护环境，保护职工和公众的健康和安全的方式操纵我们的设施；

⑦ 支持就我们的产品和过程发展的教育和研究；

⑧ 与他人合作以解决与过去的处置和废弃处理相关联的问题；

⑨ 在研拟与保护社区，保护工作场所和保护环境相关的法律、法规、标准时发挥领导作用；

⑩ 严格遵循原则和实践准则以实践责任关怀计划。

2. 管理实务准则

管理实务准则是履行和贯彻指导原则的措施，包括了企业的化学品管理和管理目标的持续改进等大部分范围。共有六项实务准则：

① 社区认知和紧急情况应变准则；

② 配送准则；

③ 污染预防；

④ 生产过程的安全；

⑤ 雇员保健和安全准则；

⑥ 产品监管。

3. 公共咨询委员会

它是由有经验的市民和领导组成负责监督公众所关心的问题和检查企业履行责任关怀制度的进展情况。

4. 会员自我评估

会员需每年对其实施的各个实务准则进行自我评估以审查他们实施的进展情况。自我评估并协助会员追踪其内部进展以便化工协会提供帮助。

5. 绩效衡量

用于跟踪化工协会的会员在执行责任关怀制度的进展，包括以下方面：员工和承包人的伤亡记录，生产过程的安全事故，运输事故，环境释放，安全准则实施，温室气体排放，能源效率，经济效益等。

6. 管理系统确认

通过第三方认证证明会员是否符合责任关怀所公布的标准。

7. 执行领导群（公司代表人）

由各公司代表组成，定期会面讨论工作进展和分享经验。

8. 相互支持

成员对成员相互协助对责任关怀的成功实施是十分重要的。它将不同水平的会员聚在一起以支持责任关怀的实施。

9. 合作机制

促进其他非责任关怀成员的合作伙伴融入责任关怀。

10. 会员义务

成员必须遵守指导原则，促进制度的发展，作最大努力履行责任关怀的承诺。

三、责任关怀制度的目的和特点

责任关怀是化工行业针对自身的发展情况提出的一套自律性的，持续改进环保、健康及安全绩效的管理体系。责任关怀诞生的原因及实施的最终目的，不是着眼于近期的商业利益，而在于树立良好的行业公众形象，从而使化工行业实现可持续发展，最终实现零污染排放、零人员伤亡、零财产损失的终极目标。责任关怀具有以下特点。

① 有一整套指导原则。这一原则是企业最高管理层的书面承诺。强调公开性，即企业将自身实施责任关怀的有关计划、目标充分向社会公众、经销商等公开，并听取他们对于环境保护、劳动安全、健康卫生方面的要求。

② 有一系列管理准则。针对当地实施法规的情况、化工行业的发展水平，给出一些定性要求，企业根据自身情况来确定自己的目标。因此，责任关怀与各地法规有很强的兼容性和互补性，并由于其企业自身的灵活性，很容易融于企业的安全文化中。

③ 强调行业内互相帮助。责任关怀非常强调行业内的互相帮助。如大公司与小公司的经济实力、技术水平、发展速度不一样，大公司有义务帮助小公司改进环境保护、劳动安全、健康卫生的绩效。它注重相互交流，吸收中小企业参加进来，共同提高环保、安全、卫生工作，从而提升整个化学工业的整体形象。

④ 强调与社区对话与公众交流。为了克服内部的障碍及最终能信服大众，需要真诚及明确的改变，这些改变不只是在政策上，亦需要在执行上作改变。在成功的责任照顾制之中的一个重要步骤，就是实施有效的沟通计划。在沟通计划可分三方面：内部沟通；就环境质量、人身健康及安全（EH&S）改善的绩效上进行沟通；听取意见并作响应。

⑤ 实现生产企业自我评价。虽然责任关怀没给出定量指标，但企业每年根据自身定的环保、安全、卫生目标进行自我评价，以保证环境保护、劳动安全、健康卫生的绩效持续不断地改进。

第五节　四个体系的联系与区别

一、四个体系的联系

四个体系的联系见表 8-1。

表 8-1　四个体系的联系

序号	四个体系的相同点
1	体系的理论基础相同
2	体系的原则统一
3	体系都具有兼容性
4	都要求建立文件化的管理体系，体现相同的操作思路
5	都是通过可测量的目标化管理来推动体系的持续改进
6	都依靠建立自我检查、自我发现、自我改进机制来完善提高管理水平
7	都对组织内部的相关人员提出了意识和能力方面的要求
8	都以承诺遵守相关法律、法规作为建立体系的一个基本要求
9	都具有部分相似的要素
10	都是文件化的管理体系且文件架构相似

ISO 14001 环境管理体系、HSE 管理体系、OHSAS 职业安全与健康管理体系与责任关怀制度（RC）都是企业现代管理体系中的一部分，是规范企业管理的重要手段，都具有科学性、实践性和广泛的指导性。在管理思想、标准要素等内容上，这四个体系有着很强的关联性，在体系的运行模式以及文件的架构上基本相同或相似，这将为综合管理体系的建立实施提供基础。

1. 四个体系的理论基础相同

ISO 14001、HSE、RC 和 OHSAS 均采用戴明的 PDCA 管理模式作为体系的基本骨架，按照"策划（PLAN）—实施（DO）—检查（CHECK）—改进（ACTION）"循环方式来进行环境、职业安全、卫生的管理活动。通过体系的策划、实施运行、监测和测量、改进等来实现方针并持续改进体系的管理水平。预防的思想都被贯穿在整个管理过程中。从体系的策划阶段到体系的改进阶段的一系列活动，实现了管理体系的动态性和可持续改进性。可以说，四个体系共同的核心战略思想是预防性。四个体系管理模式相同，在体系建立、实施、保持改进的过程中可以有机结合成统一的管理方法。

2. 管理体系的原则统一

ISO 14001、HSE、RC 和 OHSAS 采用共同的系统管理方法，即通过评审组织管理现状，确定组织生产/服务中重要的控制区域，并予以制度化和规范化管理或拟订可行的目标措施，进行有效管理，从而进行环境/职业安全/卫生绩效的持续改进和达到预期的结果。

3. 兼容性

这四个体系都是针对组织的管理体系，都具有可以和其他管理体系进行兼容的特征。在 ISO 14001 的引言中，指出"他们可以与其他管理要求相结合"。HSE 标准的制定，同样鉴于兼容性的考虑，将危害管理技术应用于石油石化作业安全管理体系之中。而 RC 制度则涵盖 ISO 14001 的内容，基于这一点的考虑，美国化学制造商协会提出了 RC 与 ISO 14001 的整合标准—RC14001，此外 RC 还兼有职业健康安全管理方面的内容。OHSAS 18001 标准引用了 ISO 14001 标准的结构框架，并与 ISO 14001 标准具有相同的特点，同样是自愿采用的、普遍使用的、预防性思想的标准，同样具有良好的兼容性。四套体系在管理体系上的这种相互兼容性，为我们通过一套兼容性的管理体系文件，同时贯彻四套标准提供了有力的依据，这样不但可以避免重复认证带来的人力、财力、物力上的浪费，同时还可以避免分别贯标时，由于过程、文件的重叠而引起的管理矛盾，从而保证了管理体系的简明、通畅、高效等特性。

4. 其他具体表现方面

① 这四个体系都要求建立文件化的管理体系，并通过相关记录来证实体系有效运转，体现相同的操作思路，即：写所做、做所写、记所做；

② 四个体系都是通过可测量的目标化管理来推动体系的持续改进；

③ 四个体系都依靠建立自我检查、自我发现、自我改进机制来完善提高管理水平；

④ 四个体系都对组织内部的相关人员提出了意识和能力方面的要求；

⑤ 四个体系都以承诺遵守相关法律、法规作为建立体系的一个基本要求；

⑥ 四个体系都具有部分相似的要素——方针、目标、文件记录控制、内审、管理评审、纠正措施、预防措施等；

⑦ 四个体系都是文件化的管理体系且文件架构相似：一般分为手册、程序、作业指导书等。

二、四个体系的区别

四个体系的区别见表 8-2。

表 8-2　四个体系的区别

序号	四个体系的不同点
1	产生的背景不同
2	推动力不同
3	控制对象不同
4	适用范围不同
5	标准的级别不同

虽然四个体系存在很多相似之处，但由于其关注的焦点不同，在以下几个方面还是存在显著差异的，这是在审核或建立综合性管理体系时应该特别注意的。

1. 产生的背景不同

ISO 14001 体系标准主要是全球环境问题日趋严重、为适应人类共同保护生态环境的心声和消除国际贸易中的"绿色壁垒"的需要而提出来的；HSE 体系和 RC 制度分别是为消除石油石化行业和化工行业过去发生的一系列事故灾难导致公众对上述行业心存怀疑、恐惧和愤怒而提出的全面的健康卫生、职业安全和环境保护方面的管理体系；OHSAS 18001 体系的标准目前还没有成为全球性的标准，但出台的基本思路为了在全世界范围内为组织的员工创造一个适合的工作环境，实现组织在职业安全卫生设施建设方面的公平竞争。

2. 推动力的不同

ISO 14001 体系标准强调最高领导层的环境保护承诺，在遵守法律法规的前提下，领导层对整个社会的承诺要通过环境方针予以声明，并成为环境管理体系得到改进的源动力；

HSE 及 OHSAS 18001 体系标准除了有最高层的安全、健康、环境保护承诺外，组织内各个层次的推动和要求得到充分协商和交流也至关重要；RC 制度同样除了最高层的承诺外，还要通过行业间的交流互助和企业与公众的对话，提升整个化学工业的整体形象。

3. 控制对象不同

ISO 14001 体系控制的是组织活动、产品以及服务过程中对组织外部有重要环境影响的环境因素；HSE 体系重点关注健康、安全、环境风险的识别和对所识别出风险的控制；而 RC 制度除了重点关注健康、安全、环境外，还关注产品监督管理以及与社区的沟通等方面的内容；OHSAS 18001 体系控制的重点是组织范围内的各类活动、设备运行中所产生的在健康和安全方面不可接受的风险。

4. 适用范围不同

ISO 14001 与 OHSAS 18001 系列标准适用于各种类型的组织；HSE 体系只适用于石油天然气、石油石化工业部门；RC 是化工行业针对自身的发展情况提出的管理体系。

5. 四个体系标准的级别不同

ISO 14001 管理体系是国际通行标准，重点强调重要环境影响因素的控制；HSE 和 RC 管理体系均为特定行业的管理惯例，重点强调将风险降低到实际可行的程度，并尽可能降低。OHSAS 18001 管理体系虽然被全世界范围内的企业广泛采用，但其并不是国际标准化组织颁布的国际通行标准。

除了上述所列，四个标准在具体操作上存在各自专业特性。如信息交流、监视和测量方式、紧急应变、组织机构、培训重点等等。在进行综合体系的时候应注意找出各自关注的重点所在，确保满足四个标准的不同要求。

本章小结

本章在对环境管理体系（ISO 14001）、健康安全环境管理体系（HSE）、职业健康安全管理体系（OHSAS 18001）和责任关怀制度（RC）这 4 个世界上比较流行的适用于石油化工行业的环境、健康、安全管理体系的产生和发展、内涵和特点以及实施的目的和作用等进行介绍的基础上，对 4 个体系进行了系统的分析与比较，指出了各体系的相同或相似的一面，也对四个体系的差异进行了对比，初步分析了这几个体系的可兼容性，为环境、健康、安全综合管理体系的建立提供了理论基础。

自测题

一、选择题

1. 组织建立其环境管理体系应采用下列（　　）标准。

A. ISO 14001　　　　　B. ISO 14011　　　　C. ISO 14040　　　　D. ISO 14012

2. 组织的环境方针中必须包括（　　）。

A. 对持续改进和污染预防的承诺

B. 遵守有关环境法律法规和组织应遵守的其他要求的承诺

C. 建立和评审环境目标和指标的框架

D. 以上全对

3. 制定环境管理方案的目的在于（　　）。

A. 消除组织的环境影响　　　　　　　　　B. 满足相关方的所有要求

C. 实现组织的目标和指标   D. 所有上述答案

4. 实施 ISO 14000 的作用是（   ）。

A. 有助于节能降耗，降低成本，提高企业单位的市场竞争力

B. 有助于各个国家的经济发展

C. 有助于冲破绿色壁垒

D. 有助于环境管理现代化

5. 联合国在瑞典首都召开的第一次环境保护会议上明确规定世界环境日为（   ）。

A. 6 月 5 日   B. 4 月 22 日   C. 3 月 22 日   D. 3 月 12 日

6. （   ）是 HSE 管理体系的基础和核心。

A. 目标管理   B. 应急管理

C. 危害辨识   D. 危害辨识与风险评价

7. 职业健康安全管理体系是指为建立职业健康安全（   ）和（   ）以及实现这些（   ）所制定的一系列相互联系或相互作用的要素。

A. 方针，计划，计划   B. 方针，目标，目标

C. 文化，目标，目标   D. 制度，目标，目标

8. 不同的职业健康安全管理体系标准的职业健康安全管理体系运行模式大体相同，其核心是为生产经营单位建立一个（   ）的管理过程，以（   ）的思想指导生产经营单位系统地实现其既定的目标。

A. 动态发展，系统观点   B. 持续改进，循序渐进

C. 良性循环，系统观点   D. 动态循环，持续改进

9. 下列关于初始评审的描述，正确的一项是（   ）。

A. 初始评审旨在为职业健康安全管理体系的管理方案提供依据

B. 初始评审对生产经营单位现有职业健康安全管理体系及相关管理方案进行评价

C. 初始评审过程主要指危害辨识、风险评价与控制

D. 初始评审工作应由行业管理部门安排专员来完成

10. 经营单位在进行危害辨识、风险评价与控制工作的开展时，应注意的是（   ）。

A. 对所评价的风险应按同样重要度对待，不应有所忽视

B. 应在新的工程活动、引入新的建筑作业程序后系统地展开

C. 策划工作应定期或及时开展

D. 行业主管部门应定期对策划、实施过程进行评审

二、填空题

1. HSE 管理体系中 H 指的是_____，S 指的是_____，E 指的是_____。

2. _____是 HSE 管理体系运行的驱动力，_____是 HSE 体系的核心内容。

3. 风险管理的过程包括_____、_____、_____、_____、_____和_____。

4. HSE 管理体系中的一个重要指导思想，就是_____的思想。

5. 新建、改建、扩建装置设施的安全卫生与环境保护设施，要与主体工程_____、_____、同时投入使用。

6. 正确佩戴和使用劳动防护用品是从业人员必须履行的_____义务。

7. 应急预案是指政府和企业为减少事故后果，而预先制定的抢险救灾方案，是进行事故救援活动的_____。

8. 在进行风险评价时，应考虑对人、_____、_____因素影响的可能性和严重

程度。

    9._____堪称是世界化学工业历史上历时最长，也是最成功的文化转变过程。

    10. 目前，_____已经成为西方化工界经营管理战略及理念的一个不可分割的重要组成部分，与现行管理体系相联，涉及企业生产经营活动的各个环节。

复习思考题

    1. ISO 14001、HSE、OHSAS 和 RC 体系各有什么特点？

    2. 实施 ISO 14001、HSE、OHSAS 和 RC 体系对企业有何益处？

    3. ISO 14001、HSE、OHSAS 和 RC 体系标准有哪些联系和区别？

附　　录

附录一　《责任关怀全球宪章》

责任关怀是化工行业的全球自发计划，在这个计划下各个公司通过各自的国家协会共同努力，不断提高他们在健康、安全和环境方面的表现，并且随时和其利益相关者交流他们的产品和工艺过程。

一、采用全球责任关怀的核心原则

责任关怀全球宪章的核心原则包括：

1. 不断提高化工企业在技术、生产工艺和产品中对环境、健康和安全的认知度和行动意识，从而避免产品周期对人类和环境造成损害；

2. 充分使用能源并使废物达到最小化；

3. 公开报告其行动、成绩和缺陷；

4. 倾听、鼓励并与大众共同努力以达到理解和主张他们关注和期望的内容；

5. 与政府和相关组织在相关规则和标准的发展和实施中进行合作，来更好地制定和协助实现这些规则和标准；

6. 在生产链中给所有管理和使用"化学品责任管理"的人提供帮助和建议。

二、实施国家责任关怀项目的基本特征

各国化学组织需根据以下八项指导原则来制定自己的责任关怀计划：

1. 建立并执行一套会员企业共同签署的指导性原则；

2. 使用与责任关怀理念相一致的标语；

3. 通过一系列制度、准则、政策或指导性文件来实施有效的管理，以帮助企业取得更好的成绩；

4. 拟定一套绩效指标来衡量企业所取得的成绩；

5. 与会员和非会员组织进行交流；

6. 通过网络信息分享最佳实践成果；

7. 鼓励所有企业和组织参与到责任关怀的行列中来；

8. 会员企业通过系统程序来检验其执行责任关怀的情况。

三、坚持推进可持续发展

责任关怀是化学工业创办的一个独特的、自发的活动，旨在使全球的化工企业为责任关怀事业做出更多的贡献，整个化工行业会通过提高行动意识、经济条件和发展创新工艺向责任关怀活动迈出实质性的步伐，以大力扶持可持续发展。

企业将增加与股东之间的交流以获取更多的机会，通过责任关怀来致力于可持续发展。化工行业通过合理管理化学品能力的构建来实现可持续发展目标，并将继续支持所有国际性活动向这一目标迈进。

四、不断提高和报告表现

希望每个参与责任关怀的化工公司都为自己的环境、健康和安全措施收集资料并报告表现。

预计每个国家的协会都会收集、对照、报告来自于他的成员的资料，将以国际水平公开对照并报告这些资料，并且在最小范围内每两年更新一次。为了继续在改善上取得成果，每个实施责任关怀的国家协会将：

1. 与参与的成员一起定期评定利益相关者对扩大、修订行为报告或行为的其他因素的期望；

2. 在分享并采用最好的实践去改善环境、健康和安全行为上，提供实际帮助和支持，以及其他与责任关怀实施需要有关的帮助。

实施责任关怀的化工公司将：

1. 在实施责任关怀时，国际上普遍认可责任关怀由"计划、实施、验证、改进"各因素组成，采用管理系统。

2. 在世界范围内建立新的工厂和扩大现有的设备时，利用洁净、安全的技术和方法。

3. 超越对责任关怀实施的自我评定，采用无论是协会、政府部门还是其他外部组织实行的验证方法。

五、加强世界范围内的化学品的管理

在未来几年内，产品管理问题将逐渐地影响责任关怀倡议。化学协会国际理事会（ICCA）将建立一个强大的全球项目来评价并管理化工产品带来的风险，并且发展一个统一的产品管理系统分支。

国家协会与其成员企业将致力于这个全球性的努力：

1. 致力于现有的责任关怀产品生产事项的全部实施，包括所有现有的规定、指导和实践。

2. 改善产品管理行为并加强行业承担的义务和结果的公共意识。

3. 通过多方协助，发展并共享最好的实践。

4. 为了安全和有效使用化学品，与上游提供者和下游化学品使用者合作改善方式方法。

5. 通过一些倡议，像高生产量化学检测项目和长程研究倡议，鼓励并支持教育、研究和检测，将带来关于化学品的风险和利益有用的信息。

6. 符合 ICCA 全球管理政策，实施加强生产管理义务，并且对照化学品的社会期望，不断地进行生产管理实践。

六、沿着化学工业价值链支持拥护和推动责任关怀的扩大

责任关怀的公司和协会都致力于沿着自身的价值链促进责任关怀的理念、原则的实施，并且传达化学工业对经济和社会贡献的重要性。

化学公司和国家的协会都致力于增加与他们商业伙伴和其他利益相关者的对话和透明度，扩大对化学工业的了解和理解。他们将和国家政府、多边和非政府组织共同定义相互协助的优先事项，并且分享信息和专门的技术。

全球化学工业将在公司之间发展和分享信息和实践。

七、积极地支持自己国家和全球责任关怀的管理程序

化学工业通过化学协会国际理事会致力于加强透明和有效的全球责任关怀管理程序，确保在集体实施过程中的责任义务。

管理程序将由化学协会国际理事会来实施，并承担其他一些事项，例如：跟踪和交流表现承诺；定义和监测责任关怀责任义务的实施；支持国家协会的管理；帮助公司完成宪章承诺；当任何一家责任关怀公司或者协会达到他的承诺时，建立全球撤销程序。

八、致力于利益相关者对化学工业活动和产品的期望

全球化学工业将延伸当地的、国家的和全球的对话程序，使得化学工业可以解决外部利益相关者的期望，帮助责任关怀不断地发展。

九、提供合理的资源更有效地实施责任关怀

参与责任关怀的公司必须支持和达到国家项目的要求，并且提供充足的资源。

注：《责任关怀全球宪章》由化学协会国际理事会（ICCA）拟定，于 2006 年 2 月 5 日在阿联酋迪拜召开的国际化学品管理大会上通过并发布。

附录二 《责任关怀行动宣言》

中国石油和化学工业联合会责任关怀工作委员会经民政部备案批准已经正式成立了，这标志着责任关怀在中国将进入具体行动和全面推进阶段。值此 2011 中国"责任关怀"促进大会胜利召开之际，我们在此郑重宣言：

我们的宗旨是——

按照国家法律、法规和相关政策，依据《中国石油和化学工业联合会章程》，密切与各承诺实施责任关怀单位之间的联系，对承诺实施责任关怀的单位提供政策指导和技术支持，通过持续改进活动，追求全行业安全、环保、职业健康状况的提高，促进行业的可持续发展。

我们庄重承诺——

把推行责任关怀作为落实科学发展观、构建社会主义和谐社会的重大举措，作为推进行业节能减排、结构调整的重要抓手，作为提升行业竞争力、实现可持续发展和参与国际合作与竞争的重要途径，坚持从实际出发，扎实向前推进。坚持责任关怀的中国特色，在推广阶段注重责任关怀的普及宣传，在具体实施中认真抓好责任关怀试点，使责任关怀理念被越来越多的化工企业所接受，树立和彰显中国石油和化工行业的新形象、新变化和中国企业家的责任感、使命感！

我们号召全国石油和化工行业各级组织：

1. 深入宣贯责任关怀。通过宣贯责任关怀的宗旨、准则及国内外同行实施责任关怀的成功经验，加深对责任关怀理念及科学内涵的认识，让更多的员工了解和接受责任关怀，并使之成为自觉的意识。

2. 积极承诺责任关怀。经济与社会的和谐及可持续发展，需要企业的广泛参与。石油和化学工业在为社会创造物质财富的同时，也承担着改善社会健康、安全与环境的重要责任。只有更多的企业承诺并加入到推进责任关怀的行列中来，责任关怀才能成为一个行业共同的理念和一种行业自律的行为。

3. 努力实践责任关怀。把责任关怀理念贯彻到企业总体规划和方针目标中，不断完善企业管理及相关的规章制度，强化企业的社会责任。通过实践不断总结经验，促进可持续发展。

让我们积极行动起来，在全行业共同推进责任关怀，进一步促进石油和化学工业更好地履行健康、安全、环保等社会责任，以实际行动谱写石油和化学工业更加辉煌灿烂的新篇章！

中国石油和化学工业联合会责任关怀工作委员会

2011 年 10 月 20 日

附录三　中华人民共和国化工行业标准《责任关怀实施准则》（HG/T 4184—2011）

责任关怀实施准则

1　范围

本标准规定了实施责任关怀的企业在社区认知和应急响应、储运安全、污染防治、工艺安全、职业健康安全、产品安全监管等管理工作中应遵守的规则。

本标准适用于从事化学品的生产、经营、使用、储存、运输、废弃物处置等业务并承诺实施责任关怀的企业。

2　规范性引用文件

下列文件对于本文件的应用是必不可少的。凡是注日期的引用文件，仅注日期的版本适用于本文件。凡是不注日期的引用文件，其最新版本（包括所有的修改单）适用于本文件。

GB 15258　化学品安全标签编写规定

GB 16483　化学品安全技术说明书编写规定

GB 18218　危险化学品重大危险源辨识

3　术语和定义

下列术语和定义适用于本文件。

3.1　责任关怀 responsible care

全球化学工业自愿发起的关于健康安全及环境（HSE）等方面不断改善绩效的行为，是化工行业专有的自愿性行动。该行动旨在改善各化工企业生产经营活动中的健康安全及环境表现，提高当地社区对化工行业的认识和参与水平。

3.2　社区认知 community awareness

指社区内公众对周边企业，尤其化工企业内相关信息的认识、了解。

3.3　风险管理 risk management

指在一个肯定有风险的环境里把风险降至最低的管理过程。其中包括对风险的度量、评估和应变策略。

3.4　突发事件 emergency

指突然发生、造成或者可能造成严重社会危害而需要采取应急处置措施予以应对的自然灾害、事故灾难、公共卫生事件和社会安全事件。

3.5　应急响应 emergency response

指事故发生后，有关组织或人员采取的应急行动。

3.6　分销商 distributor

指专门从事将商品从生产者转移到消费者的活动的机构和人员。

3.7　供应商 supplier

为企业提供原材料、设备设施及其服务的外部个人或团体。

3.8　承包商 contractor

在企业的作业现场，按照双方协定的要求、期限及条件向企业提供服务的个人或团体。

4　总体要求

4.1　责任关怀指导原则

4.1.1　不断提高对健康、安全、环境的认知，持续改进生产技术、工艺和产品在使用周期中的性能表现，从而避免对人和环境造成伤害。

4.1.2　有效利用资源，注重节能减排，将废弃物降至最低。

4.1.3　充分认识社会对化学品以及运作过程的关注点，并对其做出回应。

4.1.4　研发和制造能够安全生产、运输、使用以及处理的化学品。

4.1.5　制定所有产品与工艺计划时，应优先考虑健康、安全和环境因素。

4.1.6　向政府有关部门、员工、用户以及公众及时通报与化学品相关的健康、安全和环境危险信息，并且提出有效的预防措施。

4.1.7　与用户共同努力，确保化学品的安全使用、运输以及处理。

4.1.8　装置和设施的运行方式应能有效保护员工和公众的健康、安全和环境。

4.1.9　通过研究有关产品、工艺和废弃物对健康、安全和环境的影响，提升健康、安全、环境的认识水平。

4.1.10　与有关方共同努力，解决以往危险物品在处理和处置方面所遗留的问题。

4.1.11　积极参与政府和其他部门制定用以确保社区、工作场所和环境安全的有关法律、法规和标准并满足或严于上述法律、法规及标准的要求。

4.1.12　通过分享经验以及向其他生产、经营、使用、运输或者处置化学品的部门提供帮助来推广《责任关怀》的原则和实践。

4.2　领导与承诺

4.2.1　企业的最高管理者是本单位实施责任关怀的第一责任人，全面负责并落实企业的方针目标、机构设置、制度建立、职责确定、教育培训等基本保障要素。对企业健康、安全、环保管理工作做出明确、公开、文件化的承诺，并提供必要的资源支持。

4.2.2　应坚持全员、全过程、全方位、全天候的健康、安全、环保监督和管理原则，员工要立足岗位，认真落实责任关怀的各项要求。

4.2.3　应明确在社区认知和应急响应、储运安全、污染防治、工艺安全、职业健康安全、产品安全监管等方面的责任，并提供有效的资源保障并及时与相关方沟通交流。

4.2.4　应配备相应的工作人员负责产品安全监管。其职责和权限应包括：组织识别和评价产品风险；制定并实施产品安全监管及应急措施；建立有效的产品安全监管制度并持续改进。

4.3　法律法规和管理制度

4.3.1　企业应建立识别和获取与责任关怀管理内容相关的适用的法律、法规、标准、规范及其他管理要求的制度，明确责任部门，确定获取渠道、方式和时机，并及时更新。

4.3.2　需将适用的法律、法规、标准及其他管理要求及时传达给相关方，应依据上述要求，建立符合企业自身特点的管理制度和技术规程。

4.3.3 应根据相关的产品监管法律法规、标准和其他要求定期进行符合性评审，及时取消不适用的文件。

4.4 教育和培训

4.4.1 企业应将适用的法律、法规、标准及其他要求及时对从业人员进行宣传和培训，提高从业人员的守法意识，规范作业行为。

4.4.2 确立全员培训的目标和终身受教育的观念，制定教育和培训计划，定期组织培训教育，建立从业人员的健康、安全、环保等培训教育档案，并做好培训记录。

4.4.3 建立产品安全监管培训制度和计划，根据不同岗位为员工提供有关产品安全的教育与培训，培训对象应特别包括产品的分销商以及与客户接触的员工。

4.4.4 定期开展班组安全活动，对从业人员进行经常性的健康、安全、环保知识和技能的培训和教育，保证其具备必要的专业知识和技能，以及应对和处置突发事故的能力。

4.4.5 应对承包商作业人员、外来参观、学习等人员进行有健康、安全、环保等相关知识的教育。

4.5 检查与绩效考评

4.5.1 企业应建立检查与绩效考评长效机制，采用专项检查表的形式，对责任关怀管理体系各要素的落实情况定期进行监督检查。

4.5.2 应对检查过程中发现的问题及时进行整改，对构成隐患的需进行原因分析，制定可行的整改措施，并对整改结果进行验证。

4.5.3 对暂时不具备整改条件的事故隐患，须采取可靠的应急防范措施，并限期解决或停产。

4.5.4 建立绩效考核制度，围绕责任关怀准则要求，每年至少进行一次管理评审，实现持续改进。

5 实施准则

5.1 社区认知和应急响应

5.1.1 目的

为规范化学品相关企业实施责任关怀过程中的社区认知和应急响应，通过信息交流和沟通，提高社区认知水平，让化工企业的应急响应计划与当地社区或其他企业的应急响应计划相呼应，进而达到相互支持与帮助的功能，以确保员工及社区公众的安全。

5.1.2 社区认知

5.1.2.1 社区联络和沟通

a) 企业应与社区建立快速有效的联络渠道，并保持其畅通，及时了解社区关注热点并提供相关信息。联络与沟通应有书面的记录。

b) 对负责和社区交流的相关人员提供培训，提高其与社区公众就安全、健康和环保以及应急响应方面进行交流沟通的能力。

5.1.2.2 社区关注问题的评估

企业应制定"社区认知计划"，就关注的化学品生产、储存、经营、使用、运输和废弃物处置等方面的健康、安全和环保问题进行评估和公示，并确保被关注的问题在实施过程中得到反映。

5.1.3 应急响应

5.1.3.1 应急管理

a) 企业应评价事故或其他紧急状况对员工和周围社区造成危害的潜在风险，并制定包括应急预案在内的各种有效风险防范措施。

b) 企业应根据有关法律、法规的规定，针对本企业可能发生的突发事件的类型和程度，明确应急组织机构、组成人员和职责划分，规定应急状况下的预防与预警机制、处置程序、应急保障措施以及事后恢复与重建措施等内容。

c) 根据风险评估的结果，针对各类、各级可能发生的事故，制定本企业综合应急预案、专项应急预案及现场应急预案。应将应急救援预案报当地安全生产监督管理部门和有关部门备案，并通报当地应急协作单位。

d) 参与建立完善的社区应急响应计划，使社区公众知晓在企业紧急情况下的应急措施以及可能获得的援助。

e) 将企业的各种应急预案与社区进行交流和沟通。

f) 对负责和社区交流的相关人员提供培训，提高其与社区公众就健康、安全和环保以及应急响应方面进行交流沟通的能力。

g) 定期开展应急演练，并配合和参与社区的相关应急演习。

5.1.3.2 应急物资

a) 企业应按国家有关规定配备一定的应急救援器材，并保持完好。建立应急通信网络，并保证畅通。

b) 对存在有毒有害因素的岗位配备救援器材，并进行经常性的维护保养，保证其处于良好状态。

5.1.3.3 应急队伍

应加强应急队伍的建设，保持与社区及当地应急救援力量的联络沟通，保证应急指挥人员、抢险救援人员、现场操作人员的应急能力满足应急救援要求。

5.1.3.4 应急处置

a) 在发生突发事件的状况下，企业应迅速启动相应的应急预案，并进行以下工作：事故报告；报警、通信联络；人员紧急疏散、撤离；危险区的隔离；检测、抢险、救援及控制；受伤人员现场救护、救治与医院救治；现场保护与现场洗消等。

b) 建立明确的事故报告制度和程序。发生职业病、安全、环保及生产事故后，在组织处理事故的同时，应按照国家有关规定立即如实报告当地政府主管部门，并进行事故调查。

5.2 储运安全

5.2.1 目的

为规范化学品相关企业实施责任关怀过程中化学品储运安全管理（包括化学品的转移、再包装和库存保管，经由公路、铁路、水路、航空及管输等各种形式的运输安全管理），并确保应急预案得以实施，从而将其对人和环境可能造成的危害降至最低。

5.2.2 风险管理

5.2.2.1 企业应制定风险管理的文件化程序，建立和保存风险评价记录。

5.2.2.2 制定风险管理计划，包括对物流服务供应商的选择、审核等管理手段，不断改善企业在健康、安全及环保方面的表现，以减小与储运活动相关的风险。

5.2.2.3 在化学品储运前，应对储运链中各环节的作业风险进行有效的识别和评价，其中包括潜在的风险的可能性以及人和环境暴露在泄漏的化学品之下的风险，并且包含物流服务供应商的法规符合性及健康、安全、环保（HSE）绩效评价，并根据风险类型及等级制定相应的风险控制措施。

5.2.3 沟通

5.2.3.1 企业应定期识别与物流服务有关的风险，及时反馈至供应商。

5.2.3.2 应向储运链中相关方提供有关危险化学品的最新的化学品安全技术说明书 SDS 数据，SDS 的编写应符合 GB 16483 和 GB 15258 的相关规定，并随产品包装提供符合法规要求的安全标签。

5.2.3.3 应向储运链中各相关方（包括当地社区），提供有关危险化学品转移、储存和运输方面的信息，并重视公众关注的问题。

5.2.4 化学品的转移、储存和处理

5.2.4.1 企业应制定严格的化学品（包括化学废弃物）储存、出入库安全管理制度及运输、装卸安全管理制度，规范作业行为，减少事故发生，确保企业在储运链中的合作方有能力进行化学品的安全转移、储存以及运输。

5.2.4.2 合理选择与化学品的特性及搬运量相适应的运输容器和运输方式。明确与储运过程相关的所有程序，减小向外界环境排放化学品的风险，并保护储运链中所涉及人员的安全。

5.2.4.3 为用户提供辅导，协助其减小危险化学品容器及散装运输工具在归还、清洗、再使用和服务过程中涉及的风险，并保障清洗残余物及废弃容器的正确处置。

5.2.5 物流服务供应商的管理

5.2.5.1 企业应建立物流服务供应商管理制度，制定物流服务供应商选择标准，实施资格预审、选择、工作准备（包含培训）、作业过程监督、表现评价、续用等的文件化程序，形成合格供应商名录和业绩

档案。

5.2.5.2　确保储存、运输危险化学品的物流服务供应商具有合法、有效的化学品的储运资质，管理人员和操作人员有相应的安全资格证书；储存、运输的场地、设施、设备等硬件条件符合国家法律、法规和标准对化学品的储运要求。

5.2.5.3　企业应要求物流服务供应商做到：

a）建立合格分包商名录和业绩档案。

b）建立对分包商管理的文件化程序。

c）明确培训需求，为员工和分包商提供适当的培训。

5.2.5.4　企业应确保所有有关健康安全及环保（HSE）关键运作程序都被记录存档，并可供物流服务供应商查用。

5.2.6　应急响应

5.2.6.1　在化学品储运过程发生事故后，企业应向相关方尽快提供相应的处置方案。

5.2.6.2　应要求物流服务供应商建立应急管理的文件化程序，制定应急预案并组织演练。

5.2.6.3　应对化学品储运过程中发生的事故或事件进行调查并记录，分析发生原因，提出防范措施。

5.2.6.4　企业应要求其物流服务供应商对其所发生的事故和事件以及处理过程进行报告。

5.3　污染防治

5.3.1　目的

为规范化学品相关企业实施责任关怀过程中的污染防治管理，使企业能对污染物的产生、处理和排放进行综合控制和管理，持续地减小废弃物的排放总量，使企业在生产经营中对环境造成的影响降至最低。

5.3.2　风险管理

企业应建立环境风险因素评价程序，对环境风险因素进行识别和评价，制定并落实控制措施，减小环境污染风险，并定期进行评价，不断改善企业在环境保护和污染控制方面的表现。

5.3.3　污染物处理和控制

5.3.3.1　企业应制定污染防治方案。方案需技术可行、经济可行和环境可行，并落实到相关部门具体实施。

5.3.3.2　以"减量化、再利用、再循环"的原则为准则，倡导污染物低排放、零排放的理念。

5.3.4　生产经营过程的环境保护

5.3.4.1　企业应建立污染治理设施，保证其对生产经营活动中产生的污染物进行有效处理、处置，确保污染物达标排放。

5.3.4.2　制定文件化的环保方案，根据装置停工、检修、开工具体情况，确定污染物排放种类、数量、排放时间及控制措施，确保环保处理设施正常运行，高浓度冲洗水及时回收。

5.3.4.3　优化原料、优化工艺，降低能耗、物耗，减少污染物的产生，在生产过程中将污染物消除或消减。

5.3.4.4　配备专职环境监测人员，制定定期环境监测计划，对排污和污染实行有效监测，及时准确提供监测数据。

5.3.4.5　开展资源综合利用，建立相应的"三废"管理台账和统计报表。对危险废弃物进行安全的储存和处置，防止二次污染。

5.3.4.6　对新、改、扩建项目和科研开发项目的立项、设计、施工、验收等阶段进行全过程管理，严格执行环保"三同时"制度和环境影响评价制度，确保项目投产后污染排放达到国家或地方规定的排放标准。

5.3.5　清洁生产和装置达标

5.3.5.1　企业应设立清洁生产组织机构，制定工作计划，确定目标，落实时间、进度、负责部门、负责人等，组织开展清洁生产审核验收工作。

5.3.5.2　建立清洁生产激励机制，利用经济手段，鼓励员工开展清洁生产活动。

5.3.5.3　开展装置达标活动，以国内同类装置先进指标确定环保量化达标指标。

5.3.6　应急响应

企业发生污染事故后应迅速启动相应的专项应急预案，采取有效措施降低事故损失，按事故分类和等级，组织相关部门进行应急处理。

5.4 工艺安全

5.4.1 目的

为规范化学品相关企业实施责任关怀过程中而实施的工艺安全管理，防止化学品泄漏、火灾、爆炸，避免发生伤害及对环境产生负面影响。

5.4.2 风险管理

5.4.2.1 风险辨识

企业应树立零事故、零伤害的安全理念，有效辨识生产活动中工程设计、装置建设、装置投产、技术改造、新产品及新工艺开发、废旧设备及厂房拆除与处置等环节存在的工艺安全风险。

5.4.2.2 风险评价

a）企业应根据需要选择有效、可行的风险评价方法，适时对装置运行状况进行风险评价，从对人员的身体健康与生命安全、环境、财产和周围社区等方面影响的可能性和严重程度进行定性和定量分析，确定风险等级。

b）一般常用的评价方法有：安全检查表检查，危险度评价法，道化学火灾、爆炸危险指数评价法，蒙德法，预先危险分析，危险和可操作性分析，层保护分析，故障树分析，事件树分析，定量风险分析等。

5.4.2.3 风险控制

a）企业应根据风险评价的结果及生产经营情况等，确定优先控制的顺序，采取措施消减风险，将风险控制在可接受程度。

b）风险控制措施需可靠、有效，应向从业人员进行告知风险评价的结果及相应的控制措施。

5.4.2.4 危险源管理

a）企业应建立危险源管理制度，按 GB 18218 要求进行重大危险源识别，对重大危险源进行登记建档，严密控制。

b）应将本单位重大危险源及相关安全措施、应急预案报地方安全生产监督管理部门和其他相关部门备案。

c）构成重大危险源的装置或设施与周边的防护距离应符合国家标准或规定，凡不符合要求的应采取切实可行的防范措施，并限期整改。

5.4.2.5 风险信息更新

企业应持续进行风险评价工作，识别与生产经营活动有关的危险源变更和新事故隐患，并定期进行评审，检查风险控制措施的有效性。

5.4.2.6 变更管理

当工艺、设备、关键人员等条件发生变更时，应根据变更后的情况及时进行风险评估，作业文件更新等相关工作，建立检查和变更记录。

5.4.3 工艺和技术

5.4.3.1 企业应采用先进的、安全可靠的技术、工艺、设备和材料，组织安全生产技术的研究开发。不得使用国家明令淘汰、禁止使用的危及生产安全的工艺和设备。

5.4.3.2 新建、改建和扩建项目需进行安全、环境影响和职业病危害预评价，装置正式投产前需进行安全、环保验收评价和职业卫生控制效果评价。

5.4.3.3 列为国家重点监管的危险工艺的企业，项目设计原则上应由甲级资质的化工设计单位进行，装置自动控制系统应按相关要求采用集散控制系统（DCS），并设计独立的紧急停车系统。

5.4.3.4 应制定有效的《安全操作技术规程》、《工艺技术规程》、《岗位操作法》和《工艺卡片》等，并在生产和工艺发生变化时需及时进行修订和完善。

5.4.3.5 对生产过程中的瓶颈问题应及时组织工艺攻关，根据原料性质、装置特点和产品要求，合理优化生产方案。

5.4.3.6 装置开、停工时应制定详细的开、停工方案，并经主管安全生产的负责人批准。

5.4.3.7 生产过程中的工艺参数及操作活动等记录应存档。

5.4.4 生产设备

5.4.4.1 企业应选用本质安全型设备设施，严格按规范安装和调试；建立健全设备设施管理、维护保养制度、台账和档案。

5.4.4.2 加强设备设施的运行维护管理，包括压力容器、工业管道及其安全附件的检测；设备润滑；常规仪表、分析仪表、过程控制计算机系统、仪表联锁系统、可燃气体、有毒气体报警器日常维护、保养和故障处理及检修；电气设备、防雷、防静电设施的运行维护、保养、检修和故障排除等。

5.4.4.3 大型机组应实行特级维护，做好机组状态监测及故障诊断，并确保其安全附件、联锁保护系统完备、完好。

5.4.4.4 建立特种设备的台账和档案，确保设备定期检测，证件齐全。

5.4.4.5 监控和测量设备应定期进行校准和维护，台账齐全，记录存档。

5.4.5 安全设施管理

5.4.5.1 企业应确保安全设施符合国家有关的法律、法规和相关技术规范，并与建设项目的主体工程同时设计、同时施工、同时投入生产和使用。

5.4.5.2 安全设施应设专人负责管理，定期检查和维护保养，不得随意拆除、挪用或弃置不用，因检修拆除的，应严格遵循设备移交程序，检修完毕后需立即复原。

5.4.5.3 建立工艺安全、设备安全联锁管理制度，未经审批严禁摘除原设计的联锁装置。

5.4.5.4 根据化学品的种类、特性，在车间、库房等相关作业场所设置相应的监测、通风、防晒、调温、防火、灭火、防爆、泄压、防毒、消毒、中和、防潮、防雷、防静电、防腐、防渗漏、防护围堤或者隔离操作等安全设施、设备，并按照国家标准和有关规定进行维护、保养，确保符合安全运行要求。

5.4.6 应急响应

5.4.6.1 企业应建立事故应急响应指挥系统，明确职责，实行分级管理。

5.4.6.2 根据风险评价结果，编制应急响应预案，定期进行演练并完成演练报告，以期持续改进。

5.4.6.3 配备足够的应急救援设备，定期进行维护，保持状态完好。

5.4.6.4 建立相应的应急救援队伍，如消防、救护、治安保卫、通信联络、医疗抢救等。

5.4.6.5 发生工艺安全事故后应迅速启动相应的专项应急预案，采取有效措施降低事故损失，按事故分类和等级，组织相关部门进行应急处理。

5.5 职业健康安全

5.5.1 目的

为规范化学品相关企业实施责任关怀过程中的职业健康安全管理，防止安全事故和职业病发生，保护相关人员的健康与安全。

5.5.2 风险管理

企业应建立职业健康与安全风险管理程序，识别和评价生产经营活动中存在的危险源和职业危害因素，根据评价结果及生产经营的情况，采取有效的监测和控制措施，减小潜在风险，持续改进企业的职业健康安全管理水平，将风险降到最低或控制在可以接受的程度。

5.5.3 沟通

企业应建立文件化的与内部和外部沟通程序并予以实施，为企业内部有关部门及相关社区提供职业健康与安全的危害因素及危险源有关信息，保障社区公众对企业职业健康安全危害因素的知情权，并收集反馈意见。

5.5.4 职业卫生管理

5.5.4.1 企业应建立有效的职业卫生管理制度和档案。发生职业病应及时、如实向当地政府有关部门报告，接受监督。

5.5.4.2 确保有毒物品作业场所与生活区分开，作业场所不得住人，有害作业区与无害作业区分开，高毒作业场所与其他作业场所隔离。

5.5.4.3 应在作业场所确定需要监测的有毒有害因素种类，设定有害因素监测点，确定监测周期，定期进行监测，在被测岗位公布监测结果并存档。

5.5.4.4 确定有资质的职业卫生技术服务机构对工作场所进行职业危害因素检测、评价，并将结果存入企业职业卫生档案。

5.5.4.5　根据接触职业危害因素的种类、强度，为从业人员和外来人员提供符合国家标准或行业标准的个体劳动防护用品和器具；建立个体劳动防护用品领用登记台账，并加强对使用情况的监督和检查，凡不按规定使用个体劳动防护用品者不得上岗作业。

5.5.4.6　各种防护器具应定点存放在安全、方便地点，并有专人负责保管，定期校验和维护。

5.5.5　职业病管理

5.5.5.1　企业应对员工进行职业健康检查，包括：上岗前、在岗期间、离岗时、离岗后的医学随访及应急健康检查，对从事有毒有害作业人员的检查按有关法规要求定期进行。

5.5.5.2　建立员工健康监护档案，并将历次的健康检查结果存档。

5.5.5.3　加强对职业病和疑似职业病患者的检查、治疗、复查和管理，及时调整职业禁忌者工作岗位。

5.5.6　作业安全

5.5.6.1　安全作业许可

企业应建立安全作业许可制度，严格履行审批手续。对机械作业、动火作业、进入受限空间作业、土石方作业、临时用电作业、高处作业、电器作业、吊装作业、盲板抽堵作业、断路作业等危险性作业实施作业许可，加强操作人员、监护人员与现场维修人员之间的沟通。

5.5.6.2　警示标志

a）应在易燃易爆、有毒有害场所的醒目位置设置警示标志和告知牌。

b）应在检维修、施工、吊装等作业现场设置警戒区域和警示标志。

c）应在醒目位置设置公告栏，公布有关职业危害因素、产生职业危害的种类和后果、防治措施、职业危害事故应急救援措施、职业危害因素检测结果等。

5.5.6.3　操作控制

a）在工艺流程的研发、设计、修改及改善阶段，应确保关键性的团队成员中有负责职业健康与安全的人员。

b）建立并实施与职业风险相关的作业的文件化程序，确保操作、检维修等人员的人身安全。

5.5.7　承包商和供应商管理

5.5.7.1　企业应建有职业健康管理体系，对承包商的选择、运作、培训以及评估进行管理，并对开工前准备、作业过程等进行监督评估。

5.5.7.2　建立供应商资质审查、选择与续用的管理制度，识别与采购有关的风险。

5.6　产品安全监管

5.6.1　目的

为规范化学品相关企业实施责任关怀过程之产品安全监督管理，使健康、安全以及环保成为化学品生命周期中不可分割的一部分，保证在生命周期的每个环节对人员和环境造成的伤害降至最低程度。

5.6.2　风险管理

5.6.2.1　企业应根据健康、安全及环境信息对其产品可预见的风险特征加以描述，定期评估危害因素和暴露状况，并公开其风险特征。

5.6.2.2　企业应对产品生命周期的全过程存在的危害因素和暴露状况进行动态的识别、记录和管理。同时，依据产品和应用的变化，必要时进行产品危害因素和暴露状况的再识别，并记录。

5.6.2.3　企业应根据已经识别的产品危害因素和暴露状况，对产品进行风险综合评价。评价应对产品危害因素和暴露状况做出分析并确定其风险等级，制定相应的管理措施。

5.6.2.4　企业应建立产品危害应急响应系统，制定响应措施，消除或减小产品危害。

5.6.3　化学品管理

5.6.3.1　企业应对其所有可能接触和产生的化学品（含产品、原料和中间体）进行普查，建立化学品档案，并按相关要求进行登记。

5.6.3.2　供应商应向下游用户提供完整的SDS，以提供与健康、安全和环境有关的信息，应对SDS进行更新，并向下游用户提供最新版本的SDS。

5.6.3.3　采购危险化学品时，应向化学品的供应商索取化学品安全技术说明书和安全标签，不得采购无安全技术说明书和安全标签的危险化学品。

5.6.3.4 危险化学品接触和生产企业应设立 24 小时应急咨询服务固定电话，并有专业人员值班。无条件者应委托当地化学品应急响应中心作为应急代理，并应向委托机构提供企业所有化学品的安全技术说明书。

5.6.4 危害告知

5.6.4.1 企业应以有效的方式对从业人员及相关方就产品特性、危害程度等进行告知，并提供预防及应急处理措施，降低或消除危害后果。

5.6.4.2 应鼓励员工报告产品的滥用情况及其他负面效应的信息，以改进产品风险管理。

5.6.5 合同制造商

5.6.5.1 企业应根据健康、安全及环保要求选择合适的合同制造商，并提供适用于产品和流程的风险信息和指导意见，以保证对产品的安全监管。

5.6.5.2 企业应对合同制造商的制造过程进行监督和检查，及时纠正偏差，帮助其提高健康、安全及环境保护管理水平。

5.6.6 供应商

5.6.6.1 企业应要求供应商提供相关产品及制造过程的健康、安全及环境信息和指导意见，并以此作为选择供应商的重要依据。

5.6.6.2 应对供应商的绩效进行定期审核。

5.6.7 分销商与用户

5.6.7.1 企业应为分销商及用户提供健康、安全及环保信息，针对产品风险，提供相应指导，使产品得以正确使用、处理、回收和处置。

5.6.7.2 企业应对其提供的产品给予安全监管支持，当发现对产品使用不当时，应与分销商和用户合作，采取措施予以改善。如改善情况不明显，应终止产品的销售。

5.6.7.3 分销商应将化学品制造企业提供的产品健康、安全和环保信息完整、全面地提供给他的用户和产品使用人员。

附录四 《社会责任国际标准》简称 SA8000

一、目的与范围

本标准目的在于提供一个基于国际人权/惯例和国家法律的标准，保护和授权所有在公司控制和影响范围内的生产或服务人员，包括公司自己及其供应商或分包方雇用的员工和家庭工人。

SA8000 通过证据为基础的过程进行验证，本标准各项规定具有普遍适用性，不受地域、产业类别和公司规模限制。

符合本标准所界定社会责任有关要求，将使公司：

a. 制定、维持并执行政策及程序，在公司可以控制和影响范围内管理有关社会责任的事宜。

b. 向利益相关方可信地证明公司现有的政策、程序及举措符合本标准之规定。

二、规范性原则及其解释

公司应遵守国家及其他所有适用的法律、通行的行业规定、公司签署的其他规章以及本标准。当国家及其他所有适用法律，通行的行业规定、公司签署的其他规章以及本标准所规范议题相同时，以其中对工人最有利的条款为准。

公司也应尊重下列国际协议之原则：

国际劳工组织公约第 1 号（工作时间-行业）及建议 116 号（工时减少）

国际劳工组织公约第 29 号及第 105 号（强迫性劳动及其解除）

国际劳工组织公约第 87 号（结社自由）

国际劳工组织公约第 98 号（组织和集体谈判权利）

国际劳工组织公约第 100 号及第 111 号（男女工人同工同酬；歧视-雇用和职业）

国际劳工组织公约第 102 号（社会安全-最低标准）

国际劳工组织公约第 131 号（最低工资确定）

国际劳工组织公约第 135 号（工人代表公约）

国际劳工组织公约第 138 号及建议条款第 146 号（最低年龄及建议）

国际劳工组织公约第 155 号及建议条款第 164 号（职业安全与健康）

国际劳工组织公约第 159 号（职业康复与就业-伤残人士）

国际劳工组织公约第 169 号（土著人）

国际劳工组织公约第 177 号（家庭工作）

国际劳工组织公约第 182 号（最恶劣童工）

国际劳工组织公约第 183 号（孕妇保护）

《世界人权宣言》

《联合国儿童权利公约》

《联合国消除一切形式歧视妇女行为公约》

国际劳工组织关于艾滋病及就业守则

联合国反对各自形式种族歧视公约

关于经济、社会和文化权利的国际公约

关于政治和民主的国际公约

三、定义

1. 公司定义：任何负责实施本标准各项规定的组织或企业的整体，包括公司雇用的所有员工。

2. 员工定义：所有直接或通过分包受雇于公司的男性和女性个体，包括董事，总裁，经理，主管和工人。

3. 工人定义：所有非管理人员。

4. 供应商/分包商定义：给公司提供货物和/或服务的组织，它所提供的货物和/或服务构成公司生产的货物和/或服务的一部分，或者被用来生产公司货物和/或服务。

5. 下级供应商定义：在供应链中直接或间接向供应商提供货物和/或服务的经营实体，它所提供的货物和/或服务构成供应商和/或公司生产的货物和/或服务的一部分，或者被用来生产供应商和/或公司的货物和/或服务。

6. 纠正和预防行动定义：对不符合（相对于 SA8000 标准）进行及时、持续的补救。

7. 利益相关方定义：关心公司社会行为或受此影响的个人或团体。

8. 儿童定义：任何十五岁以下的人。若当地法律所规定最低工作年龄或义务教育年龄高于十五岁，则以较高年龄为准。

9. 青少年工人定义：任何超过上述定义的儿童年龄但不满十八岁的工人。

10. 童工定义：由低于上述儿童定义规定的儿童所从事的任何劳动，除非符合国际劳工组织建议条款第 146 号规定。

11. 强迫和强制劳动定义：个人在任何非志愿性、受惩处或报复的威胁下工作或服务，或作为偿债方法的工作或服务。

12. 非法雇佣定义：基于剥削的目的，通过使用威胁、武力，其他形式的强迫或欺骗进行人员的雇用、调动、窝藏或接收。

13. 救济儿童定义：为保障曾从事童工、随后被遣散儿童之安全、健康、教育和发展而采取的所有必要的支援及行动。

14. 家庭工人定义：与公司、供应商、下级供应商或分包方签有合约，不为自己工作的人员。

15. SA8000 工人代表：由工人选举的或由工会任命，就 SA8000 相关事宜与管理层进行沟通的非管理层人员。

16. 管理代表：由公司指定的高级管理人员，确保标准要求得以满足。

17. 工人组织：为维护和改善受雇条款和工作条件，由工人组成持续的自愿性协会。

18. 集体谈判协议：由一个或多个雇主与一个或多个工人组织签订的有关劳工谈判的合约，规定雇用的条件和条款。

四、社会责任之规定

1. 童工

准则：

1.1 公司不应使用或支持使用符合上述定义的童工。

1.2 如果发现有儿童从事符合上述童工定义的工作，公司应建立、纪录、保留旨在救济这些儿童的政策和书面程序，并将其向员工及利益相关方有效传达。公司还应给这些儿童提供足够财务及其他支持以使之接受学校教育直到超过上述定义下儿童年龄为止。

1.3 公司可以聘用未成年工，但如果强制教育法规的限制，他们只可以在上课时间以外的时间工作。在任何情况下，未成年工每天的上课、工作和交通所有时间不可以超过 10 小时，且每天工作时间不能超过 8 小时，同时未成年工不可以安排在晚上上班。

1.4 无论工作地点内外，公司不得将儿童或青少年工人置于对他们的身心健康和发展不安全或危险的环境中。

2. 强迫和强制性劳动

准则：

2.1 公司不得使用或支持 ILO 公约 29 条中规定的强迫和强制性劳动，也不得要求员工在受雇起始时交纳"押金"或寄存身份证件。

2.2 公司及为公司提供劳工的实体不得扣留工人的部分工资、福利、财产或证件，以迫使员工在公司连续工作。

2.3 员工有权在完成标准的工作时间后离开工作场所。员工在给公司的合理通知期限后，可以自由终止聘用合约。

2.4 员工或任何提供劳工给公司的团体都不应参与或支持任何贩卖人口之行为。

3. 健康与安全

准则：

3.1 公司出于对普遍行业危险和任何具体危险的了解，应提供一个安全、健康的工作环境，并应采取有效的措施，在可能条件下最大限度地降低工作环境中的危害隐患，以避免在工作中或由于工作发生或与工作有关的事故对健康的危害。

3.2 公司应指定一名高层处理代表负责为全体员工提供一个健康与安全的工作环境，并且负责落实本标准有关健康与安全的各项规定。

3.3 公司应定期提供给员工有效的健康和安全指示，包括现场指示，（如必要）专用的工作指示。应对新进、调职以及在发生事故地方的员工进行培训。

3.4 公司应建立起一种机制来检测、防范及应对可能危害任何员工健康与安全的潜在威胁。公司应保留发生在工作场所和公司控制的住所和财产内所有事故的书面记录。

3.5 公司应根据费用为员工提供适当的个人保护装置。员工因工作时受伤，公司应提供急救并协助工人获得后续的治疗。

3.6 公司应评估工作行为之外孕妇所有的风险，并确保采取合理的措施消除或降低其健康和安全的风险。

3.7 公司应给所有员工提供干净的厕所、可饮用的水及必要时提供储藏食品的卫生设施。

3.8 公司如果提供员工宿舍，应保证宿舍设施干净、安全且能满足员工基本需要。

3.9 所有人员应有权利离开即将发生的严重危险，即使未经公司准许。

4. 结社自由及集体谈判权利

准则：

4.1 所有人员有权自由组建、参加和组织工会，并代表他们自己和公司进行集体谈判。公司应尊重这项权利，并应切实告知员工可以自由加入所选择的组织。员工不会因此而有任何不良后果或受到公司的报复。公司不会以任何方式介入这种工人组织或集体谈判的建立、运行或管理。

4.2 在结社自由和集体谈判权利受法律限制时，公司应允许工人自由选择自己的工人代表。

4.3 公司应保证参加工人组织的人员及工人代表不会因为工会成员或参与工会活动而歧视、骚扰、胁迫或报复，员工代表可在工作地点与其所代表的员工保持接触。

5. 歧视

准则：

5.1 在涉及聘用、报酬、培训机会、升迁、解职或退休等事项上，公司不得从事或支持基于种族、民族或社会出身、社会阶层、血统、宗教、身体残疾、性别、性取向、家庭责任、婚姻状况、工会会员、政见、年龄或其他的歧视。

5.2 公司不能干涉员工行使遵奉信仰和风俗的权利，或为满足涉及种族，民族或社会出身，社会阶层、血统、宗教、残疾、性别、性取向、家庭责任、婚姻状况、工会会员、政见或任何其他可引起歧视的需要。

5.3 公司不能允许在工作场所、由公司提供给员工使用的住所和其他场所内进行任何威胁、虐待、剥削的行为及强迫性的性侵扰行为，包括姿势、语言和身体的接触。

5.4 公司不得在任何情况下要求员工做怀孕或童贞测试。

6. 惩戒性措施

准则：

6.1 公司应对所有人员予以尊严及尊重，公司不得从事或支持体罚、精神或肉体胁迫以及言语侮辱。也不得以粗暴、非人道的方式对待工人。

7. 工作时间

准则：

7.1 公司就遵守适用法律及行业标准有关工作时间和公共假期的规定。标准工作周（不含加班时间）应根据法律规定，不得超过四十八小时。

7.2 员工每连续工作六天至少须有一天休息。不过，在以下两种情况下允许有其他安排：

a. 国家法律允许加班时间超过该规定；

b. 存在一个有效得经过自由协商的集体谈判协议，允许平均工作时间涵盖了适当的休息时间。

7.3 除非符合 7.4 条（见下款），所有加班必须是自愿性质，每周加班时间不得超过十二小时。

7.4 如公司与代表众多所属员工的工人组织（依据上述定义）通过自由谈判达成集体协商协议，公司可以根据协议要求工人加班以满足短期业务需要。任何此类协议应符合上述 3 条有关规定。

8. 报酬

准则：

8.1 公司应保证在一个标准工作周内所付工资总能至少达到法定或行业最低工资标准并满足员工基本需要，以及提供一些可随意支配的收入。

8.2 公司应保证不因惩戒目的而扣减工资，除非符合以下条件：

a. 这种出于惩戒扣减工资得到国家法律许可；

b. 获得自由集体谈判的同意。

8.3 公司应确保在每个支薪期向员工清楚详细地定期以书面形式列明工资、待遇构成；公司还应保证工资、待遇与所有适用法律完全相符。工资、待遇应用现金或支票，以方便员工的形式支付。

8.4 所有加班应按照国家规定支付加班津贴，如果在一些国家法律或集体协议未规定加班津贴，则加班津贴应以额外的比率或根据普遍行业标准确定，无论哪种情况应更符合工人利益。

8.5 公司应保证不采取纯劳务合同安排，连续的短期合约及/或虚假的学徒工制度以规避涉及劳动和社会保障条例的适用法律所规定的对员工应尽的义务。

9. 管理系统

准则：

政策

9.1 高层管理阶层应以工人所用语言，制定公司书面的社会责任和劳动条件政策。并把这个政策和 SA8000 标准展示在公司内容易看到的地方，通知员工公司自愿选择符合 SA8000 标准的要求。这个政策应清楚地包括以下承诺：

a. 遵守本标准所有规定；

b. 遵守国家及其他适用法律，及公司签署的其他规章以及尊重国际条例及其解释（如本标准第二节所列）；

c. 对公司政策进行定期评审以持续改善。评审时应考虑法律的变化，自身行为准则要求及公司其他要求的变化；

d. 应看到公司政策被有效地纪录、实施、维持、传达并以明白易懂的形式供所有员工随时获取，包括董事、总裁、经理、主管以及员工，无论是直接聘用、合同制聘用或其他方式代表公司的人员；

e. 根据要求，以有效的形式和方法对相关利益方公开其政策。

管理代表

9.2　公司应指定一高层管理代表，除了其他职责外，其应确保公司达到本标准要求。

SA8000 工人代表

9.3　公司应把工作对话认为是社会责任的关键组成部分，并确保所有非管理人员有权出席就与本标准相关事项增进与高层管理阶层的沟通。在有工会的公司，代表应由工会认可。其他地方，可基于此目的由非管理人员在他们中间选举一个 SA8000 工人代表。任何情况下，SA8000 工人代表都不应被视为对工会代表的替代。

管理评审

9.4　最高管理层应依据本标准规定以及公司签署的其他规章要求，定期评审公司政策、程序及其执行结果，看其是否充分、适用和持续有效。必要时应予以系统的修正和改进。工人代表应参与管理评审。

计划与实施

9.5　公司应确保公司上下都通晓、执行本标准规定，包括但不限于下列方法：

a) 明确界定各方职能、责任和职权。

b) 聘用起始对新进、调职和/或临时员工进行培训。

c) 对现有员工定期进行指导、培训和宣传。

d) 持续监督有关活动和成效来检验所实施体系是否符合公司政策及本标准要求。

9.6　公司应参考 SA8000 指南中与标准条文有关的讲解及说明。

对供应商/分包商及下级供应商的监控

9.7　公司应保留适当的纪录来载明供应商/分包商（如情况允许，下级供应商）对社会责任的承诺，包括但不限于合约协议及/或这些组织的书面承诺：

a) 遵守本标准所有规定及对下级供应商有同样要求；

b) 在公司要求下参与监查活动；

c) 识别根本原因并及时执行纠正与预防行动，解决任何与本标准规定不符之处；

d) 及时、完整地向公司通报与其他供应商、分包商及下级供应商所发生的任何相关业务关系。

9.8　公司应建立、维持、并以书面形式记录适当程序，在评估及挑选供应商/分包商（如情况允许，下级供应商）时应考虑其满足本标准要求的能力和承诺。

9.9　公司应尽力确保供应商及分包商在其控制和影响范围内能够达到本标准各项要求。

9.10　除上述 9.7 至 9.9 规定外，如果公司接收、处理或经营任何可列入家庭工人的供应商、分包商或下级供应商的货和/或服务，公司应采取特别措施保证这些家庭工人享有依本标准规定向直属雇员提供的相似程度的保护。这些特别措施包括但不限于：

a) 订立具法律效力的书面购买合同载明符合本标准要求的最低准则；

b) 确保家庭工人及所有与该书面购买合同有关人员理解并能贯彻合同要求；

c) 在公司场地内保留详细载明有关每个家庭工人身份、其所提供的货物/服务以及工作时数的全面资料；

d) 频繁进行事先声明及未声明的审查活动以确保该书面购买合同得以贯彻实施。

处理意见及采取纠正行动

9.11　公司应提供一个保密手段让所有员工向公司管理层和工人代表对违反此标准作出举报。当员工和其他利益相关方质疑公司是否符合公司政策和/或本标准规定的事项之时，公司应该调查、处理并作出反应；员工如果提供关于公司是否遵守本标准的资料，公司不可对其采取惩处、解雇或歧视的行为。

9.12　如果识别出任何违反公司政策和/本标准规定的事项，公司应识别根本原因，并根据其性质和严重性，调配相应的资源及时执行改正和预防措施。

对外沟通及相关方参与

9.13 公司应该建立和维持适当程序，就公司在执行本标准各项要求上和符合性，向所有利益相关方定期提供数据和资料，所提供的应该包括但不限于管理评审和监督活动的结果。

9.14 公司应表明其和所有利益相关方进行对话的意愿，包括但不限于：工人、工会、供应商、分包商、下级供应商、非政府机构及当地和国家政府官员等，以确认标准的符合性。

核实渠道

9.15 为核实公司满足本标准要求而进行的事先通知和未事先通知的审核时，公司应该根据要求给审核员提供合理的资料和取得资料的渠道。

记录

9.16 公司应该保留适当的记录，证明公司符合本标准中的各项规定。

附录五　国际标准 ISO 2600《社会责任指南》简介

国际标准化组织（ISO）于 2010 年 11 月 1 日召开新闻发布会，对外宣布即日起正式发布 ISO 26000《社会责任指南》。

社会责任涉及社会、政治、经济、文化、法律、宗教、伦理道德等各个方面，对社会、经济和环境的可持续发展具有重要的影响。自本世纪初开始，社会责任问题逐渐成为国际社会关注的焦点。一些国家和组织开始研究并制定有关社会责任标准，并推动这些标准的实施。为了满足国际社会对社会责任规范化和统一化的需求，ISO 于 2004 年启动了 ISO 26000 的制定工作，旨在为组织开展社会责任活动提供相关指南。该国际标准为自愿性标准，各类组织可根据实际需要自主选用。

该标准在起草过程中，包括中国在内的 90 多个国家的 400 多名专家共同参与了制定工作。我国专家提出了许多重要的意见和建议，并得到了采纳，例如：关于社会责任原则问题，在其总则部分增加应用该标准时，建议组织要考虑社会、环境、法律、文化、政治和组织的多样性以及经济条件的差异性，同时尊重国际行为规范。该标准的发布，将有利于明确社会责任的定义和内涵，统一社会各界对社会责任的认识和理解，为组织履行社会责任提供可参考的指南。

ISO 26000 的主要内容包括：（一）与社会责任有关的术语和定义；（二）与社会责任有关的背景情况；（三）与社会责任有关的原则和实践；（四）社会责任的主要方面；（五）社会责任的履行；（六）处理利益相关方问题；（七）社会责任相关信息的沟通。组织开展社会责任活动所需遵循的原则是：（一）应用该标准时，建议组织要考虑社会、环境、法律、文化、政治和组织的多样性以及经济条件的差异性，同时尊重国际行为规范；（二）遵循七项核心原则，包括担责、透明、良好道德行为、尊重利益相关方的关切、尊重法治、尊重国际行为规范、尊重人权等。

社会责任有 7 个核心主题，涉及 36 个议题。

主题 1：组织治理

组织应该定期检查其决策机制及架构，以增强以下能力：

创造提高透明度、道德操守、问责、守法、照顾利益相关方的环境；

善用财务、天然及人力资源；

确保在管理高层有合适比例的各式代表（包括性别、种族群组）；

平衡组织及其利益相关方的需要；

成立长期与利益相关方的双相向沟通机制；

鼓励员工参与社会责任相关的决策；

平衡员工权限、职责和能力水平，决定每一个员工相应的权力；

跟踪决定的执行，记录正面和反面结果的责任人；

定期评审和评估组织的治理过程。

主题 2：人权

对人权所持的价值便是文明程度的指标。涉及的议题有：

1. 尽力而为——包括人权政策、政策与业务的整合、评估方法、监察以及优先顺序的制定；

2. 人权风险状态——涉及贫穷、自然灾害、童工、非正式外包工安全及贪污等；

3. 避免同流合污——包括对违反人权的同谋者评估及预防，无论是负有指使还是负有协助或容忍责任的；

4. 处理申斥——遵守公平、公正以及公开原则；

5. 不可歧视弱势社群——指种族、肤色、性别、年龄、婚姻状况、政见、性取向、艾滋病带病毒/病患等；

6. 民权及政治权利——包括言论及表达自由、集会及结社自由、信息的搜索和接收、内部纪律程序前的公平聆讯、纪律处罚不能包括体罚、不人道或侮辱处置；

7. 经济、社会及文化权利——包括教育、维持身心健康的生活标准（衣、食、住、医疗）、社会保障（失业、疾病、孤寡、老年）的保障；

8. 保障基本工作权利——指组织工会及集体谈判自由、消除强迫或强制劳工、停止童工、消除招聘及待遇歧视。

主题3：劳工惯例

劳工惯例是指组织内的工作及为其机构的工作中的所有政策及准则。相关的议题有：

1. 促进就业及雇佣关系——确保所有就业人员是合法员工或自雇人士，尽量避免聘用散工，尽量减少营运转变（例如关、停、转）对员工的不利影响，消除歧视，勿作随意或惩罚性解雇，不从合作伙伴、分包方和供方的不正当劳工实务中获益，在国际营运中以雇佣对行业发展、当地国民推广的及改进有利的为优先考虑的人选；

2. 工作条件及社会保障——确保工作条件合法及不低于国际劳工标准，提供合法协议内其他更高的待遇，确保适宜的工作条件（有关工资、工时、每周假期、职业安全和健康、及女工分娩保障），直接发放工资，尊重正常或协议的工时，加班需支付符合法例的超时补偿；

3. 保持社会对话——明白社会对话对组织的重要性，参与员工组织的活动，不反对或阻止职工组织工会或集体谈判，不辞去或歧视相关职工，让职工代表接触决策人士、工作场所及资料，不鼓励政府限制国际公认结社及集体谈判自由的实施；

4. 顾及工作安全及健康——识别及控制职业安全和健康的风险因素，调查职业意外、疾病及职工提出的问题，应用职业卫生的原则，明白社会心理危害引至工作压力及不适，制订职业安全和健康方针，提供安全保护设施，提供培训，采纳有员工参与的职业安全和健康制度；

5. 参与人类发展和现场培训——提供公平的技术发展及接受培训的机会，尊重职工的家庭责任（例如提供托儿服务），落实没有歧视的招聘、培训、升职及离职，保障及促进弱势群体的积极行动，参与青年失业及妇女就业不足的改进计划制订，制订劳资双方的管理方案以促进健康和福利。

主题4：环境

自然环境的影响来自组织的耗用能源及自然资源、产生的污染及废物以及产品和服务对自然栖息的冲击。涉及的议题有：

1. 预防污染——识别污染及废物，测量、记录及报告污染源头，采取控制措施（例如减少废物原则），公布所使用原料的危害种类及数量，实施识别及预防使用禁用物料的制度；

2. 可持续资源的使用——识别能源、水及原料来源，测量、记录及报告它们的使用，采取资源效能措施（例如节约措施），寻求取代非再生能源的可行机会，管理水源以达至在同一水系内公平享用；

3. 缓和及适应气候变化——识别温室气体排放源头，测量、记录及报告温室气体排放，采取减排措施，减少依赖石化燃料，预防温室气体排放，不能预防的便考虑二氧化碳储藏或中和措施，考虑排污交易；评估、避免或减少气候变化的不良影响，在土地计划、划分区域、基建设计及维修中考虑气候变化，发展及共享农业、工业、医疗及其他保障健康的科技；

4. 保护及恢复自然环境——评估、避免或减少对生态系统及生物多样化的不良影响，尽量运用市场机制转化环境负荷的成本，先致力保存继而恢复生态系统，考虑促进保育及持续使用的综合管理策略，采取措施以保存独特或濒危物种，采用可持续发展方式规划渔、农、林、牧业及营运准则，在拓展及发展时考虑自然保护，避免使物种消失或引入外来具侵略性物种的做法。

主题 5：公平营运实践

公平营运实践是指组织怎样运用关系，影响其他组织以促进正面结果的活动。相关的议题有：

1. 反贪污——实施及改进防止贪污政策及做法，支持员工及代理商杜绝贪污，训练及提高他们的意识，确保他们有相称的待遇及进步奖励，鼓励他们举报涉嫌贪污事件，向有关当局举报有刑事成分的案件，并能影响其他人采取相同做法，见恶如仇；

2. 参与政治——训练及提高员工及代理商参与及支持政治活动的意识，对有关业务活动的政治游说及政治捐献坚持透明态度，订立政策及指引以控制机构代表，不可作出过分的政治捐献以避免受到"操控政策制定者"之嫌，避免涉及误述、误导、恐吓或强迫的政治游说；

3. 公平竞争——进行符合竞争法的活动，制定避免介入或同谋、共犯反不公平竞争行为的程序，提高员工的意识，支持相关的公共政策（包括反倾销）；

4. 在势力范围内推广社会责任——在采购、销售及分包政策内包含道德、社会、环境、职业安全和健康以及性别平等准则，鼓励其他组织采取相同做法，调查及监视有关系组织的活动不会影响本组织对社会责任的承诺，提高这些组织对社会责任的认识，在价值链中推广公平分担社会责任的成本及效益；

5. 尊重产权——实施尊重产权的政策及做法，调查以确定有合法拥有权去使用或弃置资产，不介入有违产权法的行为（例如假冒、盗用、侵害消费者权益），支付合理购置或使用费用。

主题 6：消费者问题

组织对享用其产品及服务的消费者负有社会责任，涉及的议题有：

1. 实行公平营销、信息及合同做法——不介入欺骗、误导、虚假或不公平的做法，在推销信息中清晰标明推销的性质，披露明码实价、税项、条款、送货费用等数据，处理索赔时提供数据，避免采用模式化的形象（例如性别、种族），提供完整、正确、易懂及可比较的数据，使用公平、清晰、具有充足价格、条款及收费数据的合约（例如没有免负责、单方面更改价格及条件）；

2. 保护消费者安全及健康——提供对消费者、及其产业、其他人及环境安全的产品及服务，评定相关法规、标准及规格是否充分，从产品设计减少风险，避免使用致癌、有毒或有害的物料，事前评估对人体健康的风险，以图像及文字提供必要的数据，指示正常及可预期的用法，采纳由于误用及误用而出现事故的预防措施，从批发、零售及消费者回收有问题的产品；

3. 可持续消费——提供对社会、环境有益及有效率的产品及服务，消除和减少它们对健康及环境的不良影响，以顾及身体健康的方法饲养动物，设计产品以方便重复使用、维修或回收，节省包装物料及提供回收服务以减少废物，向消费者提供重复使用、维修或回收的指示，使消费者能够可持续消费（例如提供耗电数据、贴上节能标签），采用"全民设计"原则方便所有消费者（例如弱视人士）；

4. 提供消费者服务、支持投诉及纠纷的排除和解决——采取预防投诉措施（例如设立退换期限），解决投诉问题，提供比法定时限更长的保用期，清晰交待售后服务承诺、支持及投诉途径，提供充足及有效的支持及建议制度，提供收费合理的保养维修，采用按国家或国际准则的另类仲裁及冲突排解程序；

5. 保护消费者数据及个人隐私——只收集必需的数据，表明收集用途，不披露或作其他用途使用，容许消费者知晓组织是否存有其个人资料及提出删除申请，公开相关的政策、程序及发展；

6. 保障享用服务权——不随意因没收到费用便终止服务（例如涉及水、电、燃气的必要服务），不因一群消费者没缴款而终止整个地区的服务，在缩减或暂停服务时避免歧视个别消费群；

7. 教育及意识——教育及消费者意识的范畴包括：安全及健康（产品危害）、相关法规（例如申斥及消费者权益）、产品标贴、环保、节约用水电、可持续消费、包装及产品弃置信息和知识。

主题 7：社区参与及发展

此主题涉及机构与同区其他机构及组织的关系，以及提高该区生活水平的发展，相关的议题有：

1. 社区参与——参与地区组织（例如安全小区），为政治程序贡献，进行提高守法活动，保持与官员廉洁的关系；

2. 教育及文化——推广文化活动，尊重本地文化及习俗，协助保存文化传统，推广本土知识系统的使用，支持各级教育及消除文盲，鼓励儿童接受正式教育；

3. 创造就业和技能发展——决定投资、科技选择及外包时考虑可能带来的就业影响，考虑参与地方和国家的技能开发方案；

4. 科技发展和途径——考虑与当地大学及研究院作科研合作，尽量容许科技转移及科技扩散；

5. 创造财富和收入——优先考虑本地供方，只与合法供方合作，鼓励及协助非正式机构成为正式机构，尽量使用可持续天然资源以帮助消灭贫困，事前征得本地社区同意才开发天然资源，为弱势社会群体改善活动作出贡献，支持社区企业，尽量发展具有潜力的本地知识及技术，履行税务责任；

6. 推广健康——推广健康生活，提高对主要疾病的预防意识，支持基本保健服务，保障清洁食用水和合适厕所的提供，消减组织产品或服务对健康的负面影响；

7. 社会投资——在投资分析及决策时融入经济、环境、社会及治理的议题，并合适地发放有关信息，建立和公布符合社会责任的治理政策，参与其他组织的相关议题以期望改善它们的社会责任业绩表现，尽量在投资决定时增加对社会、文化及经济的贡献，作基建及活动投资，以机构强项能力为主，社区投资不减少其他小区行动（例如资助、捐款、义务劳动），推广可持续社区投资项目，计划社会投资时考虑促进社区发展（例如在本区采购），考虑配合地区及国家政策，避免使社区长期依赖组织的乐善好施，要为评论现有的社区方案做出建设性建议。

参 考 文 献

[1] 王林萍. 农药企业社会责任体系之构建. 福建：福建农林大学, 2007.

[2] 刘易. 化工企业责任关怀对企业绩效影响的实证研究. 长沙：湖南大学, 2009.

[3] 张能. 化工企业社会责任研究. 北京：首都经济贸易大学, 2010.

[4] 责任关怀实施准则 http://www.cpcia.org.cn/html/news/20096/66585_2812.shtml.

[5] 卞进发, 王一男. 化工成人教育学员"责任关怀"意识的培养. 江苏社会科学：社会科学版, 2011.

[6] 卞进发, 徐建中. 高职院校中责任关怀理念的推进. 教育与职业, 2012.

[7] 曾明荣. 化学工业园区重大事故场外应急预案编制技术研究. 中国安全科学学报, 2008, 12.

[8] 社论. 事故预防与准备：保护人民和环境. UNEP 产业与环境, 1998, 3 (20), 3.

[9] 中国企业联合会可持续发展工商委员会. 中国企业社会责任推荐标准和实践范例, 2007.

[10] 孙维生. 储运安全准则——责任关怀实施准则之四. 职业卫生与应急救援. 2009, 27 (4)：176-177.

[11] 黄静. 仓储管理实务. 大连：大连理工大学出版社, 2007.

[12] 牛玉欣, 李杨, 公路危险品运输事故原因分析及对策研究. 中国西部科技, 2007, 11：19-21.

[13] 尚红卫. 浅谈物流中化工危险品运输现状以及发展. 对策与物流管理, 2008, 1 (5)：37-39.

[14] 陈小能. 危险品运输企业安全现状分析. 道路交通管理, 2005, 1 (11)：98-100.

[15] 胡二邦等. 环境风险评价实用技术和方法. 北京：中国环境科学出版社, 2000.

[16] 吴宗之等. 危险评价方法及其应用. 北京：冶金工业出版社, 2001.

[17] 赵朝成, 赵东风. 试论石油化工项目环境风险评价. 环境影响评价动态, 2003, (3)：21-23.

[18] 中石化金陵分公司内部资料.

[19] 王英健. 环境保护概论, 北京, 中国劳动社会保障出版社, 2010.

[20] 孙维生. 污染防治准则——责任关怀实施准则之五. 职业卫生与应急救援, 2009, 27 (5).

[21] 清洁生产政策法规汇编. 环境保护清洁生产中心, 2010.

[22] 孟伟等. 固废资源化与安全处置技术概论. 北京：中国环境科学出版社, 2005.

[23] 赵媛媛. 石油化工厂重大危险源应急救援体系的构建. 陕西煤炭, 2011 (3).

[24] 环境保护部环境工程评估中心. 环境影响评价技术方法. 北京：中国环境科学出版社, 2011.

[25] 2009 陶氏化学大中华区可持续发展报告. http://www.dow.com/greaterchina/images/DOW-report.pdf.

[26] 杜喜臣. 化工行业环境风险评价方法的研究. 兰州大学学报, 2008.

[27] 陈平. 未来绿色竞争力——工业污染防治水平. 环境保护, 2009 (5).

[28] 环境保护部大气污染防治欧洲考察团. 借鉴欧洲经验加快我国大气污染防治工作步伐. 环境与可持续发展, 2013 (5).

[29] 张志宗. 清洁生产效益综合评价方法研究. 上海：东华大学, 2011.

[30] 孙维生, 栾海波. 工艺安全准则——责任关怀实施准则之二. 职业卫生与应急救援, 2009, 27 (1)：7-8.

[31] 白永忠, 于安峰, 党文义, 武志峰. 工艺安全管理系统的发展现状及建议. 安全、健康和环境, 2009, 9 (1)：2-5.

[32] 王丽红, 刘毅, 壮旭. 从美国最大炼油公司火灾爆炸事故谈工艺安全管理. 安全、健康和环境, 2009, 9 (5)：5-7.

[33] 王峰, 高金吉, 刘文彬. 化工过程危险与可操作性及爆炸事故分析技术. 化工学报, 2008, 59 (12)：3184-3190.

[34] 吴济民. 国外化工企业工艺安全技术管理概述. 中国安全生产科学技术, 2011, 7 (7)：192-198.

[35] 张广文, 白永忠, 李奇平. 工艺安全管理系统的核心要素——工艺危害分析. 安全、健康和环境, 2009, 9 (9)：2-5.

[36] 苏国胜, 张艳, 赵杰等. HSE 培训课程体系建设初探. 安全健康和环境, 2008, 8 (10)：9-11.

[37] 王秀香. 石化行业 HSE 教育培训的启示. 安全健康和环境, 2008, 8 (1)：14-15.

[38] 赵俊平, 宋冬梅. 基于杜邦式的中油炼化企业安全管理体系改进研究. 大庆社会科学, 2012, (1)：90-93.

[39] 陈玖芳. 加强化工企业变更管理的思考和建议安全. 健康和环境, 2011, 11 (12)：8-10.

[40] 张凯, 崔兆杰. 清洁生产理论与方法. 北京：科学出版社, 2005.

[41] 李钧, 李志宁. 药品的清洁生产与绿色认证. 北京：化学工业出版社, 2004.

[42] 吴宗之, 樊晓华, 杨玉胜. 论本质安全与清洁生产和绿色化学的关系. 安全与环境学报, 2008, 8 (4)：135-138.

[43] 贺红武, 莫文妍. 清洁生产的一般方法和国内外典型绿色工艺. 中国农药, 2007, (1)：37-40.

[44] 刘国辉, 章文. 绿色化工发展综述. 中国环保产业, 2009, (12)：19-25.

[45] 杜红岩. 由博帕尔事故分析石化企业工艺安全管理. 安全、健康和环境, 2011, 11 (7)：5-8.

214

[46]　谢兰茜（Nancy Tse）. 国际化学品制造商协会（AICM）. 劳动保护杂志, 2002,（4）：55-55.

[47]　闵恩泽，傅军. 绿色化工杖术的进展. 化工进展, 1999,（3）：5-9.

[48]　《烟台万华产品责任关怀手册》, 烟台万华聚氨酯股分有限公司, 2011.

[49]　2009年道康宁可持续发展最新报道, 道康宁公司（Dow Corning）, 2009.

[50]　孙维生. 职业健康安全准则——责任关怀实施准则之一. 职业卫生与应急救援, 2008,（6）.

[51]　董君. 炼油厂职业健康管理现状及对策. 职业卫生与病伤, 2013, 6（3）.

[52]　陈薇. 中小企业职业健康管理现状的调查分析. 安全2013,（1）.

[53]　王明明. 中国石油职业健康问题探讨. 油气田环境保护, 2009,（2）.

[54]　李宏亮. 国际项目职业健康管理的经验与体会. 中国安全生产科学技术, 2010.

[55]　百度百科. 责任关怀词条 http://baike. baidu. com/view/4320204. htm.

[56]　国家职业病防治规划（2009-2015年）http://www. gov. cn/zwgk/2009-08/21/content _ 1398577. htm.

[57]　孙维生，高晓鹏. 产品安全监管准则——责任关怀实施准则之三. 职业卫生与应急救援, 2009, 27（3）：123-124.

[58]　孟中. 危险化学品安全管理在化学品供应链中的整合研究. 北京化工大学硕士学位论文, 2005.

[59]　许晓薇. 产品从摇篮到坟墓的责任关怀. 现代职业健康. 2007, 69（5）：64-65.

[60]　吕海燕. 建立化学品安全管理体系势在必行. 劳动保护, 1998,（5）：34-35.

[61]　龙学. 世界著名化学公司的环境、安全与健康管理. 上海化工, 2000,（5）：4-7.

[62]　张春华，苏建中. 浅谈危险化学品登记注册制度. 劳动安全与健康, 2001,（2）：23-25.

[63]　崔凤喜. 加快标准化步伐全面开展危险化学品管理标准工作. 中国标准化, 2002,（8）：6-7.

[64]　刘欢. 加入WTO石油和化学工业产业安全维护与应对措施. 化工管理, 2001, 17（3）：6-9.

[65]　赵正宏，张军. 安全——石化企业的一大核心竞争力. 安全、健康和环境, 2002, 2（5）：27-28.

[66]　牟善军，姜春明. 欧洲化学品安全管理与化学事故应急救援工作情况考察报告. 安全、环境和健康, 2002, 2（4）：28-32.

[67]　吕良海，汪彤，陈虹桥. 危险化学品经营企业安全管理探讨. 安全, 2003,（5）：35-36.

[68]　张春华. 坚持综合治理强化危险化学品运输安全管理. 交通标准化, 2002, 108（2）：34-35.

[69]　陈胜利. 化工企业管理与安全. 北京：化学工业出版社, 1999.

[70]　中国石油和化学工业联合会. 责任关怀实施指南. 北京：化学工业出版社, 2012.

[71]　AQ 3013—2008. 危险化学品从业单位安全标准化通用规范.

[72]　国务院令第591号. 危险化学品安全管理条例, 2011.

[73]　洪建军. 基于石油化工行业的环境、健康、安全管理体系比较与整合. 广东工业大学硕士学位论文, 2005.

[74]　周爱国. ISO 14001环境管理体系与HSE管理体系整合技术原理和实践. 油气田环境保护, 2003, 13（1）：3-7.

[75]　张东洋. 我国石化企业建立环境管理体系的意义及建议. 重庆环境科学, 2000, 22（1）：14-19.

[76]　杨小明. ISO 14001环境管理体系及其在企业的建立与实施. 包钢科技, 2004, 30（3）：76-79.

[77]　姚斌. HSE管理体系及由来. 中国石化, 2001,（3）：32.

[78]　隋继超，王廷春等. 论企业文化与石化行业HSE管理. 安全、健康和环境, 2007, 7（3）：14-17.

[79]　陈明. HSE管理体系的内涵及运行模式研究. 广州化工, 2012, 40（14）：236-238.

[80]　支越，毛孝明. 职业健康与安全管理体系（OHSMS 18001）简介. 品质专家, 2000,（4）：35-38.

[81]　柳智泉，叶大林. 职业健康安全管理体系的建立与实施. 职业技术, 2012,（10）：54.

[82]　万刚. 论石油企业实行ISO 9000, ISO 14000及HSE一体化管理体系的认证. 江汉石油职工大学学报, 2002,（12）：60-62.

[83]　王明明等. 责任关怀：化工安全管理的利器. 劳动保护科学技术, 2000, 20（2）：25-28.

[84]　郝长江. 践行责任关怀意义重大. 化工管理, 2012,（3）：16-17.

[85]　宋华明，韩玉启. PDCA模式下的一体化管理体系. 世界标准化与质量管理, 2002,（2）：10-12.

[86]　徐德蜀. 关于质量（Q）环境（E）和职业安全健康（OSH）的管理体系整合及一体化探讨. 中国安全科学学报, 2002, 12（1）：7-11.

[87]　华峰氨纶责任关怀与节能减排报告, 2008, 6.11.